COLLECTION DE TEXTES
POUR SERVIR A L'ÉTUDE ET A L'ENSEIGNEMENT DE L'HISTOIRE

— N° 16 —

GRÉGOIRE DE TOURS

HISTOIRE DES FRANCS

LIVRES VII-X

TEXTE DU MANUSCRIT DE BRUXELLES

Bibliothèque royale de Bruxelles, ms. 9403

AVEC INDEX ALPHABÉTIQUE

PUBLIÉ PAR

GASTON COLLON

PARIS

ALPHONSE PICARD ET FILS, ÉDITEURS

Libraire des Archives nationales et de la Société de l'École des Chartes

82, RUE BONAPARTE, 82

—

1893

COLLECTION DE TEXTES

POUR SERVIR A

L'ÉTUDE ET A L'ENSEIGNEMENT DE L'HISTOIRE

La *Collection de textes pour servir à l'étude et à l'enseignement de l'histoire*, fondée en janvier 1886 par l'initiative d'un certain nombre de membres de l'Institut, de l'Université, de l'Ecole des Chartes et de l'Ecole des Hautes-Etudes, et placée sous le patronage de la Société historique, est publiée par les soins d'un comité composé de MM. Giry, Jalliffier, Langlois, Lavisse, Lemonnier, Luchaire, Prou, Thévenin et Thomas.

Elle se compose d'éditions de sources historiques importantes, annales, chroniques, biographies, documents divers, ainsi que de recueils de textes propres à éclairer l'histoire d'une époque déterminée ou d'une grande institution.

Sans exclure aucune période ni aucun pays, l'histoire de France doit cependant y occuper la place principale. Chaque document ou recueil forme un volume publié séparément dont le prix, pour les souscripteurs à la collection, est établi à raison de 0 fr. 25 c. la feuille d'impression, sans que le prix des publications d'une année puisse dépasser la somme de 10 francs. La collection s'adressant entre autres personnes aux étudiants, il a paru que le montant de la souscription ne devait pas être plus élevé. Chaque volume est du reste vendu séparément.

Nous avons publié les ouvrages suivants :

EXERCICE 1886

Raoul Glaber, *Les cinq livres de ses Histoires* (900-1044), publiés par Maurice Prou..................... ne se vend plus séparément.
    Pour les souscripteurs à la collection......................... 2 fr. 50
Grégoire de Tours, *Histoire des Francs*, livres I-VI; texte du manuscrit de Corbie (Bibl. nat., ms. lat. 17655), avec un fac-similé, publié par H. Omont de la Bibliothèque nationale .... 7 fr. »
    Pour les souscripteurs à la collection........................ 5 fr. »

EXERCICE 1887

Textes relatifs aux institutions privées et publiques aux époques mérovingienne et carolingienne. Institutions privées, publ. par Marcel Thévenin. . 6 fr. 50
    Pour les souscripteurs à la collection........................ 4 fr. 50
Vie de Louis le Gros, par Suger, *suivie de l'Histoire du roi Louis VII*, publiées d'après les manuscrits par A. Molinier............... 5 fr. 50
    Pour les souscripteurs à la collection........................ 4 fr. »

EXERCICE 1888

Textes relatifs à l'histoire du Parlement depuis les origines jusqu'en 1314, publiés par Ch.-V. Langlois.............................. 6 fr. 50
    Pour les souscripteurs à la collection........................ 4 fr. 50
Lettres de Gerbert (983-997), publ. avec une introduction et des notes par Julien Havet... 8 fr. »
    Pour les souscripteurs à la collection........................ 5 fr. 50

EXERCICE 1889

Les grands traités de la guerre de Cent Ans, publ. par E. Cosneau. 4 fr. 50
    Pour les souscripteurs à la collection........................ 3 fr. 25
Ordonnance Cabochienne (mai 1413), publ. avec une introduction et des
notes par A. Coville... 5 fr. »
    Pour les souscripteurs à la collection...................... 3 fr. 50
Pierre Dubois, *De recuperatione terre sancte*, traité de politique générale
du commencement du xive siècle, publ. par Ch.-V. Langlois, chargé de
cours à la Faculté des lettres de Paris .... 4 fr. »
    Pour les souscripteurs à la collection .... 2 fr. 75

EXERCICE 1890

Galbert de Bruges, *Histoire du meurtre de Charles le Bon*, comte de
Flandre (1127-1128) suivie de Poésies latines contemporaines, publ. avec une
introduction et des notes par Henri Pirenne, professeur à l'Université de
Gand... 6 fr. »
    Pour les souscripteurs à la collection...................... 4 fr. 25
Documents relatifs à l'administration financière en France de Charles VII
à François Ier (1443-1523), publiés par G. Jacqueton, conservateur-adjoint
à la Bibliothèque-musée d'Alger............................... 8 fr. 50
    Pour les souscripteurs à la collection...................... 5 fr. 75

EXERCICE 1891

Chartes des libertés anglaises (1100-1305), publiées avec une introduction
et des notes par Ch. Bémont, maître de conférences à l'Ecole pratique des
Hautes-Etudes... 4 fr. 50
    Pour les souscripteurs à la collection...................... 3 fr. 25
Eudes de Saint-Maur, *Vie de Bouchard-le-Vénérable*, comte de Vendôme,
de Corbeil, de Melun, et de Paris, Xe et XIe siècles, publiée avec une introduction et des notes par Ch. Bourel de la Roncière, ancien élève de l'Ecole
des Chartes et de l'Ecole des Hautes-Etudes................... 2 fr. 25
    Pour les souscripteurs à la collection...................... 1 fr. 50
Documents relatifs aux rapports du clergé avec la royauté de 1682 à 1705,
publiés par M. Mention, docteur ès lettres,................... 4 fr. 50
    Pour les souscripteurs à la collection...................... ·3 fr. 25

EXERCICE 1892

Les grands traités du règne de Louis XIV (1648-1659), publiés par M. Vast,
docteur ès lettres... 4 fr. 50
    Pour les souscripteurs à la collection...................... 3 fr. 25
Grégoire de Tours, *Histoire des Francs*, livres VII-X ; texte du manuscrit
de Bruxelles (Bibl. royale de Bruxelles, ms. 9403), publ. par Gaston Collon,
élève de l'Ecole des Chartes et l'Ecole des Hautes-Etudes......... 5 fr. 50
    Pour les souscripteurs à la collection...................... 4 fr. »

Les publications suivantes sont en préparation :

*Textes relatifs aux institutions privées et publiques aux époques mérovin-
gienne et carolingienne*, publiés par M. M. Thévenin. 2e partie. *Institutions
publiques. (Sous presse.)*
Hariulfe, *Chronique de l'abbaye de Saint-Riquier*, publiée par M. F. Lot,
ancien élève de l'Ecole des Chartes et de l'Ecole pratique des Hautes-Etudes
(Sous presse.)
Robert de Sorbon, *De conscientia*, publié par M. Chambon, élève de la
Faculté des Lettres de Paris. *(Sous presse.)*

Recueil de documents sur l'histoire et la géographie de l'Afrique chrétienne,
publ. par M. l'abbé Duchesne, membre de l'Institut.
*Textes relatifs à l'histoire ecclésiastique depuis les origines jusqu'au
XIe siècle*, publiés par M. C. Bayet, recteur de l'Académie de Lille.
Vie de Louis le Pieux par l'Astronome, publ. par M. A. Molinier, conser-
vateur à la Bibliothèque Sainte-Geneviève.
Annales de Flodoard, publiées par M. Couderc, ancien élève de l'Ecole des
Chartes et de l'Ecole des Hautes-Etudes.
Le livre des miracles de saint Mesmin, abbé de Micy, publié par M. M. Poëte,
ancien élève de l'Ecole des Chartes et de l'Ecole des Hautes-Etudes.
Helgaud, *Vie du roi Robert-le-Pieux*, publiée d'après le manuscrit original
par M. F. Soehnée, membre de l'Ecole française de Rome.

Textes relatifs aux institutions publiques et privées à l'époque des Capétiens directs, publiés par M. A. LUCHAIRE.

GUIBERT DE NOGENT, *Histoire de sa vie*, publiée par M. LEFRANC, ancien élève de l'Ecole des Chartes et de l'Ecole des Hautes-Etudes.

Annales Gandenses, publiées par M. Frantz FUNCK-BRENTANO, bibliothécaire à la Bibliothèque de l'Arsenal.

Textes relatifs aux rapports de la royauté avec les villes en France depuis le XIVᵉ jusqu'au XVIIIᵉ siècle, publiés par M. A. GIRY.

Textes relatifs à l'histoire de l'industrie et du commerce de la France au Moyen-Age, publiés par M. Gustave FAGNIEZ.

Textes relatifs à l'histoire des institutions de la France depuis 1515 jusqu'en 1789, publiés par M. J. ROY, professeur à l'Ecole des Chartes.

Textes relatifs à l'histoire des colonies françaises (XVIIᵉ et XVIIIᵉ siècles), publiés par M. Ch. GRANDJEAN, secrétaire-rédacteur au Sénat.

Les grands traités du règne de Louis XIV (1660-1715), publiés par M. H. VAST, docteur ès lettres.

Documents relatifs aux rapports du clergé avec la royauté de 1705 à 1789, publiés par M. Léon MENTION, docteur ès lettres.

Cette liste donne une idée assez exacte du caractère de la collection : Grégoire de Tours, Gerbert, Raoul Glaber, Suger, Galbert de Bruges, ont inauguré les textes originaux dont nous nous proposons de donner des éditions nouvelles; les recueils de textes, comprenant des diplômes, des chartes, des formules, des actes législatifs ou judiciaires, groupés de manière à éclairer l'histoire d'une époque ou d'une institution, mettront à la portée de tous une catégorie de documents depuis longtemps en faveur auprès des historiens, mais restée jusqu'ici assez difficilement accessible en dehors des bibliothèques aux étudiants et aux travailleurs.

Dans le choix des documents et des recueils que nous nous proposons de publier, nous nous préoccupons avant tout de créer des instruments de travail utiles et commodes, analogues à ceux qui existent depuis longtemps pour l'étude de l'antiquité. Nous ne recherchons ni les textes inédits ni les curiosités vaines, notre choix s'est porté et se portera de préférence sur les documents qui nous paraissent les plus utiles, les plus propres à fournir la matière d'explications dans les chaires d'enseignement supérieur, ou la base d'études nouvelles pour les étudiants.

La faveur avec laquelle nos éditions ont été accueillies nous a prouvé que notre tentative répondait à un véritable besoin. En province surtout, où les travailleurs sont moins favorisés qu'à Paris, nous avons recueilli des adhésions et des encouragements précieux. Beaucoup de nos souscripteurs sont entrés en relation avec nous pour nous presser de publier tels ou tels documents ou pour nous conseiller certaines améliorations. Nous avons ainsi décidé, à la demande de plusieurs d'entre eux, que dorénavant nos éditions de chroniques seront accompagnées de courts sommaires en français, qui faciliteront la lecture du texte et y rendront les recherches plus aisées.

Nous ne saurions, en revanche, comme on nous l'a demandé de divers côtés, augmenter le nombre de nos publications, ni en développer beaucoup les notes grammaticales et historiques. Nous sommes liés, en effet, par les conventions acceptées par nos souscripteurs, et, d'autre part, nous proposant de créer des instruments d'études, nous ne devons pas, en multipliant les notes, prévenir tout effort pour l'intelligence des textes. Nous voulons avant

tout donner des éditions correctes et maintenir à l'ensemble de
l'œuvre l'unité de la méthode et un caractère rigoureusement
scientifique. En parlant d'unité dans la méthode, nous ne voulons pas dire — et les volumes publiés jusqu'ici le montrent assez
— que nous entendons imposer à nos collaborateurs un cadre et
des procédés uniformes. Il nous a paru que chacune de nos publications, selon les textes qu'elle contient, devait au contraire avoir
son individualité propre et que l'unité résulterait de l'application
à tous nos recueils des méthodes scientifiques les meilleures et
les mieux appropriées. Un index alphabétique de noms propres,
nécessaire aux éditions des chroniques, nous paraît avantageuse-
ment remplacé par des tables de matières, méthodiques ou alpha-
bétiques, dans des recueils de textes, comme ceux qu'ont publiés
MM. Thévenin, Langlois et Cosneau. Les notes explicatives qui
peuvent être très rares dans des textes relativement faciles comme
ceux de Raoul Glaber et de Suger, ou souvent commentés et tra-
duits *comme celui de Grégoire de Tours*, nous ont paru, au contraire, indispensables pour les lettres si souvent énigmatiques de
Gerbert. Les biographies de Grégoire de Tours, de Raoul Glaber,
de Suger, sont assez connues pour qu'il ait paru suffisant d'en
rappeler seulement les faits principaux ; celle de Gerbert, au contraire, demandait à être écrite avec détail, car elle a pour objet
de justifier les dates attribuées à chacune de ses lettres.

Notre intention est de ne publier que des éditions critiques,
dont les textes doivent reposer sur le classement des manuscrits ;
nous avons cru cependant pouvoir déroger exceptionnellement à
cette règle pour l'*Histoire des Francs* de Grégoire de Tours : la
valeur, l'autorité et l'intérêt philologique des deux manuscrits
employés nous ont paru une justification suffisante.

Nous n'avons plus besoin d'insister aujourd'hui sur l'utilité de
cette Collection. Nos volumes ont servi à des explications et à des
exercices dans les Facultés et dans les Ecoles ; plusieurs d'entre
eux ont été choisis pour les épreuves du concours de l'agré-
gation d'histoire. Réunis, ils formeront une bibliothèque qui
convient non seulement aux professeurs, aux étudiants des Facultés, aux élèves de l'Ecole normale, de l'Ecole des Chartes et de
l'Ecole des Hautes-Etudes, mais aussi à tous ceux qui sont
curieux d'étudier l'histoire à ses sources mêmes.

A. GIRY, professeur à l'Ecole des Chartes et à l'Ecole des Hautes-
  Etudes ;
H. JALLIFFIER, professeur au lycée Condorcet ;
Ch.-V. LANGLOIS, chargé de cours à la Faculté des lettres de
  Paris ;
E. LAVISSE, de l'Académie française, directeur d'études pour
  l'histoire à la Faculté des lettres de Paris ;
H. LEMONNIER, professeur d'histoire à l'Ecole des Beaux-Arts.
A. LUCHAIRE, professeur à la Faculté des lettres de Par.. ;
M. PROU, bibliothécaire à la Bibliothèque Nationale ;
M. THEVENIN, directeur d'études adjoint à l'Ecole des Hautes-
  Etudes ;
A. THOMAS, chargé de cours à la Faculté des lettres de Paris.

Adresser les souscriptions à MM. Alphonse Picard et fils, éditeurs,
rue Bonaparte, n° 82, à Paris.

Mâcon, Protat frères, imprimeurs.

GRÉGOIRE DE TOURS

HISTOIRE DES FRANCS

LIVRES VII-X

MACON. PROTAT FRÈRES, IMPRIMEURS

COLLECTION DE TEXTES

POUR SERVIR A L'ÉTUDE ET A L'ENSEIGNEMENT DE L'HISTOIRE

GRÉGOIRE DE TOURS

HISTOIRE DES FRANCS

LIVRES VII-X

TEXTE DU MANUSCRIT DE BRUXELLES

Bibliothèque royale de Bruxelles, ms. 9403

AVEC INDEX ALPHABÉTIQUE

PUBLIÉ PAR

GASTON COLLON

PARIS

ALPHONSE PICARD ET FILS, ÉDITEURS

Libraires des Archives nationales et de la Société de l'École des Chartes

82, RUE BONAPARTE, 82

1893

INTRODUCTION

La méthode suivie dans la publication des quatre derniers livres de l'*Histoire de France*, de Grégoire de Tours, est la même que celle qui a présidé à la publication des six premiers.

Le manuscrit 9403 de la bibliothèque royale de Bruxelles, qui nous donne les quatre derniers livres dans l'état à la fois le plus complet et le plus voisin du texte primitif[1], a été, comme le manuscrit de Corbie, scrupuleusement reproduit, sous la forme que lui a donnée un scribe peu lettré de la fin du viiie ou du commencement du ixe siècle. Nous y avons ajouté en note les corrections nombreuses faites par un réviseur contemporain plus instruit.

On trouvera donc avant tout dans cette édition une reproduction aussi fidèle qu'il nous a été possible des plus anciens et des meilleurs manuscrits de l'histoire de Grégoire de Tours.

---

1. Le manuscrit, mutilé, s'arrête au cours du chapitre 29 du livre X. — Nous avons donné la fin du chapitre 29 et les chap. 30 et 31 d'après les *Monumenta*, en les distinguant par un artifice typographique ; ils sont imprimés en petit texte.

Elle présente d'abord un intérêt philologique, et permet à l'érudit de prendre sur le vif les modifications de l'orthographe du latin, d'étudier l'influence qu'exerçait sur elle la langue parlée, et de se rendre compte de l'état de l'enseignement dans les écoles monastiques à la fin du viiie et au commencement du ixe siècle.

Mais on pourra rechercher aussi dans ces volumes une édition de *Grégoire de Tours* d'un format commode, édition que nous ne possédons pas encore. En vue de faciliter aux historiens l'intelligence du texte, nous avons pris soin de donner en note la bonne leçon, toutes les fois que la leçon du manuscrit rendait la phrase obscure ou inintelligible.

A la fin de ce volume, on a ajouté un index alphabétique des noms propres des deux fascicules réunis ; pour chacun de ces noms propres, nous avons donné toutes les formes que l'on rencontre dans notre texte, les groupant par des renvois autour de la forme commune ; toutefois, nous avons négligé de différencier les formes en *ensis*, des formes *insis*, et quelques autres variantes d'un usage trop fréquent pour qu'il soit utile d'y insister.

---

1. *Corr.* Guntrhamnus. — 2. *Corr.* Parisius. — 3. *Corr.* Rigunthis.

1

---

1. *Corr.* Vincenti. — 2. *Corr.* conlocutione. — 3. *Corr.* phytonissa.

5   *EXPLICIUNT CAPITULA*[3].

---

1. *Corr.* presentis. — 2. *Corr.* Toronicos. — 3. *Add.* libri VI.

INCIPIT LIBER SEPTIMVS.

Col. 329.

[I.] Licet sit studium historiam prosequi, quam priorum
librorum ordo reliquid[1], tamen prius aliqua de beati Salvii
obitu exposcit loqui devocio[2], qui hoc anno obisse probatur.
Hic enim, ut ipse referre erat solitus, diu in habitu saecu-
lario mundialis[3] causas est exsecutus; numquam tamen se
in his concupiscenciis || oblegans[4], quibus aduliscentum ani-
mus solitus est inplicari. Iam cum divini spiramenti odor
interna viscerum attigisset, relicta saeculari milicia, monasterium expetivit; intellexitque vir iam tunc divinitati deditus,
melius esse uti papertatem[5] cum Dei timorem[6], quam saeculi
pereuntis lucra sectari. In quo monasterio diu sub regula a
patribus instituta versatus est. Iam vero cum in robore
maiori tam intellectus quam aetatis effectus esset, defuncto
abba[7], qui huic monasterio pracerat, alendi gregis suscepit
officium; et qui se magis fratribus puplicum pro||correccione
reddere debuerat, adsumpto honore, remocior[8]. Ideo sibi
secreciorem cellolam querit[9]; nam in priore, ut ipse asse-
rebat, amplius quam novem vicibus, nimia excesus absti-
nencia, pellem corporis demutavit. Denique accepto honore,
cum in hac contentus parsimonia orationi et lectione[10] vaca-
ret, illud plerumque revolvebat, melius sibi fieri, esset[11]
inter monachos occultus, quam nomen acceperit[12] abbatis
in populus[13]. Quid plura? Includitur vale dicens fratribus,
sibique ipsis vale dicentibus. In qua inclusione in omni
abstinencia, magis quam prius egerat[14], commoratur;||studens
pro caritatis obsequio, ut cum quisque venisset extraneus,
et oracionem tribuerit[15] et eoglogias graciam plenissimam
ministraret[16]; quae multis infirmis plerumque salutem integram detullerunt[17]. Quodam autem tempore, febre nimia
exaustus, hanillus[18] iacebat in lectulo; et ecce subito magno

Col. 182 v° (line 7)
Col. 330. (line 16)
Fol. 183. (line 26)

Line numbers: 5, 10, 15, 20, 25, 30

---

1. *Corr.* reliquit. — 2. *Corr.* devotio. — 3. *Corr.* saeculari mundiales. —
4. *Corr.* obligans. — 5. *Corr.* paupertate. — 6. *Corr.* timore. — 7. *Corr.*
abbate. — 8. *Corr.* remutior. — 9. *Corr.* cellulam querit. — 10. *Corr.* lectioni.
— 11. *Corr.* ut esset. — 12. *Corr.* acciperet. — 13. *Corr.* populos. — 14. *Corr.*
erat. — 15. *Corr.* tribuere. — 16. *Corr.* eulogias gratia plenissima ministrare.
— 17. *Corr.* detulerunt. — 18. *Corr.* banelus.

lumine cellola [1] clarificata contremuit. Ad [2] ille, extensis ad caelum manibus, cum graciarum accione [3] spiritum exaltavit [4]. Mixto quoque‖ululatum [5] monachi cum ipsius genetrice [6] Col. 331. corpus defuncti extrahunt, aqua diluunt, vestimentis in-
5 duunt et feretro uperponunt, adque in psallencio fletuque labentem exegunt [7] noctem. Mane autem facto, funeris officio praeparatus [8], corpus movere [9] coepit in feretro. Et ecce malis robiscentibus [10], vir, quasi de gravi somno excitatus, excutitur, apertisque oculis, manibus elevatis, ait : « O
10 Domine misericors, quid fecisti mihi, ut me [11] hunc tenebrosum mundanae habitacionis [12] locum redire permitteris [13], cum mihi melior esset in caelo tua misericordia quam istius mundi vita nequissima? » Stupentibus autem suis et interrogantibus, quid fuerit tale prodigium, nihil interrogantibus
15 ille respondit. Surgens autem de feretro, nihil mali senciens‖ de incommodo quod laboraverat, triduum [14] absque cibi et Fol. 183 v°. poculi perstetit [15] alimento. Die autem tercio convocatis monachis et matrem [16], ait : « Audite, o delectissimi [17], et intellegite, quia nihil est, quod cernitis in hoc mundo; sed
20 sunt iuxta id quod Solomon propheta cecinit : *Omnia vanitas* [18]. Filix [19] est enim que [20] ea agere potest in seculo, ut gloriam Dei cernere mereatur in celo. » Et cum hec [21] diceret, dubitare cepit [22], utrum loqueretur [23] amplius an sileret. Quo tacente, inplicatus fratrum precibus, ut quid vidisset
25 exponeret, ait : « Cum me ante hos quatuor [24] dies, contremescente cellola [25], exanimem vidistis, adprehensus a duobus angelis in celorum excelsa sublatus sum, ita ut non solum hunc squalidum seculum, verum etiam solem ac lunam, nubes ac sidera sub pedibus habere putarem. Deinde per
30 portam luce ista clariorem introductus sum in illud habitaculum, in quo omni [26] pavimentum erat quasi aurum argentumque renitens, lux ineffabiles [27], amplitudo inenarrabilis;

---

1. *Corr.* cellula. — 2. *Corr.* At. — 3. *Corr.* gratiarum actione. — 4. *Corr.* exalavit. — 5. *Corr.* ululatu. — 6. *Corr.* genitrice. — 7. *Corr.* labente exigunt. — 8. *Corr.* praeparato. — 9. *Corr.* moveri. — 10. *Corr.* rubescentibus. — 11. *Corr.* me in. — 12. *Corr.* habitationis. — 13. *Corr.* permitteres. — 14. *Corr.* triduo. — 15. *Corr.* perstitit. — 16. *Corr.* matre. — 17. *Corr.* dilectissimi. — 18. Eccl. 1, 2. — 19. *Corr.* Felix. — 20. *Corr.* qui. — 21. *Corr.* hec. — 22. *Corr.* coepit. — 23. *Corr.* loqueretur. — 24. *Corr.* quattuor. — 25. *Corr.* cellula. — 26. *Corr.* omne. — 27. *Corr.* ineffabilis.

quam ita multitudo promiscui sexus obtexerat, ut longitudo
Fol. 184. ac latitudo || catervae prosus pervidere[1] non possit. Cumque
nobis via inter cumprementes[2] ab his qui precedebant angelis pararetur, pervenimus ad locum, quem iam de longinquo
contemplabamus; in quo superpendebat nubes omne[3] luce   5
lucidior, in quo non sol, non luna, non astrum cerni poterat, set[4] super his omnibus naturali luce splendidius efful-
Col. 332. gebatur[5], et vox procedebat e nubi[6], tam||quam vox aquarum
multarum. Ibi etiam me peccatori[7] humiliter salutabant viri
in veste sacerdotali ac seculari[8], quos mihi[9] precedebant[10]   10
enarraverunt esse marthires ac confessores, quos hic summo
excolemus famolatu[11]. Stans igitur in loco in quo iussus sum,
operuit me odor nimiae suavitatis, ita ut ab hac suavitate
refectus, nullum adhuc cybum potumque desiderarem. Et
audivi vocem dicentem : « Revertatur hic in sæculo, quo-   15
niam necessarius est acclesiis nostris. » Vox enim audieba-
tur; nam qui loqueretur penitus cerni non poterat. Et ego
prostratus super pavimento[12] cum fletu dicebam : « Heu,
heu, Domine, quur mihi hec ostendisti, si ab his frustrandus
eram! Ecce hodie eiecies[13] me a facie tua, ut revertar ad   20
Fol. 184 v° seculum fragilem et hic ultra redire non valeam. || Ne,
queso, Domine, auferas misericordiam tuam a me, set[4] deprecor ut permittas me hic habitare, ne illic decidens peream. »
Et ait vox, que[14] loquebatur mihi : « Vade in pace. Ego enim
sum custus[15] tuus; donec reducam te in hoc loco[16]. » Tunc   25
relictus a comitibus meis, discedens cum fletu, per portam
quam[17] ingressus fueram hic sum regressus. » Hec eo
loquente, stupentibus cunctis qui aderant, coepit iterum
sanctus Dei cum lacrimis dicere : « Ve mihi qui talem[18]
misterium ausus sum revelare. Ecce enim odor suavitatis,   30
quam de loco sancto hauseram, et in quo per hoc triduum
sine ullo cybo potumque[19] sustentatus sum, recessit a me.
Set[20] et lingua mea gravibus est operta vulneribus et ita

---

1. *Corr.* prorsus pervideri. — 2. *Corr.* comprimentes. — 3. *Corr.* nubis
omni. — 4. *Corr.* sed. — 5. *Corr.* effulgebat. — 6. *Corr.* nube. — Cf. Apoc.
14, 2. — 7. *Corr.* peccatorem. — 8. *Corr.* seculari. — 9. *Add.* qui. — 10. *Corr.*
precedebant. — 11. *Corr.* excolimus famulatu. — 12. *Corr.* pavimentum, et. —
13. *Corr.* eicies. — 14. *Corr.* qui. — 15. *Corr.* custos. — 16. *Corr.* hunc locum.
— 17. *Corr.* qua. — 18. *Corr.* tale. — 19. *Corr.* potuque. — 20. *Corr.* Sed.

tumefacta, ut omne os meum videatur inplere[1]. Et scio quia
non fuit bene placitum domino Deo meo, ut hęc archana
vulgarentur. Set[2] tu nosti, Domine, quia in simplicitatem[3]
cordis hec[4] feci, non in iactancia[5] mentis. Sed[6], queso,
5 indulgeas et non me derelinquas iuxta pollicitacionem[7]
tuam. » Et hęc dicens siluit, et accepit cybum potumque.
Ego vero hęc scribens, vereor ne alicui legenti sit incredibile, iuxta id quod Salustius, storiam scribens, ait : *Ubi de
virtute adque gloriam*[8] *bonorum memores, quę sibi quisque*
10 *facilia factu*[9] *putat,* || *aequo animo accipit; supra ea veluti* Fol. 185.
facta pro fulsis ducit. Nam testor Deum omnipotentem, quia
ab ipsius orae || omnia quae retuli audita cognovi. Post haec Col. 333.
multo[10] vero tempus ipse vir beatus a cellola[11] sua extractus,
ad aepiscopatum electus, invitus est ordinatus. In quo, ut
15 opinor, decimo anno[12] cum ageret, invalescente apud Albi-
gensem urbem *inguinario morbo et maxima iam parte de*
populo illo defuncta, cum iam pauci de civibus remanerent,
vir beatus tamquam bonus pastor numquam ab illo loco
recedere voluit; *sed semper ortabatur eos, qui relicti fuerant,*
20 oratione[13] incumbere ac vigiliis instanter insistere et bona
semper tam in operibus quam in cogitatione versari, dicens :
« Haec agite, ut, *si vos Deus de hoc mundo vocare voluerit,*
non in iuditium, sed in requiem introire possetis[14]. Cum
autem, ut credo, iam revelante Domino, tempus suae voca-
25 tionis agnosceret, ipse sibi sarcofagum conposuit, corpus
abluit, vestem induit; et sic intento semper caelo beatum
spiritum exalavit. Fuit autem magnae sanctitatis minimaeque
cupiditatis, aurum numquam habere volens. Nam, si coactus
accipisset[15], protinus erogabat. Cuius tempore cum Mum-
30 molus patricius multos cap||tivos ab ea urbe duxisset, prose- Fol. 186.
cutus ille omnes redemit. Tantamque ei Dominus graciam[16]

---

1. *Corr.* implere. — 2. *Corr.* sed. — 3. *Corr.* simplicitate. — 4. *Corr.* hec.
— 5. *Corr.* iactantia. — 6. *Corr.* sed. — 7. *Corr.* pollicitationem. — 8. *Corr.*
gloria. — Cf. de Catilinæ conjur. c. 3. — 9. *Corr.* facto. — 10. *Corr.* post
multum. — 11. *Corr.* cellula. — 12. *Corr.* decimum annum. — 13. *Corr.* orationi. — 14. *Corr.* possitis. — 15. *Corr.* accepisset. — 16. Fol. 185 v° *vacat, et
initio fol.* 186 *octo lineæ et semis iterum scriptæ et crasæ a verbis :* Cum autem
ut credo, *cum variantibus :* sarcofacum -accepisset -pauperibus erogabat
-multus. — 17. *Corr.* gratiam.

cum populo illo tribuit, ut ipsi etiam qui captivos duxerant et de precio ei concederent et in reliquo munerarent; et sic patriae suae captivos liberati[1] pristinę restauravit. Multaque de hoc viro bona audivi; sed dum ad historia acceptum[2] reverti cupio, plurima premitto[3].

II. Defuncto igitur Chilpirico, inventamque[4], quam diu quesierat, mortem[5], Aurilianinsis[6] cum Blesinsibus iuncti super Dunensis inruunt[7] eosque inopinantes prosternunt; Fol. 186 v° domus[8] annonasque || vel que[9] movere ab eleno[10] poterant Col. 334. incendio tradunt, pecora di||ripiunt adque[11] res quas levare poterant sustullerunt[12]. Quibus discendentibus[13], coniuncti Dunensis[14] cum reliquis Carnotenis, de vestigio subsecontur, simile[15] sorte eos adficientes, qua ipsi adfecti fuerant, nihil in domibus vel extra domus[16] vel de domibus relinquentes. Cumque adhuc inter se iurgia commoventes deservirent[17], et Aurilianensis[18] contra hos arma concuterent, intercedentibus comitibus, pax usque in audiencia data est; scilicet ut in die, quo iudicium[19] erat futurum, pars, que[20] contra partem iniuxte[21] exarserat, iusticia mediante, conponerit[22]. Et sic a bello cessatum est.

III. Vidastis cognomentum[23] Avius, qui ante hos annus[24] Lupum Ambrosiumque pro amore uxoris Ambrosii interfece- Fol. 187. rat[25] et ipsam sibi, que[26] || consubrina[27] sua esse dicebatur, in matrimonio acceperat, dum multa scelera infra Pectavum terminum perpetraret, quodam loco cum Hilderico Saxone coniunctus, dum se invicem convitiis lacesserent, unus ex pueris Childerici Avionem hasta transfixit. Qui ad terram ruens, plurisque[28] adhuc ictibus sauciatus, iniquam animam,

---

1. *Corr.* libertati. — 2. *Corr.* historiae ceptum. — 3. *Corr.* prętermitto. — 4. *Corr.* Chilperico inventaque. — 5. *Corr.* morte. — 6. *Corr.* Aurilianinses. — 7. *Corr.* Dunenses irruunt. — 8. *Corr.* domos. — 9. *Corr.* quę. — 10. *Corr.* ab eo loco. — 11. *Corr.* atque. — 12. *Corr.* sustulerunt. — 13. *Corr.* discedentibus. — 14. *Corr.* Dunenses. — 15. *Corr.* subsecuntur simili. — 16. *Corr.* domos. — 17. *Corr.* deservirent. — 18. *Corr.* Aurilianenses. — 19. *Corr.* iuditium. — 20. *Corr.* quę. — 21. *Corr.* iniuste. — 22. *Corr.* conponeret. — 23. *Corr.* cognomento. — 24. *Corr.* annos. — 25. *Corr.* interficerat. — 26. *Corr.* quę. — 27. *Corr.* consobrina. — 28. *Corr.* pluribusque.

sanguine defluente, refudit; fuitque ultrix divina maiestas
sanguinis innocentis, quem propria effuderat manu. Multa
enim furta, adulteria homicidiaque miserimus[1] sępę conmi-
serat, que silere melius poto[2]. Conposuit tamen filiis Saxo
5 ille mortem eius.

IIII. Interea Fredegundis regina iam viduata Parisius
advenit et cum thesauris, quos infra murorum septa con-
clauserat[3], ad ęclesiam[4] confugit adque a Ragnemundo fove- Fol. 187 v.
tur episcopo. || Reliquos vero thesaurus, qui apud villam *vacat.* Fol. 188.
10 Calam remanserunt, in quibus erat missurium[5] illud aureum
quod nuper fecerat, thesaurarii levaverunt et ad Childe- Col. 335.
berto[6] regem, qui tunc apud Meldensem commo||rabatur
urbem, velociter transierunt[7].

5. Fredegundis igitur regina, accepto consilio, legatos ad Gunthramnum
15 regem mittit, dicens : « Veniat dominus meus et suscepiat regnum fratres sui.
Est, inquid, mihi infans parvolus, quem in eius ulnis ponere desiderans,
me ipsam eius humilio ditioni. » Conperto autem Gunthramnus rex de fratres
excessu amarissime flevit. Moderato quoque planctu, conmoto exercitu, Parisius diriget. Cumque ille infra muros susceptus fuisset, Childebertus rex,
20 nepus eius, ab alia advenit parte.

6. Sed cum eum Parisiaci recepere nollent, legatos ad Gunthramnum regem
diregit, dicens : « Scio, piissime pater, non latere pietati tuae, qualiter
utrumque usque praesens tempus pars oppraesserit inimica, ut nullus de
rebus sibi debitis possit invenire iusticiam. Idcirco supplex nunc dipraecor,
25 ut placita, quae inter nos post patris mei obitum sunt innexa, custodiantur. »
Tunc Gunthramnus rex legatis illius ait : « O miseri et semper perfidi, nihil
in vobis verum habentes neque in promissis permanentis, ecce omnia quae
mihi polliciti estis relictis, cum Chilperico rege novam pactionem scripsistis,
ut, me a regno depulso, civitates meas inter se dividerent. Ecce pactionis
30 ipsas, ecce manus vestrae subscriptiones, quibus hanc conibentiam confir-
mastis. Et qua nunc fronte quaeritis, ut nepotem meum Childebertum susce-
pere debeam, quem mihi vestra perversitate voluistis facere inimicum? » Cui
legati dixerunt : « Si tantum mentem iracundia coepit, ut nihil nepoti tuo de
his quae pollicitus es indulgeas, vel illa quae de regno Chariberthi debentur
35 auferre desiste. » Quibus ille ait : « Ecce pactiones, quae inter nos factae sunt,
ut, quisque sine fratris voluntatem Parisius urbem ingrederetur, amitteret
partem suam, essetque Polióctus martyr cum Hylario adque Martino confes-
soribus iudex ac retributor eius. Post haec ingressus est in ea germanus || meus Col. 336.
Sygyberthus, qui iudicio Dei interiens, amisit partem suam. Similiter et Chil-
40 pericus gessit. Per has ergo transgressiones amiserunt partes suas. Ideoque,
quia illi iuxta Dei iudicium et maledictionibus pactionum defecerunt, omnem

---

1. *Corr.* miserrimus. — 2. *Corr.* quę s. m. puto. — 3. *Corr.* concluserat. —
4. *Corr.* ęcclesiam. — 5. *Corr.* missorium. — 6. *Corr.* Childebertum. —
7. *Cap.* 5-6, *usque ad* contigit mihi, *omissi; in margine corrector adscripsit :*
Hic falsum est, aut desunt enim quaedam, aut sunt interposita.

regnum Chariberthi cum thesauris eius meis ditionibus, lege opitulante, subiciam nec exinde alicui quicquam nisi spontanea voluntate indulgeam. Absistete igitur, vos semper mendaces ac perfidi, et haec regi vestro referte. »

7. Quibus discedentibus, legati iterum Childeberthi ad antedictum regem veniunt, Fredegundem reginam requirentes atque dicentes : « Redde homici- [5] dam, quae amitam meam suggillavit, quae patrem interfecit et patruum, quae ipsus quoque consobrinus meus gladio interemit. » At ille : « In placito, inquid, quem habemus, cuncta decernimus, tractantes quid oporteat fieri. » Nam Fredegundem patrocinio suo fovebat, ipsamque sepius ad convivium evocans, promittens, se ei fieri maximum defensorem. Quadam vero die, dum pariter [10] ad mensam epolarentur, regina consurgens et vale dicens, a rege detenebatur, dicente sibi : « Adhuc aliquid cybi sume. » Cui illa : « Indulge, inquid, depraecor, domini mi, quia iuxta consuetudinem mulierum contigit mihi,

ut pro conceptu consurgam. » Hęc ille audiens, obstipuit, sciens quartum esse mensem, ex quo alium edederat[1] filium; [15] tamen permisit eam consurgere. Prioribus[2] quoque de regno Chilpirici, ut erat Ansoaldus, et reliqui ad filium eius, qui erat, ut superius diximus, quatuor mensuum, se collegerant, quem Chlotharium vocitaverunt, exegentes[3] sacramenta per civitatis[4] quę ad Chilpericum prius aspexerant, ut scilicet [20] fideles esse debeant Gundramno regi ac nepoti suo Chlothario. Gundramnus vero rex omnia que[5] fideles regis Chilpirici[6] non recti deversis[7] abstullerant[8], iusticia[9] intercedente,

Fol. 188 v° restituit, multa et ipse eclesiis[10] || conferens; testamenta quoque || defunctorum, quia eclesias[11] heredes instituerant, et ab [25] Col. 337. Chilpirico[12] conpressa fuerant, restauravit; multisque se benignum exhibens ac multa pauperibus tribuens.

VIII. Sed quia non erat fides ab hominibus inter quo[13] venerat, armis se minivit, nec umquam ad eclesiam aut reliqua loca, qua ire delectabat[14], siue grande[15] pergebat cos- [30] todia[16]. Unde factum est, ut quadam die dominica, postquam diaconus[17] silencium populis, ut misse abscultarentur, indixit, rex conversus ad populum diceret : « Adiuro vos, o viri cum mulieribus qui adestis, ut mihi fidem inviolatam servare dignemini nec me, ut fratres meus[18] nuper fecistis, [35] interematis[19], liceatque mihi vel tribus annis nepotis meus[20],

---

1. *Corr.* ediderat. — 2. *Corr.* priores. — 3. *Corr.* exigentes. — 4. *Corr.* civitates. — 5. *Corr.* quę. — 6. *Corr.* Chilperici. — 7. *Corr.* diversis. — 8. *Corr.* abstulerant. — 9. *Corr.* iustitia. — 10. *Corr.* ecclesiis. — 11. *Corr.* qui ecclesias. — 12. *Corr.* Chilperico. — 13. *Corr.* quos. — 14. *Corr.* delectabatur. — 15. *Corr.* grandi. — 16. *Corr.* custodia. — 17. Diacos, *corr.* diaconus. — 18. *Corr.* meos. — 19. *Corr.* interimatis. — 20. *Corr.* nepotes meos.

qui mihi adoptivi facti sunt filii, enutrire, ne forte contingat, quod divinitas eterna non paciatur, ut illis parvolis[1], me defuncto, || simul pereatis; cum de genere nostro rubustus[2] Fol. 189. non fuerit qui defensit[3]. » Hec eo dicente, omnes[4] || populus
5 oracionem[5] pro rege fudit ad Dominum.

VIIII. Dum haec agerentur[6], Rigunthis, Chilpirici[7] regis filia, cum thesauris suprascriptis usque Tholosam accessit. Et cernens se iam ad terminum Gothorum esse propinquam, moras innectire[8] coepit, dicentibus sibi tum preterea suis,
10 oportere eam ibidem commorari, cum ipse[9] fatigati de itenere[10] vestimenta haberent inculta, calciamenta scisa[11], ipsosque equorum adque carrucarum apparatus adhuc, sicut plaustris evecti erant seursum[12] esse disiunctus[13]. Oportere pocius omnia hec prius diligenter stabilire et sic in itenere[14]
15 proficisci ac suscepi[15] cum omni elegancia[16] ab spouso, ne forte, si inculti inter Gothus[17] apparerent, inriderentur[18] ab ipsis. Dum ergo his retardarentur ex causis, mors Chilpirici[19] regis in aures || Desiderii ducis inlabetur[20]. Ipse quo- Col. 338. que, collectis secum viris fortissimis, Tholosam urbem ingre-
20 ditur repertusque[21] thesauros abstullit[22] de potestate reginę et in domo quadam sub sigillorum || municione ac virorum Fol. 189 v° forcium custodiam[23] mancipat, deputans reginę victum artum, donec ad urbem regrederetur.

X. Ipse vero ad Mummolum, cumque[24] foedus ante duus[25]
25 annos inierat, properavit. Morabatur tunc Mummolus infra murus[26] Avennicę urbis cum Gundoaldo, cui[27] in libro superiorem[28] meminimus. Qui coniunctus cum supradictis ducibus Limovicinum accedens, Brava Currecia vicum, in quo sanctus Martinus, nostri, ut aiunt, Martini discipulus, requiis-

---

1. *Corr.* parvulis. — 2. *Corr.* robustus. — 3. *Corr.* defenset. — 4. *Corr.* omnis. — 5. *Corr.* orationem. — 6. VIIII. Dum haec agerentur *add.* — 7. *Corr.* Chilperici. — 8. *Corr.* innectere. — 9. *Corr.* ipsi. — 10. *Corr.* itinere. — 11. *Corr.* scissa. — 12. *Corr.* scorsum. — 13. *Corr.* disiunctos. — 14. *Corr.* itinere. — 15. *Corr.* suscipi. — 16. *Corr.* eligancia. — 17. *Corr.* Gothos. — 18. *Corr.* irriderentur. — 19. *Corr.* Chilperici. — 20. *Corr.* inlabitur. — 21. *Corr.* repertosque. — 22. *Corr.* abstulit. — 23. *Corr.* custodia. — 24. *Corr.* cum quo. — 25. *Corr.* duos. — 26. *Corr.* muros. — 27. *Corr.* cuius. — 28. *Corr.* superiore.

cit[1], advenit; ibique parmę superpositus, rex est levatus. Sed cum tercio[2] cum eodem girarent, cecidisse fertur, ita ut vix manibus circumstancium sustentare[3] potuisset. Deinde ibat per civitates in circuitu positas. Rigunthis vero in basilica sancte Marię Tholosa, in qua Ragnoaldi uxor, cui[4] supra 5 meminimus, Chilpiricum[5] metuens confugerat, sedebat. Ragnoaldus vero de Spaniis rediens, uxore[6] facultatique restituetur[7]. Legacionis enim causa Spaniam petierat a rege

Fol. 190. Gundramnum[8] || directus. Magno[9] tempestate incendio basilica antedicti Martini beati apud Brivam vicum ab inminente 10 hoste cremata est, ita ut tam altarium quam colomnę[10] quę de diversis marmorum generebus abtatę[11] erant, ab igne dissolverentur. Sed ita hęc ędis[12] in posterum a Ferriolo episcopo reparata est tamquam si nihil mali pertulerit. Vehementer enim admirantur veneranturque hunc sanctum incolę, 15 eo quod plerumque virtutes eius experiantur.

Col. 339.   XI. Erat enim, cum hęc ageba||tur, mensis decimus. Tunc apparuerunt in codicibus vinearum palmites novi cum uvis deformatis, in arboribus flores. Pharus magna per cęlum discurrens, quę priusquam lux fierit[13] in die, late mundum 20 inluminavit. Aparuerunt[14] etiam in cęlo et radii. A parte

Fol. 190 vº septemtrionali colomna[16] ignea, quasi de cęlo || pendens, per duarum horarum spacium visa est, cui stilla[16] magna superposita est. In Andegavo enim terra tremuit, et multa alia signa apparuerunt, que[17], ut opinor, ipsius Gundoaldi inte- 25 ritum nunciarunt.

XII. Igitur Gundramnus rex comites suos ad conpraehendendas civitates, quas condam[18] Sigibertus de regno Chaberthi[19] fratris sui acciperat[20], direxit, ut exigentes sacramenta suis eas dicionibus subiugarent. Toronici vero adque 30

---

1. *Corr.* requiescit. — 2. *Corr.* tertio. — 3. *Corr.* sustentari. — 4. *Corr.* cuius. — 5. *Corr.* Chilpericum. — 6. *Corr.* uxori. — 7. *Corr.* restituitur. — 8. *Corr.* Gundramno. — 9. *Add.* ea. — 10. *Corr.* columnę. — 11. *Corr.* generibus aptatę. — 12. *Corr.* ędes. — 13. *Corr.* fieret. — 14. *Corr.* apparuerunt. — 15. *Corr.* columna. — 16. *Corr.* stella. — 17. *Cod.* q;. — 18. *Corr.* quondam. — 19. *Corr.* Chariberthi. — 20. *Corr.* acceperat.

Pectavi ad Chilbertum[1] Shyberti[2] filium transire voluerunt,
set[3] commoti Biturigi[4] contra eos venire disponunt adque
infra terminum Toronicum incendia facere ceperunt. Tunc
Maroialensem eclesiam[5] termini Toronici, in qua sancti
Martini reliquie habibantur[6], incendio concremaverunt; set[7]
virtus beati adfuit, ut in tam valido incendio pallole[8] que
super altarium fuerunt posite, non consumerentur ab igne.
Et non solum ipse, set[7] etiam herbole[9] olim collecte ad
altarioque[10] conlocate nequaquam exuste sunt. Qua[11] incendia videntes Toronici legacionem[12] mittunt, dicentes, melius
sibi esse ad tempus Gundramnum regis[13] subdi quam cuncta
incendio ac ferro vastari.

XIII. Confestim autem post mortem Chilpirici[14] Gararicus
dux Limovicas accesserat et sacramenta de nomine Childeberthi ‖ susceperat. Exinde Pectavis[15] veniens, ab ipsis Fol. 191.
receptus est, et ibi morabatur. Audiens vero que[16] Toronici
paciebantur, mittit legacionem, obtestans ne nos ad partem
Gundramni regis tradere deberimus[17], si nobis vellimus[18]
esse consultum; set meminirimus[19] potius Syghiberthi, qui
quondam genitur[20] Childeberthi ‖ fuit. Nos vero hec rursum Col. 340.
episcopo et civibus mandata remisemus[21], quod, nisi se ad
tempus Gundramno rege[22] subderent, similia paterentur,
adserentes, hunc esse nunc patrem super duos filios, Sighi-
berthi scilicet et Hilpirici[23], qui ei fuerant adoptati; et sic
tenere regni principatum, ut quondam Chlotharius rex fecerat, pater eius. His quoque non adquiiscentibus[24], Gararicus
de civitate egreditur, quasi exercitum adducturus, in urbe
vero Eberonem cubicularium Childeberthi regis relinquens.
Sicchari[25] vero cum a Villachario Aurilianense comite, qui
tunc Toronus acceperat, exercitum contra Pectavos[26] com-

1. *Corr.* Childebertum. — 2. *Corr.* Shygiberti. — 3. *Corr.* sed. — 4. *Corr.*
Biturici. — 5. *Corr.* ecclesiam. — 6. *Corr.* habebantur. — 7. *Corr.* sed. — 8.
Corr. pallule. — 9. *Corr.* herbule. — 10. *Corr.* altariumque. — 11. *Corr.* quæ.
— 12. *Corr.* legationem. — 13. *Corr.* Gundramno regi. — 14. *Corr.* Chilperici.
— 15. *Corr.* Pictavis. — 16. *Corr.* que. — 17. *Corr.* deberemus. — 18. *Corr.*
vellemus. — 19. *Corr.* sed meminiremus. — 20. *Corr.* genitor. — 21. *Corr.*
remisimus. — 22. *Corr.* regi. — 23. *Corr.* Chilperici. — 24. *Corr.* adquiescentibus. — 25. *Corr.* Siccharius. — 26. *Corr.* Pictavos.

movit, ut scilicet ab una parte Thoronici, ab alia Biturigi[1] commoti cuncta vastarent. Qui cum ad terminum propinquasent ac domus[2] cremare cepissent, miserunt ad eos Pectavi legatos, dicentes : « Petemus[3], ut usque in placito, quod inter se Gundramuus || et Childebertus regis[4] habent, susteneatis[5]. Quod si convenit, ut pacis bonus[6] rex Gundramnus accipiat, non resistemus[7], sin aliud, dominum nostrum recognuscimus[8] cuius[9] servire plenius debeamus. » Ad hec ille[10] responderunt : « Nihil nobis de ac causa pertinet, nisi tantum iussa principis adimplere. Nam si nolueritis, cuncta ut cepimus devastamus. » Cumque in hoc res ageretur, ut universa incendio, predę atque captivitati traderentur, eiectis de civitate hominibus Childiberti, sacramenta Gunthramno regi dederunt; non longo tempore ea custodientes.

XIIII. Igitur, adveniente placito, directi sunt ad[11] Chilberto rege Egidius episcopus, Gunthramnus Boso, Sigoaldus et alii multi ad Gundramno[12] regem; ingressique ad eum, ait episcopus : « Gracias agimus Deo omnipotenti, piissime rex, quod te post multos labores regionibus tuis regnoque restituit. » Cui rex ait : « Illi enim dignę sunt gracię referendę, qui est Rex regum et Dominus dominorum, qui hęc sua miseracione operare dignatus est. Nam non tibi, cuius consilio || doloso ac periuriis regiones meę anno superiore incensę sunt, qui numquam fidem integram cum ullo homine habuisti, cuius dolositas ubique dispergitur, qui non sacerdotem, sed inimicum regni nostri te esse declaras. » Ad hęc verba episcopus iracondia[13] commotus siluit. Unus autem ex legatis dixit : « Supplecat nepus tuus Chilbertus[15], ut civitates, quas pater eius tenuit, reddi iubeas. » Ad hęc ille respondit : « Iam dixi vobis prius, quia pacciones nostre[16] mihi hec conferunt, ideoque eas reddere nolo. » Alius quoque legatorum ait : « Rogat nepus tuos[17], ut Fredegundem

---

1. *Corr.* Biturici. — 2. *Corr.* domos. — 3. *Corr.* petimus. — 4. *Corr.* reges. — 5. *Corr.* sustineatis. — 6. *Corr.* pacem bonum. — 7. *Corr.* resistimus. — 8. *Corr.* recognoscimus. — 9. *Corr.* cui. — 10. *Corr.* illi. — 11. *Corr.* a. — 12. *Corr.* Gundramnum. — 13. *Corr.* iracundia. — 14. *Corr.* supplicat nepos. — 15. *Corr.* Chiltbertus. — 16. *Corr.* pactiones nostrę. — 17. *Corr.* nepos tuus.

maleficam, per quam multi reges interfecti sunt, redde[1]
iubeas ad ulciscendam mortem patris, patrui vel consobri-
norum suorum. » « Tradi ei, inquid[2], in potestate non poterit, quia filium regem habet. Set[3] et ea que contra illam
5 adseretes[4], vera esse non credo. » Post hos Gunthamnus[5]
Boso, quasi aliquid sugesturus[6] ad regem acccdit. Et quia
sonuerat Gundoaldum manifeste regcm levatum, antecipans[7]||
verba eius rex, ait : « O inimici[8] regionis regnique nostri, Fol. 192 v°
qui propterea ante hos annos Orientem adgressus es, ut
10 Ballomerem quendam — sic enim vocabat rex Gundoaldum
— super regnum nostrum adduceris[9], semper perfidi[10] et
numquam costodiens que[11] promittis! » Cui ille : « Tu,
inquid[12], dominus et rex regali in solio resedis[13] et nullus
tibi ad ea que loqueris ausus est respondere : insotem[14] enim
15 me de hac causa profiteor. At si aliquis est similis mihi, qui
hoc crimen inpingat occulte, veniat nunc palam et loquatur.
Tunc, o rex piissime, ponens hoc in Dei iudicium, ut ille
discernat, cum nos in unius campi planicię viderit demi-
care[15]. » Ad hęc, cunctis silentibus, addedit[16] rex : « Omni-
20 bus autem hęc causa animus[17] accendere debet, ut repellatur
a finibus nostris advena, cuius pater molinas gobernavit[18];
et, ut vere dicam, pater eius pectinibus insedit lanasque
conposuit. » Et quiquam possit fieri ut || unus homo utriusque Col. 342.
artificii magisterio subderetur, ad increpacionem tamen regis
25 quidam ex ipsis respondit : « Ergo duos, ut ad||seris, patres Fol. 193.
hic homo habuit, lanarium simul molinariumque. Absit a te,
o rex, ut tam inculte loquaris. Non enim auditum est, unum
hominem, pręter spiritalem causam, duos habere posse pariter genitores. » Dehinc cum multi solverentur in risu,
30 respondit alius legatorum, dicens : « Vale dicimus tibi, o
rex. Nam quia reddere noluisti civitatis[19] nepotis tui, scimus, salvam esse securem, que[20] fratrum tuorum capitibus

---

1. *Corr.* reddi. — 2. *Corr.* inquit. — 3. *Corr.* sed. — 4. *Corr.* adseritis. —
5. *Corr.* Guntrhamnus. — 6. *Corr.* suggesturus. — 7. *Corr.* anticipans. — 8.
Corr. inimice. — 9. *Corr.* adduceres. — 10. *Corr.* perfide. — 11. *Corr.* custo-
diens quę. — 12. *Corr.* inquit. — 13. *Corr.* residas. — 14. *Corr.* insontem. —
15. *Corr.* dimicare. — 16. *Corr.* addidit. — 17. *Corr.* animos. — 18. *Corr.*
molina gubernavit. — 19. *Corr.* civitates. — 20. *Corr.* quę.

est defixa : celerius tuum libravit[1] defixa cerebrum. » Et sic
cum scandalum[2] discesserunt. Tunc rex his verbis succin-
sus[3], iussit super capita euncium proici aequorum stercora
putrefacta[4], astulas, palias[5] ac fenum putridine dissolutum
ipsumque fetidum urbis lutum. Quibus de rebus maculati 5
graviter, non sine inmensa iniuria adque contumelia abierunt.

XV. Resedente[6] vero Fredegundę ręgina in ęcclesia Parisiaca, Leunardus domesticus, qui tunc ab urbe Tholosa advenerat, ingressus ad eam, causas contumelie iniuriasque filię 10
Fol. 193 v° eius narrare coepit, dicens, quia : « Iuxta imperium ‖ tuum
accessi cum regina Rigunthe ac vide[7] humilitatem eius, vel
qualiter expoliata est a thesauris et omnibus rebus ; ego vero
per fugam dilapsus[8] veni nonciare[9] dominę meę quę gesta
sunt. » Hec illa audiens furore commota, iussit eum in ipsa 15
ęclesia expoliare, nudatumque vestimentis ac balteo, quod
ex munere Chilpirici[10] regis abebat[11], discedere a sua iubet
pręsencia. Cocos quoque sive pistores, vel quoscumque de
hoc itenere regressus[12] esse cognovit, cęsos expoliatusque[13]
ac demancatus reliquid[14]. Nectarium auter., Baudegisili 20
episcopi fratrem, nefandis accussacionibus cum rege temp-
tavit obruere, adserens, eum de thesauro regis mortui multa
portasse. Set et de prumpariis[15] tam tergora quam vina
Col. 343. multa eum abstu‖lisse dicebat, petens, ut vinctus carceralibus
tenebris truderetur. Sed paciencia regis fratrisque ausilium[16] 25
fieri non permisit. Multa quidem ibi vana exiens[17], non
metuebat Deum, in cuius ęclesiam petebat ausilium[18]. Habebat tunc temporis secum Audonem iudicem, qui ei tempore ‖
Fol. 194. regis in multis consenserat malis. Ipse enim cum Mummolo
pręfecto multus[18] de Francis, qui tempore Childeberthi regis 30
seniores ingenui fuerunt, publico tributu[19] subegit. Qui post

---

1. *Corr.* librabit. — 2. *Corr.* scandalo. — 3. *Corr.* succensus. — 4. *Corr.*
putrefactas. — 5. *Corr.* paleas. — 6. *Corr.* residente. — 7. *Corr.* vidi. — 8.
Corr. delapsus. — 9. *Corr.* nunciare. — 10. *Corr.* Chilperici. — 11. *Corr.* habebat. — 12. *Corr.* regressos. — 13. *Corr.* expoliatosque. — 14. *Corr.* demanca-
tos reliquit. — 15. *Corr.* prumptuariis. — 16. *Corr.* auxilium. — 17. *Corr.*
exegens *vel* exigens. — 18. *Corr.* multos. — 19. *Corr.* tributo.

mortem regis ab ipsis expoliatus ac denudatus est, ut nihil
ei, pręter quod super se auferre poterat, remaneret. Domus
enim eius incendio subdederunt; abstulissent utique et ipsam
vitam, nisi cum reginę[1] ęclesiam petisset.

5   XVI. Prętextatum[2] vero episcopum[3] regressus coepit,
quem cives Rotomensis post excessum regis de exilio expe-
tentes, cum grande laude civitate sue[4] restituerunt. Post
reditum vero suum ad urbem Parisiacam advenit ac se Gundramno regi repręsentavit, exorans, ut causam suam dili-
10 genter inquereret[5]. Adserebat enim regina, eum non debere
recipi, quia fuisset per iudicium quadraginta quinque episcopus[6] Rothomago sacerdotali officio segregatus. Cumque
rex pro hac causa sinodum excitare vellit[7], Ragnemundus
huius urbis episcopus pro omnibus responsum reddidit,
15 dicens : « Scitote ci penitenciam indictam a sacerdotibus,
non tamen eum prursus ad episcopatum[8] remotum. » Et sic
a rege susceptus adque convivio eius || adscitus, ad urbem Fol. 194 v°
suam regressus est.

   XVII. Promotus vero, qui in Dunense castro ordinante
20 Syghybertho rege episcopus fuerat institutus et post mortem regis amotus fuerat, eo quod castrum illud esset dio-
cisis[9] Carnotena; contra quem ita iudicium datum fuerat,
ut presbiterii tantum officio fungeretur; accessit ad regem,
depręcans || ut ordinacionem[10] episcopatus in antedictum Col. 344.
25 castro[11] reciperet. Set, obsisten Papolo[12], Carnotene urbis
episcopus[13], ac dicente, quia : « Diocis[14] mea est, osten-
dente pręsentem[15] iudicium episcoporum, nihil aliut[16] potuit
obtinere cum rege, nisi ea quę sub ipsius castri termino propria [a]bebat reciperit[17], in qua cum genetricę adhuc super-
30 stitem[18] moraretur.

---

1. *Corr.* regina. — 2. *Corr.* Prętextatus. — 3. epm., *corr.* episcopatum. —
4. *Corr.* civitati suę. — 5. *Corr.* inquireret. — 6. eps., *corr.* episcoporum. —
7. *Corr.* vellet. — 8. *Corr.* prorsus ab episcopatu. — 9. *Corr.* diocesis. —
10. *Corr.* ordinationem. — 11. *Corr.* castrum. — 12. *Corr.* obsistente Papulo.
— 13. *Corr.* episcopo. — 14. *Corr.* diocesi. — 15. *Corr.* ostendens pręsens.
— 16. *Corr.* aliud. — 17. *Corr.* habebat reciperet. — 18. *Corr.* superstite.

XVIII. Commoran[1] vero rege apud urbem Parisiacam, venit quidam pauper, dicens : « Audi, rex, verba oris mei. Noveris enim, quia Faraulfus, cobicolarius[2] quondam fratris tui, querit[3] te interficere. Audivi enim consilium eius, ut, eunte te matutina oracione ad ęclesiam, aut cultro adpeteret[5] aut hasta transfoderet. » Obstupefactus autem rex, misit Fol. 195. vorare[4] eum. Quo negante, de his || rex metuens, armis se valde niunivit, nec penitus ad loca sancta vel alibi nisi vallatus armis se adque costodibus[5] procedebat. Faraulfus autem non post multum tempus mortuos[6] est. 10

XVIIII. Cum autem magnus clamor fierit[7] adversus eos qui potentes cum rege fuerant Chilperico, scilicet quod abstullissent[8] vel[9] villas vel res reliquas de rebus alienis, omnia, que[10] iniuste ablata fuerant, rex reddi precepit, sicut iam superius indecatum[11] est. Fredegundem quoque reginam ad[15] villam Rotoialensem, que[12] in Rotomense termino sita est, abire precepit[13]. Secutique sunt eam omnes meliores natu regni Chilperici regis. Ibique relinquentis[14] eum cum Melanio episcopo qui de Rotomago submotus fuerat, ad filium eius se transtulerunt, promitentes, quod ab is[15] studiosissime[16][20] nutriretur.

XX. Postquam autem Fredegundis regina ad supradictam villam abiit, cum esset valde mesta, quod ei potestas ex Col. 345. parte fuisset ablata, me||liorem se existimans Bruneheldem[17] misit occultum clericum sibi familiarem, qui eam circum-[25] Fol. 195 v° ventam dolis interimere possit, || videlicet ut, cum se subtiliter in eius subderet famulatum, ab ea credi possit, et sic clam percoliretur[18]. Veniens igitur clericos[19], cum diversis ingenies[20] se eidem commendavit, dicens : « A facię Fredegundis reginae fugio, deposcens auxilium tuum. » Coepit se[30]

---

1. *Corr.* Commorante. — 2. *Corr.* cubicularius. — 3. *Corr.* queret. — 4. *Corr.* vocari. — 5. *Corr.* custodibus. — 6. *Corr.* mortuus. — 7. *Corr.* fieret. — 8. *Corr.* abstulissent. — 9. *Corr.* vi. — 10. *Corr.* quę. — 11. *Corr.* indicatum, — 12. *Cod.* q; *corr.* quae. — 13. *Cod.* precepit. — 14. *Corr.* relinquentes. — 15. *Corr.* his. — 16. *Corr.* studiosissimę. — 17. *Corr.* Brunchilde. — 18. *Corr.* percuteretur. — 19. *Corr.* clericus. — 20. *Corr.* ingeniis.

etiam omnibus reddere humilem, carum, oboedientem hac reginam[1] privatum. Sed non longo tempore interposito, intellexerunt eum dolose transmissum; vinctusque ac cesus, cum rem patefecisset occultam, redire permissus est ad patronam. Reserans quęquę acta fuerant, effatus quod jussa patrari non potuisset, manuum hac pedum abscisionem[2] multatur.

XXI. His ita gestis, cum rex Gunthramnos Cabillonno[3] regressus mortem fratris conaretur inquerere[4], et regina crimen super Eberulfum cobicularium inposuissit[5], — rogatus enim fuerat ab ea, ut post mortem regis cum ipsa resederet[6], sed optenere[7] non potuit; — hęc[8] enim inimicitia pululante[9] adseruit regina ab eodem principem interfectum, ipsumque multa de thesauris abstulisse et sic in Toronicum abscessisse: ideoque, si rex mortem fratris desideraret ulciscere, noverit huius causę || hunc esse signeferum[10]. Tunc rex iuravit omnibus Fol. 196. optimatibus quod non modo ipsum, verum etiam progeniem eius in nonam generacionem dileret[11], ut per horum necem consuetudo auferetur[12] iniqua, ne reges amplius interfecerentur[13]. Quod cum Eberulfus cumperissit[14], basilicam sancti Martini, cuius res sepe pervaserat, expetivit. Tunc data occansione, ut costodiretur, Aurilianensis[15] adque Blisensis vicissem[16] ad has excobięs[17] veniebant, implitisque[18] quindecim diebus, cum preda multa revertebantur, adducentis[19] iumenta, pecora, vel quodcumque derepere[20] potuissent. Ille[21] vero qui beati Martini iumenta abduxerant, commota altercacione, se invicem lanceis transfixerunt. Duo, || qui mulas Gol. 346. diripiebant, ad domum vicini cuiusdam accedentes, potum rogare ceperunt. Cumque ille se habere negarit[22], elevatis lanceis ut eum transfoderent, hic extracto gladio utrumque perfodit, cecideruntque ambo et mortui sunt; iumenta tamen

---

1. *Corr.* regine. — 2. *Corr.* abscisione. — 3. *Corr.* Gunthramnus Cavillono. — 4. *Corr.* inquirere. — 5. *Corr.* cubicularium imposuisset. — 6. *Corr.* resideret. — 7. *Corr.* optinere. — 8. *Corr.* hac. — 9. *Corr.* pollulante. — 10. *Corr.* signiferum. — 11. *Corr.* deleret. — 12. *Corr.* auferretur. — 13. *Corr.* interficerentur. — 14. *Corr.* comperisset. — 15. *Corr.* occasione ut custodiretur Aurilianenses. — 16. *Corr.* Blisenses vicissim. — 17. *Corr.* excubias. — 18. *Corr.* impletisque. — 19. *Corr.* abducentes. — 20. *Corr.* diripere. — 21. *Corr.* illi. — 22. *Corr.* negaret

sancti Martini redita[1] sunt. Tantaque ibi tunc mala per hos
Aurilianenses gesta sunt, ut nequęant explicari.

XXII. Dum hęc autem agerentur, res ipsius Eberulfi
diversis conceduntur; aurum argentumque vel alias meliores
species, quas secum retenebat[2], in medio exposuit. Quod
Fol. 196 v° vero ‖ conmendatum habuit, publicatum est. Greges etiam
ęquorum, porcorum iumentorumque diripiuntur. Domus
vero inframuranea, quam de dominacione ęclesię abstulle-
rat[3], referta annonis, vino adque tercoribus[4] rebusque aliis
multis, adplene expoliata est, nec ibi aliud quam parietes
vacui remanserunt. Ex hoc nos maxime suspectus[5] habebat,
que[6] in causis eius fideliter currebamus, promittensque plerumque quod, si umquam ad regis graciam perveniret, in
vobis[7] hęc que perferrebat ulcisceretur. Deus enim novit,
cui arcana pectoris revelantur, quia de puro corde, in quau-
tum potuemus[8] solacium ministravimus. Et quamquam multas nobis insidias prius de rebus sancti Martini fecissit[9],
extabat tamen causa, ut easdem obliviscerem, eo quod filium
eius de sancto lavacro suscipissem. Set[10] credo, infiliciae[11]
res maximum fuit inpedimentum, quod nullam reverenciam
sancto prestabat antestiti[12]. Nam sepe cedes infra ipsum
atrium, quod ad pedes beati erat, exegit, exercens assiduę
ebrietatis[13] ac vanitatis[14]. Presbiterum quoque unum, pro eo
quod ei vinum dare differret, cum iam crapulatus aspicere-
tur, elisum super scamnum[15] pugnis ac diversis ictibus ver-
beravit, ut pęnę animam reddere videretur; et fecissit[16]
Fol. 197. forsitam, si ei medicorum ‖ ventusę non subvenissent. Habe-
Col. 347. bat enim pro timore regis in id[17] ipsum salutaturium[18] bea‖tę
basilicę mansionem. Cum autem presbiter, qui clavis ostei
retenebat, clasis[19] reliquis, recessissit[20], per illum salutarii[21]
ustium introeuntes puellę cum reliquis pueris eius, suspi-

---

1. *Corr.* reddita. — 2. *Corr.* ritenebat. — 3. *Corr.* abstulerat. — 4. *Corr.*
pecoribus. — 5. *Corr.* suspectos. — 6. *Corr.* qui. — 7. *Corr.* nobis. — 8. *Corr.*
potuimus. — 9. *Corr.* fecisset. — 10. *Corr.* suscepissem. Sed. — 11. *Corr.* infelici ea. — 12. *Corr.* antistiti. — 13. *Corr.* ebrietates. — 14. *Corr.* vanitates. —
15. *Cod.* scā num. — 16. *Corr.* fecisset. — 17. id *expunct.* — 18. *Corr.* saluta-
torium. — 19. *Corr.* claves ostii retinebat, clausis. — 20. *Corr.* recessisset. —
21. *Corr.* salutatorii.

ciebant picturas parietum, rimabant ornamenta beati sepul-
cri; quod valde facinorosum relegionis[1] erat. Quod cum
presbyter cognovissit[2], defixis clavis super ostium, serras[3]
aptavit. Hęc ille cum post cęnam vino maditus[4] advertissit[5],
5 et nos in basilicam in inicium noctis orationis gratia psalle-
rimus[6], furibundus ingreditur meque conviciis ac malediccionibus urguere cępit, illud inter iurgia exprobans, quod
ego eum velem a sancti antestitis[7] fimbriis separare[8]. Sed
ego stupens, que virum cepissit insania[9], blandis sermoni-
10 bus mulcire[10] conatus sum. Set[11], cum eius furias verbis lenibus superare non possim, silere decrevi. Ille vero me taci-
tum intendens, ad presbiterum[12] convertitur evomitque in
eum multa convicia. Nam et illum verbis procacibus et me
diversis obpropriis inpugnabat. Nos vero cum vidissimus[13]
15 eum, ut ita dicam, agi a demone, egressi a basilica sancta,
scandalum vigiliasque finivimus, illud maxime indignum
ferentes, quod ad hoc iurgium absque reverencia sancti ante
ipsum sepulcrum antestitis[14] excitaverat. His diebus ‖ vidi Fol. 197 v°
somnium, quod ipsi in sancta basilica ··· ··, dicens : « Puta-
20 bam me quasi in hac basilica sacrosanc·· missarum solemnia
celebrare. Cumque iam altarium cum oblacionibus pallio
sirico[15] coopertum essit, sobito[16] ingredientem Gunthramnum regem conspicio, qui voce magna clamabat :
« Extrahite inimicum generacionis nostrę, evellite homicidam
25 a sacro Dei altario. » At ego, cum hęc audirem, ad te conversus dixi : « Adpręhende pallium altaris, infilix[17], quo
sacrum[18] munera conteguntur, ne hinc abiciaris. » Cumque
adpręhenderis[19], laxa cum manu et non viriliter detinebas.
Ego vero, expanicis[20] manibus, contra pectus regis meum
30 pectus abtabam, dicens : « Noli eiccere hunc hominem de
basilica sancta, ne vitę periculum patiaris, ne te sanctus
antesti‖tis[21] sua virtute confiat[22]. Noli [te] proprio iaculo Col. 348.

---

1. *Corr.* religioni. — 2. *Corr.* cognovisset. — 3. *Corr.* seras. — 4. *Corr.* madi-
dus. — 5. *Corr.* advertisset. — 6. *Corr.* psalleremus. — 7. *Corr.* antistitis. —
8. *Corr.* separari. — 9. *Corr.* cepisset insana. — 10. *Corr.* mulcere. — 11. *Corr.*
sed. — 12. *Cod.* prbr. *add.* m. — 13. *Corr.* vidissemus. — 14. *Corr.* antistitis.
— 15. *Corr.* serico. — 16. *Corr.* esset, subito. — 17. *Corr.* infelix. — 18. *Corr.*
sacra. — 19. *Corr.* adprehenderes. — 20. *Corr.* expansis. — 21. *Corr.* antestis.
— 22. *Corr.* confodiat.

interemere[1], quia hoc si feceris, presentem vitam aeternamque[2] carebis. » Set[3], cum rex mihi resisteret, tu laxabas palleum et post me veniebas. Ego vero valde tibi molestus eram. Cumque reverteris[4] ad altarium, adprehendebas pallium, set[3] rursum relinquebas. Dum hunc tu tepide reteneris[5] et ego rege[6] viriliter resisterem, evigilavi pavore conteritus[7], ignarus quid somnium indecaret[8]. » Igitur cum ei ista narrassem, ait : « Verum est somnium, quod vidisti, quod valde cogitacione mee[9] concordat. » Cui ego : « Et quid providit cogitacio tua ? » Et ille : « Deliberatum, inquid, habuit[10], || ut, si me rex ab hoc loco iuberit[11] extrai[12], ab una manu pallas altaris tenerem, ab alia vero, evaginato gladio, te prius interfectum, quantuscumque[13] deinceps clericus[14] reperissem, in mortem prosternerem. Nec mihi post hęc erat iniuria lęto subcumbere, si de huius sancti clericis acciperem ulcionem. » Hęc ego audiens et stupens, admirabam[15] quod erat, quia per hos[16] eius diabulus[17] loquebatur. Numquam enim in Deum ullum timorem habuit. Nam dum essit[18] in libertatem, equi eius ac pecora per segites[19] pauperum vineisque demittebantur[20]. Quod si expellebantur ab his quorum evertebat labores, statim a suis percolibantur[21]. Nam in hac angustia qua erat sepe commemorabat, quod[22] beati antestitis abstulissit iniuste[23]. Denique anno superiore commotum quendam levem e civibus ęclesię actores fecit interpellare. Tunc postposita iusticia, res quas olim ęclesię possedebat[24] sub specie emcionis[25] abstraxit, datam[26] ipsi homini partem auream[27] baltei sui. Set[28] et alia multa perversę egit usque ad finem vite suae, quem in posterum explanamus[29].

XXIII. Presenti quoquæ anno Armentarius Iudeus cum

---

1. *Corr.* interimere. — 2. *Corr.* presenti vita eternaque. — 3. *Corr.* sed. — 4. *Corr.* revertereris. — 5. *Corr.* retineres. — 6. *Corr.* regi. — 7. *Corr.* conterritus. — 8. *Corr.* indicaret. — 9. *Corr.* cogitacioni mee. — 10. *Corr.* habui. — 11. *Corr.* iuberet. — 12. *Corr.* extrahi. — 13. *Corr.* quantoscumque. — 14. *Corr.* clericos. — 15. *Corr.* admirabar. — 16. *Corr.* os. — 17. *Corr.* diabolus. — 18. *Corr.* esset. — 19. *Corr.* segetes. — 20. *Corr.* vincasque dimittebantur. — 21. *Corr.* percutebantur. — 22. *Add.* res. — 23. *Corr.* antistitis abstulisset iniuste. — 24. *Corr.* ecclesia possidebat. — 25. *Corr.* emtionis. — 26. *Corr.* data. — 27. *Corr.* parte aurea. — 28. *Corr.* sed et. — 29. *Corr.* explanabimus.

uno secte suae atillite[1] et duobus christianis ad exegendas
caucionis[2], quas ei propter tributa puplica Iniuriosus ex
vecario[3], ex comitę vero Eonomius || deposuerant, Toronus Fol. 198 v°
advenit. Interpellatisque viris, promisionem[4] accepit de ||
5 redendo[5] pecunię fenore cum usuris, dicentibus sibi prece- Col. 349.
derę ipsis[6] : « Si ad domum nostram veneris, et quę debentur exsolvimus et aliis te muneribus, sicut dignum est,
honoramus. » Eo quoque euntę, ab Iniurioso suscepitur[7] et
convivio conlocatur[8], expletoque aepulo, adpropinquante
10 noctę, cummoti[9] ab eodem loco ad alium transeunt. Tunc,
ut ferunt, Iudei cum duobus christianis ab Iniuriosi hominibus interfecti, in puteum, qui propinquos[10] domui eius,
proiecti sunt. Auditis his parentes eorum quę gesta fuerant,
Toronus adverunt[11]; datoque quibusdam hominibus indicio,
15 puteum reperiunt virusque[12] extrahunt, multum negantę
Iniurioso, quod in hac causa non fuerit inquinatus. Post hęc
in iudicio venit ; sed confortiter[13], ut diximus, denegaret,
et hii non haberent, qualiter eum convincere possint, iudicatum est, ut se insontem redderet sacramento. Sed, nec hoc
20 his adquiiscentibus[14], placitum in regis presenciam Childeberti posuerunt. Verumtamen nequae pecunia neque cau-
cionis Iudei[15] || defunctis repertę sunt. Loquebantur tunc Fol. 199.
multi hominum Medardum tribunum in hoc scelere mixtum
fuisse, eo quod et ipse a Iudęo pecuniam mutuassit[16]. Iniu-
25 riosus tamen ad placitum in conspectu regis Childeberthi
advenit et per triduum usque occasum solis observavit. Sed
cum hii non venissent, neque de[17] causa ab ullo fuisset
interpellatus, ad propria rediit.

XXIIII. Anno igitur decimo Childeberthi regis rex Gun-
30 thramnus, commotis gentibus regni sui, magnum iunoxit
exercitum. Set pars maior cum Aurilianensibus adque Bitu-

---

1. *Corr.* satellite. — 2. *Corr.* exigendas cautiones. — 3. *Corr.* vicario. — 4.
Corr. promissionem. — 5. *Corr.* reddendo. — 6. *Corr.* ipsos. — 7. *Corr.* suscipitur. — 8. *Corr.* collocatur. — 9. *Corr.* commoti. — 10. *Corr.* propinquus —
11. *Corr.* advenerunt. — 12. *Corr.* virosque. — 13. *Corr.* cum fortiter. — 14.
Corr. adquiescentibus. — 15. *Corr.* cauciones Iudeis. — 16. *Corr.* mutuasset.
— 17. *Add.* hac.

regis[1] Pectavum petiit. Excesserant enim de fide, quam regi promiserant. Miseruntque prius legacionem[2], ut scirent, utrum susceperentur[3] ab his an non. Sed episcopus loci Maroveus dure suscepit hos nuncios. At illi infra terminum ingressi, prędas, incendioadque[4] homicidia faciebant. Hii vero 5

Col. 350. que[5] cum pręda re||vertebantur per Toronicum transeuntes, similiter illis qui iam sacramenta dederant faciebant, ita ut ipsa[6] quoque ęclesię incenderentur et quęcumque invenire[7] potuissent diriperentur. Quod sępius actum est, dum illi ad ʳegem egre converterentur. Set[8] cum exercitus propius ad 10

Fol. 199 ᵛᵒ urbem accederet, || et iam pars maxima regionis devastata cerneretur, tunc miserunt noncius[9], fideles se rege[10] Gunthramno fatentes. At illi infra murus[11] urbis recepti, super episcopum inruerunt[12], dicentes eum infidelem esse. Ille vero cum se ab his cerneret coartatum, effracto unum[13] de 15 sacris ministeriis calicem et in numisma redactum[14], se populumque redimit[15].

XXV. Marileifum vero, qui primus medicorum in domo Chilpirici[16] regis habitus fuerat, ardentissime vallant; et qui iam a Gararico duce valde expoliatus fuerat, ab his ite- 20 rum denutatur[17], ita ut nulla ei substancia remaneret. Equos quoque eius, aurum argentumque sive species, quas meliores habebat, pariter auferentes, ipsum dicioni[18] ęclesiasticę subdederunt[19]. Servicium enim patris eius tale fuerat, ut molinas ęclesiasticas stodiret[20], fratresque consubrini[21] vel reliqui 25 parentes cocinis[22] dominicis atque pistrino subiecti erant.

XXVII (26). Gundoaldus vero Pectavum accedere voluit, set[23] timuit. Audierat enim, iam contra se exercitum commoveri.

---

1. *Corr.* Bituricis. — 2. *Corr.* legationem. — 3. *Corr.* susciperentur. — 4. *Corr.* incendia atque. — 5. *Corr.* qui. — 6. *Corr.* ipsæ. — 7. *Corr.* inveniri. — 8. *Corr.* sed. — 9. *Corr.* nuncios. — 10. *Corr* regi. — 11. *Corr.* muros. — 12. *Corr.* irruerunt. — 13. *Corr.* uno. — 14. *Corr.* nomisma redacto. — 15. *Corr.* redemit. — 16. *Corr.* Chilperici. — 17. *Corr.* denudatur. — 18. *Cod. pergit* derius et Bladastis (*cap.* 28), *folio uno in archetypo interposito; corrector in margine notavit :* R[e]q[uire]; falsum est. Interposita sunt enim quaedam, *et rursum, fol.* 201, *ubi sequuntur :* ęclesiasticę subdederunt, *pariter in margine :* Falsum est. Interposita sunt quaedam. — 19. *Corr.* subdiderunt. — 20. *Corr.* custodiret. — 21. *Corr.* consobrini. — 22. *Corr.* coquinis. — 23. *Corr.* sed.

In civitatibus enim, quę Sighiberti regis fuerant, ex nomine
regis Childeberthi sacramenta suscipiebat; in reliquis vero,
quę aut Gunthramni aut Chilpirici[1] fuerant, nomine[2] suo,
quod fidem servarent, iurabant. Post hęc Ecolisinam acces-
5 sit, susceptaquę sacramenta muneratisque prioribus, Petro-
coricum adgreditur. Graviter episcopum tunc iniuriatum
reliquid, pro eo quod susceptus ab eodem honorifice non
fuerat.

XXVIII (27). Exinde Tholosam degressus, emisit noncius[3]
10 ad Magnulfum || episcopum civitatis, ut ab eo susceperetur[4]. Col. 351.
Sed ille, non inmemor prioris iniurię, quam per Sigulfum
quondam, qui se in regno elevare vo[luit], pertulerat, dicit
civibus suis : « Scimus enim || regis[5] esse Gunthramnum ac Fol. 201 v°
nepotes eius; hunc autem nescimus unde sit. Estote ergo
15 parati, et si voluerit Desiderius dux hanc calamitatem inducere super nos, simili ut Sigulfus sorte depereat; sitque
omnibus exemplum, ne quis extraneorum Francorum regnum
audeat violare. » His ita resistentibus et bellum parantibus,
adveniente Gundoaldo cum magno exercito[6], cum vidissent,
20 quod sustenire[7] non possint, susceperunt eum. Post hęc,
cum ad convivium in domo ęclesię[8] episcopus una cum
Gundoaldo resederet[9], ait : « Filium te Chlothacharii[10] regis
asseris, set[11] utrum sit verum an non, ignoramus. Vel si
possis vendecare[12] coepta, incredibile habetur aput animus[13]
25 nostros. » At ille ait : « Ego regis Chlothacharii sum
filius et partem regni de pręsente[14] sum percepturus; et
usque Parisius velociter accedam et ibi sedem regni statuam. » Cui episcopus ait : « Verumne est ergo, quod nullus
de stirpe regum Francorum remansit, si tu hęc que dicis
30 impleberis? »[15] Inter has altercaciones cum hęc Mummolus
exaudisset[16], elevata manu alapis cecidit episcopum, dicens :
« Non pudet, ut tam degeneri[17] stultus ita magno rei[18] res-

---

1. *Corr.* Chilperici. — 2. *Corr.* nomini. — 3. *Corr.* nuncios. — 4. *Corr.*
susciperetur. — 5. *Corr.* reges. — 6. *Corr.* exercitu. — 7. *Corr.* sustinere. —
8. *Corr.* ęcclesię. — 9. *Corr.* resideret. — 10. *Corr.* Chlotharii. — 11. *Corr.* sed.
— 12. *Corr.* vindicare. — 13. *Corr.* apud animos. — 14. *Corr.* pręsenti. — 15.
Corr. impleveris. — 16. *Corr.* audisset. — 17. *Corr.* degener. — 18. *Corr.* regi.

pondeat? » Verum ubi et Desiderius de consilio episcopi conperit quę fuerant dicta, ira commotus, manus in eum iniecit; cęsumque conmuniter hastis, ‖ pugnis, calcibus ac fune revinctum, exilio damnaverunt, resque eius tam proprias quam ęclesię[1] integre auferentes. Waddo autem, qui erat[5] maior domus reginę Rigunthis, se eisdem copolavit. Relique[2] vero qui cum eo abierant per fugam dilapsi sunt.

Fol. 202.

XXVIIII. (28). Post hęc autem exercitus ab urbe Pectava remotus in antea post Gundoaldum proficiscitur. Secutique sunt eum de Toronicis multi lucri causa; sed Pectavis super[10] se inruentibus, ‖ nonnulli interempti, plurimi vero spoliati redierunt. Hii autem qui de his ad exercitum prius iunexerant pariter abierunt. Itaque exercitus ad Dornoniam fluvium accedens, pręstolare coepit, quid de Gundoaldo cognusceret[3]. Cui iam, ut supra dictum est, adhęserant dux Disede-[15] rius[4] et Bladastis cum Waddone maiore domus Rigunthis reginę. Erant primi cum eo Sagittarius episcopus et Mummolus. Sagittarius enim iam repromissione[5] de episcopatu Tholosano acceperat.

Col. 352.

XXVI (29). Dum autem hęc agerentur, misit rex Gunt-[20] chramnus [Claudium] quendam, dicens : « Si abieris, inquid, et eiectum de basilica Eberulfum aut gladio interemis[6] aut catenis vincxeris, magnis te muneribus locupletabo ; veruntamen, ne sanctę basilicę iniuriam inferas, omnino commoneo. » Ille vero, ut erat vanitate adque[7] avaricię deditus,[25] velociter Parisius atvolavit[8]. Uxor enim ei[9] ex Meldensi terreturium[10] ‖ erat. Volvere animo coepit, utrum Fredegundem reginam videret, dicens : « Si eam videro, elicere ab ea aliquid muneris possum. Scio enim eam esse homini ad quem directus sum inimicam. » Tunc accedens ad eam, de[30] pręsente[11] munera magna capiens, promissiones multas elicuit, ut aut extractum a basilica Eberulfum occideret, aut

Fol. 200.

---

1. *Corr.* ęcclesię. — 2. *Corr.* copulavit. Reliqui. — 3. *Corr.* cognosceret. —
4. *Corr.* Desederius. — 5. *Corr.* repromissionem. — 6. *Corr.* interemeris. —
7. *Corr.* vanitati atque. — 8. *Corr.* advolavit. — 9. *Corr.* eius. — 10. *Corr.*
terreturio. — 11. *Corr.* pręsenti.

circumventum dolis catenis vinceret aut certe in ipso eum
atrio trucedaret[1]. Regressus autem ad Dunensem castrum,
comitem commovit, ut ei trecentus[2] viros quasi at costodien-
das[3] Toronicę urbis portas adiungeret, scilicet ut, cum
5 venisset, per eorum solacium Eberulfum posset obpremere[4].
Cumque comes loci viros istos commoneret, Claudius Toronus peraccessit. Et cum iter ageret, ut consuetudo est barbarorum, auspicia intendere coepit ac dicere sibi esse contraria, simulque interrogare multis[5], si virtus beati Martini
10 de presente manefestaretur[6] in perfides[7]; aut certe, si aliquis iniuriam in eum sperantibus intulisset, ipsi protenus[8]
ulcio sequeretur. Igitur postpositis, ut diximus[9], viris, qui ‖ Col. 353.
ad solacium eius venire debuerant, ipse basilicam accessit.
Statimque infelici Eberulfo coniunctus, sacramenta dare
15 coepit ‖ ac iurare per omnia sacrosancta vel virtutem beati Fol. 200 v°
presentes[10] antestitis, nullum in causis eius fore fideliorem,
qui ita cum rege causas eius posset exercere. Hoc enim aput[11]
se consilium habuerat miserrimus[12] : « Nisi eum periurando
decepero, non vincam. » Verum ubi videt[13] Eberulfus, quod
20 ei talia cum sacramento in ipsam basilicam ac per porticus
vel singula loca atrii veneranda promitterit, crededit[14] miser
homini periuranti. Die autem altero, cum nos in villa quasi
milia triginta ab urbe commoraremur, ad convivium basilica[15]
sanctę cum eodem vel reliquis civibus est adscitus, ibique
25 cum Claudius gladio ferire voluit, si pueri eius longius
atstetissent[16]. Verumtamen numquam hęc Eberulfus, ut erat
vanus, advertit. Postquam autem convivium est finitum, ipse
simul ac Claudius per atrium domus basilicę deambulare
coeperunt, sibi invicem fidem ac caritatem sacramentis
30 intercurrentibus promitentes. His ita loquentibus, ait Claudius Eberulfo : « Delectat animo at[17] metatum tuum occur-
rere potum, si vina odora‖mentis essent inmixta, aut certe Fol. 201.

---

1. *Corr.* trucidaret. — 2. *Corr.* trecentos. — 3. *Corr.* ad custodiendas. —
4. *Corr.* possit obprimere. — 5. *Corr.* multos. — 6. *Corr.* presenti manifesta-
retur. — 7. *Corr.* perfidis. — 8. *Corr.* ipsum protinus. — 9. *Corr.* diximus.
— 10. *Corr.* presentis. — 11. *Corr.* apud. — 12. *Corr.* miserrimus. — 13. *Corr.*
vidit. — 14. *Corr.* promitteret, credidit. — 15. *Corr.* basilicæ. — 16. *Corr.*
adstitissent. — 17. *Corr.* ad.

potencioris[1] vini libacionem strenuetas tua perquereret[2]. ||

Fol. 202. Hęc eo dicente, gavisus Eberulfus, respondit habere se, dicens : « Et omnia quę volueris ad metatum meum reperies[3], tantum ut dignetur dominus meus tugurium ingredi mansiones[4] meę. » Misitque puerus[5] unum post alium ad requerenda[6] potenciora vina, Laticina videlicet adque Gazitina. Cumque illum a pueris relictum solum Claudium conspexisset, elevata contra basilica manu, ait : « Martini[7] beatissimę,

Col. 354. fac me uxorem || cito cum parentibus videre. » Infelix enim in

Fol. 202 v° discrimine positus, || et hunc interfecere[8] in atrio cogitabat et virtutem sancti antestites[9] metuebat. Tunc unus e pueris Claudii, qui erat rubuscior[10], adpręhensum Eberulfum a tergo validioribus lacertis adstringit resupinatumque pectus eius ad [iu]gulandum[11] parat. At Claudius, extractu[12] a balteo gladio, ad eum diriget. Set[13] et ille prolatum a cingulo ferrum se ad percuciendum, [dum][14] teneretur, adaptat. Cumque Claudius, ele[va]ta[15] dextera, cultrum [eius] pectoris iniecisset, et ille non segniter sub ascella illius pugionem defixisset, retractum ad se, libratu[16] ictu pollicem Claudii intercidit. Ex hoc convenientes pueri eius cum gladiis, Eberulfum diversis ictibus sauciant. Quorum de manu dilapsus, dum fugire[17] iam exanimes nitiretur[18], extracto gladio caput eius gravissime verberant, effusoque cerebro cecidit; nec promeruit ab eo salvari, quem fideliter numquam intellexit exposcere. Igitur Claudius timore perteritus, cellolam[19] abbatis expetiit, ab eo tunsorare[20] se cupiens, in cuius patronum reverenciam[21] habere non sapuit. Ille[22] quoque resedente[23], ait : « Perpetratum est scelus inmensum, et nisi tu subveneris, periemus. » Hęc eo loquente,

Fol. 203. inruerunt pueri Eberulfi || cum gladiis ac lanceis, obseratumque reperientes ostium, effractis cellolę vitreis[24], hastas

---

1. *Corr.* potenciores. — 2. *Corr.* perquireret. — 3. *Corr.* repperies. — 4. *Corr.* mansionis. — 5. *Corr.* pueros. — 6. *Corr.* requirenda. — 7. *Corr.* Martine. — 8. *Corr.* interficere. — 9. *Corr.* antestitis. — 10. *Corr.* robustior. — 11. *Corr.* iugulandum. — 12. *Corr.* extracto. — 13. *Corr.* dirigit. Sed. — 14. *Add.* dum. — 15. *Corr.* elevata. — 16. *Corr.* librato. — 17. *Corr.* fugere. — 18. *Corr.* niteretur. — 19. *Corr.* perterritus, cellulam. — 20. *Corr.* tinsari. — 21. *Corr.* reverentiam. — 22. *Corr.* illo. — 23. *Corr.* residente. — 24. *Corr.* atriis.

per parietes[1] fenestras inieciunt[2] Claudiumque iam simevi-
vum[3] ictu transfigunt. Satellites autem eius post ostia et sub
lectis abduntur. Abba adpręhensus a duobus clericis, inter
gladiorum acies vix vivos eripetur[4], reseratisque osteis[5],
5 turba gladiatorum ingreditur. Nonnulli etiam matriculariorum
et reliquo||rum pauperum pro scelere commisso tectum cellolę[6] Col. 355
conantur evertere. Sed et inergumini ac diversi egeni cum
petris et fustibus ad ulciscendam basilicę violenciam proficiscuntur, indigne ferentes, quur[7] talia, quę numquam facta
10 fuerant, essent ibidem perpetrata. Quid plura? Extrahuntur
fugaces ex abditis et crudeliter trucidantur; pavimentum
cellolę tabo maculatur. Postquam vero interempti sunt,
extrahuntur foris et nudi super humum frigidam relinquun-
tur. Percussoris[8] vero necte sequente[9], adpręhensis spoliis,
15 fuga dilabuntur. Adfuit autem Dei ulcio de pręsenti super
eos qui beatum atrium humano sanguine polluerunt. Sed
nec eius facenos[10] parvum esse censetur, quem talia beatus
antestis perferre permisit. Magnam ex hoc rex iracundiam
habuit, sed, cognita racione, quievit. || Res tamen ipsius Fol. 203 v°
20 infelices[11] tam mobelis[12] quam inmobelis[13], quod a prioribus
relectum[14] fuerat, suis fidelibus condonavit. Quia uxorem
eius valde expoliatam in sanctam basilicam reliquerunt.
Corpus vero Claudii vel reliquorum parentes[15] proximi auferentes, in suam regionem sepelierunt.

25   XXX. Igitur Gundoaldus duos ad amicos suos legatus deri-
git, clericus[16] utiquę. Ex quibus unus abba Caturcinæ urbis
litteras quas acceperat, cavatam cudicis tabulam[17], sub cęra
recondidit[18]. Sed adpręhensus ab hominibus regis Gunthramni, repertis litteris, in regis pręsencia est deductus;
30 qui caesus gravissime, in costodia[19] est retrusus.

---

1. *Add.* et. — 2. *Corr.* iniciunt. — 3. *Corr.* semivivum. — 4. *Corr.* vivus
eripitur. — 5. *Corr.* ostiis. — 6. *Corr.* cellulę. — 7. *Corr.* cur. — 8. *Corr.* percussores. — 9. *Corr.* nocte sequenti. — 10. *Corr.* facinus. — 11. *Corr.* infelicis.
— 12. *Corr.* mobiles. — 13. *Corr.* inmobiles. — 14. *Corr.* relictum. — 15.
Add. ac. — 16. *Corr.* legatos diriget, clericos. — 17. *Corr.* cavata codicis
tabula. — 18. *Corr.* recondit. — 19. *Corr.* custodia.

XXXI. Erat tunc temporis Gundoaldus in urbe Burdega-
lensi ad[1] Berteramno episcopo satis dilectus. Inquirens
autem, quę ei causę solacium prębere possint[2] narravit quidam, quod aliquis in partibus Orientis rex, ablato sancti
Sergy[3] martyris pollice, in dextro brachio corporis sui [5]
scruissit[4]. Cumque ei necessitas ad depellendum inimicos
Col. 356. obvenisset, in hoc || confusus ausilio[5], ubi dextri lacerti
erexisset ulnam, protinus multitudo hostium, quasi martyris
oppręssa virtute, labibatur[6] in fugam. Hęc audiens Gun-
Fol. 204. doaldus, inquirere diligencius coepit, || quisnam esset in [10]
loco, qui reliquias sancti Sergii martyris meruisset accepere[7]. Interea proditus ab episcopo Berthramno Eufron
neguciatur[8] per inimicitiam, quia invitum aliquando cum
totunderat[9], inhians facultatem eius. Quod ille dispiciens[10],
ad aliam urbem transiens, cęsarię creste, egreditur[11]. [15]
Ait ergo episcopus : « Est hic quidam Sirus[12] Eufron nomine,
qui de domo sua ęclesiam[13] faciens, huius sancti reliquias
collocavit et plurima ex his signa, virtute martyris opitulante, conspexit. Nam cum tempore quodam Burdegalensis
civitas maximo flagraretur incendio, hęc domus circumdata [20]
flammis nullatenus est adusta. » Ita[14] eo dicente, statim
Mummolus cursu rapido cum episcopo Berthramno ad
domum Siri accedit; vallatumque hominem[15], pignora sibi
sancta pręcepit ostendi. Negat illi[16]. Tamen cogitans, quod
pro milicia aliqua ei hęc pararetur insidia, ait : « Noli fate- [25]
gare[17] senem nec sancto inferre iniuriam ; sed, acceptis a me
centum aureis, abscide[18]. » Illo quoque insistenti[19], ut
Fol. 204 v° sanctas viderit[20] reliquias, ducentus optulit aureos; || et nec
sic obtenuit[22] eum recedere, nisi ipsa pignera[23] viderentur.
Tunc Mummolus elevari ad parietem scalam iubet — erant [30]
enim in sublime parietes[24] contra altarium in capsola[25]

---

1. *Corr.* a. — 2. *Corr.* possent. — 3. *Corr.* Sergii. — 4. *Corr.* inscrvisset. —
5. *Corr.* confisus auxilio. — 6. *Corr.* labebatur. — 7. *Corr.* accipere. — 8. *Corr.*
negociator. — 9. *Corr.* totonderat. — 10. *Corr.* despiciens. — 11. *Corr.* crescente
regreditur. — 12. *Corr.* Syrus.— 13. *Corr.* ecclesiam — 14. *Corr.* ista. — 15.
Corr. vallatoque homine. — 16. *Corr.* ille. — 17. *Cor.* fatigare. — 18. *Corr.*
abscede. — 19. *Corr.* insistente. — 20. *Corr.* videret. — 21. *Corr.* ducentos. —
22. *Corr.* obtinuit. — 23. *Corr.* pignora. — 24. *Corr.* sublimi pariete. —
25. *Corr.* capsula.

reconditę —; diaconus[1] suum scandere pręcipit[2]. Qui per
gradus[3] scandens scalę, adpręhendens capsam, ita tremore
concusus[4] est, ut nec vivens putaretur ad terram reverti.
Adtamen accepta, ut diximus, capsula, quę de parieti[5] pen-
5 debat, adtulit. Quam perscrutatam, Mummolus os de sancti
digito reperit[6], quod cultro ferire non metuit. Posito enim
desuper cultro, et sic de alio percuciebat. Cumque post ||
multus ictus[7] vix frangi potuisset, divisum in tres[8] partibus Col. 357.
ossiculum diversas in partes dilabitur. Credo, non erat
10 acceptum martiri, ut hęc ille contigerit[9]. Tunc flente vehi-
mencius Eofronio[10], prosternuntur omnes in oracionem,
depręcantes, ut Deus dignaretur ostendere, quę ab oculis
humanis fuerant ablata. Post oracionem[11] autem repertę
sunt particulę, ex quibus una Mummolus adsumpta abscessit;
15 set[12] non, ut credo, cum gracia martyris, || sicut in sequenti Fol. 205.
declaratum est. Dum autem in hac urbe morarentur, Faus-
ticianum presbiterum Aquensi urbi episcopum urdinare[13] pre-
cipiunt. Nuper enim in Aquense urbi[14] episcopus obierat, et
Nicecius comes loci illius, germanus Rustici civis Iulensis
20 episcopus, pręcepcionem ab Chilperico elicuerat, ut tunsoratus civitati illi sacerdus[15] daretur. Sed Gundoaldus [des-]
truere[16] nitens eius decreta, convocatis episcopis, iussit eum
benedici. Berthramnus autem episcopus, qui erat metropolis,
cavens futura, Palladium Santonicum[17] iniungit, qui eum
25 benedicerit[18]. Nam et oculi ei eo tempore a lippitudine gra-
vabantur. Fuit autem ad hanc ordinacionem et Orestis Vara-
tinsis episcopus; sed negavit hoc coram regi[19].

XXXII. Post hęc misit iterum Gundoaldus duos legatus[20]
ad regem cum virgis consecratis iuxta ritum Francorum, ut
30 scilicet non contingerentur ab ullo, sed exposita legacione
cum responsu[21] reverterentur. Sed hii incauti, priusquam

---

1. *Corr.* diaconum. — 2. *Corr.* pręcepit. — 3. *Corr.* grados. — 4. *Corr.*
concussus. — 5. *Corr.* pariete. — 6. *Corr.* repperit. — 7. *Corr.* multos ictos.
— 8. *Corr.* tribus. — 9. *Corr.* contigeret. — 10. *Corr.* vehemencius Eufronio.
— 11. *Corr.* orationem. — 12. *Corr.* sed. — 13. *Corr.* ordinare. — 14. *Corr.*
urbe. — 15. *Corr.* sacerdos. — 16. *Corr.* destruere. — 17. *Corr.* Sanctonicum.
— 18. *Corr.* benediceret. — 19. *Corr.* rege. — 20. *Corr.* legatos. — 21. *Corr.*
responso.

Fol. 205 v° regis presenciam cernerent, || multis que[1] petebant explana-
verunt. Extemplo sermo cucurrit ad regem; itaque vincti
catenis [ad][2] regis presenciam deducuntur. Tunc illi quid
quererent, ad quem directi, vel aliquo[3] fuerint missi negare
non ausi, aiunt : « Gundoaldus, qui nuper ab Oriente veniens, [5]
dicit filium [se][4] esse patris vestri regis Chlothacharii, misit
Col. 358. nos, ut || debitam porcionem[5] regni sui recipiat. Sin autem a
vobis non reditur[6], noveritis, eum in his partibus cum exercitu esse venturum. Omnes enim viri fortissime regiones[7]
illius, que ultra Dornoniam sita ad Gallias pertinent, ei [10]
coniuncti sunt. Et ita inquid : « Iudicavit[8] tunc Deus, cum
in unius campi planicie iuncxerimus, utrum sim Chlotho-
charii filius, an non. » Tunc rex furore succensus iussit eos
ad trocleas extendi, ut, si vera essent que dicerint[9], eviden-
cius adprobarent, et si aliquid doli adhuc intra pectorum [15]
archana retinerent, vix[10] tormentorum extorqueret invitus[11].
Deinde increscentibus suppliciis, aiunt neptem illius regis
Chilperici filiam, cum Magnulfo Tholosanorum episcopo
exsilio depotatam[12], thesauros omnes ab ipso Gundoaldo,
oblegatus[13] ipsum quoque regem ab omnibus maioribus natu [20]
Fol. 206. Childeberthi regis || expetitum esse, set[14] presentem cum
Gunthramnus porro[15] ante hos annus[16] Constantinopolinim
abissit[17], ipsum in Galliis invitassit[18].

XXXIII. Quibus caesis et in carcere trusis[19], rex arcessire[20]
nepotem suum Childebertum iubet, ut scilicet coniuncti [25]
pariter homines istos audire deberent. Denique cum simul
coniuncti viros interrogarent, iteraverunt ea, regibus simul
adstantibus, que prius solus rex Guntchramnus[21] audivit.
Adserebant etiam constanter, hanc causam, sicut iam supra
diximus, omnibus senioribus in regno Childeberthi regis [30]
esse cognitam. Et ob hoc nonnulli tunc de prioribus regis

---

1. *Corr.* que. — 2. *Add.* ad. — 3. *Corr.* a quo. — 4. *Add.* se. — 5. *Corr.*
portionem. — 6. *Corr.* redditur. — 7. *Corr.* fortissimi regionis. — 8. *Corr.*
inquit: Iudicabit. — 9. *Corr.* dicerent.— 10. *Corr.* vis. — 11. *Corr.* invitis. —
12. *Corr.* deputatam. — 13. *Corr.* obligatos. — 14. *Corr.* sed. — 15. *Corr.* Boso.
— 16. *Corr.* annos. — 17. *Corr.* abisset. — 18. *Corr.* invitasset. — 19. *Corr.*
retrusis. — 20. *Corr.* arcessiri. — 21. *Corr.* Gunthramnus.

Childeberthi in hoc placito abire timuerunt, qui in hac causa
putabantur esse particepis[1]. Post hęc rex Guntchramnus[2],
data in manu regis Childeberthi hasta, ait : « Hoc est indicium, quod tibi omne regnum meum tradedi[3]. Ex hoc nunc
5 vade et omnes civitates meas tamquam tuas proprias sub tui
iuris dominacione subici[4]. Nihil enim fa||cientibus peccatis de Col. 359.
stirpe mea remansit, nisi tu tantum, qui mei fratres[5] es
filius. || Tu enim heres in omni regno meo succede, citeris[6] Fol. 206 v
exheredibus factis. » Tunc relictis omnibus, adsumpti seur-
10 sum[7] puero, clam locutus est, prius obtestans diligentissime,
ne secreta conlocucio ulli hominum panderetur[8]. Tunc indi-
cavit ei, quos in consilio haberet aut sperneret a conloquio ;
quibus se crediderit[9], quos vitaret, quos honoravit[10] muneribus, quos ab honore depellerit[11]. Interea interdicens, ut
15 Egidium episcopum, qui ei semper inimicus exteterat[12],
nullo modo aut crederet aut haberet, quia et ei et patri suo
sepius periurassit[13]. Deinde cum ad convivium convenissent,
cohortabatur Guntchramnus rex omnia[14] exercitum, dicens :
« Videte, o viri, quia filius meus Childeberthus iam vir
20 magnus effectus est. Videte et cavete, ne cum pro parvolo[15]
habeatis. Relinquete[16] nunc perversitatis[17] atque presump-
ciones[18] quas exercitis[19], quia rex est, cui vos nunc deser-
vire debetis. » Hęc et his similia locutus, per triduum epul-
lantes[20] atque iocundantes multisque se muneribus || locu- Fol. 207.
25 pletantes, cum pace discesserunt. Tunc ei reddedit[21] rex
Guntchramnus omnia quę pater eius Sighibertus habuerat,
obtestans, ne ad matrem accederet, ne forte aliquis daretur
aditus, qualiter ad Gundoaldum scriberet ut[22] ab eo scripta
susceperit[23].

30 XXXIIII. Igitur Gundoaldus cum audisset sibi exercitum

---

1. *Corr.* participes. — 2. *Corr.* Gunthramnus. — 3. *Corr.* tradidi. — 4. *Corr.*
subice. — 5. *Corr.* fratris. — 6. *Corr.* succedes ceteris. — 7. *Corr.* adsumpto
seorsum. — 8. *Corr.* panderentur. — 9. *Corr.* crederet. — 10. *Corr.* honoraret.
— 11. *Corr.* depelleret. — 12. *Corr.* extiterat. — 13. *Corr.* periurasset. — 14.
Corr. omnem. — 15. *Corr.* parvulo. — 16. *Corr.* relinquite. — 17. *Corr.* per-
versitates. — 18. *Corr.* presumptiones. — 19. *Corr.* exercetis. — 20. *Corr.*
epulantes. — 21. *Corr.* reddidit. — 22. *Corr.* aut. — 23. *Corr.* susciperet.

propinquare, relictus a Desiderio duci[1], Garronnam cum
Sagittario episcopo, Mummolo et Bladasti docibus[2] atque
Waddone transsivit, Convenas petentes. Est enim urbs in
cacumine montes[3] sita nullique monti conticua[4]. Fons
magnus ad radicem montes[5] erumpens, circumdatus torre[6]

Col. 360. tutissima; ad quem || per cuniculum discendentis[7] ex urbe,
latentur[8] latices hauriunt. Hanc enim ingressus urbem in
inicium quadraginsimę[9], locutus est civibus, dicens : « Noveritis, me cum omnibus, qui in regno Childeberthi habentur,
electum esse regem atque habere mecum non modicum sola-
cium. Sed quoniam frater meus Guntchramnus[10] rex inmen ||

Fol. 207 v°. sum adversus me movit exercitum, oportet vos alimenta
adquę cuncta suplectilem[11] infra murorum municionem[12]
concludere, ut scilicet, dum nobis illa pietas divina augit[13]
solacium, non pereatis inopia. » Hęc illis credentibus, quecumque habere potuerunt collocantes in urbe, preparabant
se ad resistendum. Eo tempore Guntchramnus rex missit[14]
litteras ad Gundoaldum ex nomine Brunechildis regine, in
quibus erat scriptum, ut, relicto exercitu in loca sua abire
iussum, ipse remocior aput[15] Burdegalensem urbem hyberna
deduceret. Scripserat enim hęc dolosę[16], ut de eo plenius,
quid agerit[17]. Igitur cummorante eo apud urbem Convenas,
locutus est incollis[18], dicens : « Ecce iam exercitus adpropinquat, egrediemini[19] ad resistendum. » Quibus egredien-
tibus, hii occupantes portas adquę cl[a]uden[tes][20], excluso
foris populo cum episcopo loci cuncta quę in urbe invenire
potuerunt suis diccionibus subdederunt[21]. Tantaquę ibi multitudo annonę atquę vini reperta est, ut, si viriliter stetissent,
per multorum annorum spacia victus alimenta non egerent.

XXXV. Audierant enim eo tempore duces Guntchramni[22]

---

1. *Corr.* duce. — 2. *Corr.* Bladasto ducibus. — 3. *Corr.* montis. — 4. *Corr.*
contigua. — 5. *Corr.* montis. — 6. *Corr.* turre. — 7. *Corr.* discendentes. —
8. *Corr.* latenter. — 9. *Corr.* quadragesimę. — 10. *Corr.* Gunthramnus. —
11. *Corr.* cunctam supellectilem. — 12. *Corr.* municionem. — 13. *Corr.* auget.
— 14. *Corr.* misit. — 15. *Corr.* remotior apud. — 16. *Cod. pergit* in his
locis (cap. 36) *folio uno, ut supra, in archetypo interposito; corrector in margine notavit.* R[e]q[uire], falsum de enim. a. b. *Folio* 209 *insunt rursum lit-
terae* a. c. — 17. *Corr.* ageret, cognosceret. — 18. *Corr.* incolis. — 19. *Corr.*
egredimini. — 20. *Corr.* claudentes. — 21. *Corr.* subdiderunt. — 22. *Corr.*
Gunthramni.

regis, Gundoaldum ultra Garonnam in litore || resederé[1] Fol. 209 v°.
cum ingenti hostium multitudine, ipsusque[2] thesauros
quos Rigundę tulerat, secum retinere. Tunc impetu factu[3],
cum equitibus Garon||nam nantando transire[4], nonnullis de Col. 361.
exercitu in amne dimersis. Reliqui litus egressi, requirentes
Gundoaldum, invenerunt camellus[5] cum ingenti pondere
auri adquę argenti sive equites[6], quos fessus[7] per vias reli-
quęrant. Audientes deinceps eos infra muro[8] urbis Convę-
nicę commorari, relictis plaustris ac diversis inpedimentis
cum populo minor, rubuscioris viris[9] ipsum, sicut iam
Garonnam transierant, insequites[10] distinant. Quibus pro-
perantibus, venerunt ad basilicam sancti Vincenti, que[11] est
infra terminum Agennensis urbis, ubi ipsa marer pro Christi
nomine agonem dicitur cunsummasse[12]; inveneruntquę eam
refertam diversis thesauris incolarum. Erat enim spes incolis non esse a christianis tanti martyris basilicam violandam.
Cuius ostia summo studio obscrata erant. Nec mora, adpro-
pinquans exercitus cum res[e]rare[13] templi regias non || vale- Fol. 210.
rent, ignem accendit; cumsumptisquę osteis[14], omnem sub-
stanciam cunctamquę suppellectilem, quę in ea invenire
potuerunt, cum sacris ministeriis abstuleruut. Sed multus
ibi ulcio divina conteruit. Nam plerisque manibus divinitus
urebantur, emittentis[15] fumum magnum, sicut ex incendio
surgere solet. Nonnulli arepti[16] a dęmone, per energiam
debachantes martyrem declamabant. Plurimi vero semutua
sedicione[17] propriis se iaculis sauciabant. Relicum[18] vero
vulgus inante non sine grande[19] metu progressum est. Quid
plura? Convenitur ad Convenas — sic enim diximus[20] nomen
urbis —, omnesquę[21] falanga in suburbana urbis campania
castra metata est, ibique extensis tenturiis resedebat[22].
Vastabatur in circuitu tota regio, nonnulli autem ab exercitu,

---

1. *Corr.* residere. — 2. *Corr.* ipsosque. — 3. *Corr.* facta. — 4. *Corr.* natando
transiere. — 5. *Corr.* camelos. — 6. *Corr.* equos. — 7. *Corr.* fessos. — 8. *Corr.*
muros. — 9. *Corr.* minore, robustiores viros. — 10. *Corr.* insequi. — 11. *Corr.*
quę. — 12. *Corr.* consummasse. — 13. *Corr.* reserare. — 14. *Corr.* consump-
tisquę ostiis. — 15. *Corr.* emittentes. — 16. *Corr.* arrepti. — 17. *Corr.* seditione. — 18. *Corr.* reliquum. — 19. *Corr.* grandi. — 20. *Corr.* diximus. — 21.
Corr. omnis qui. — 22. *Corr.* tentoriis residebat.

quos forcior avaricię acoleos [1] terebat, longius evacantis,
peremebantur [2] ab incolis. ||

Col. 362. XXXVI. Ascendebant enim per collem et cum Gundoaldo
sepius loquębantur, inferentes ei convicia ac dicentes :
« Tune es pictur [3] ille, qui tempore Chlothacharii regis per [5]
Fol. 210 vᵒ. oraturia parietis adquę || camaras caraxabas ? Tune is [4] ille,
quem Ballomerem nomine sępius Galliarum incole vocitu-
bant ? Tune es ille, qui plerumque a regibus Francorum
propter has pręsumpciones quas proferis [5] tunsoratus et exilio datus es ? Vel quis te, infelicissimę hominum, in his locis [10]
adduxit, edicito. Quis tibi tantam audaciam pręstetit [6], ut
dominorum ac regum nostrorum fine auderis [7] atingere ?
Certe, si a quoquam es evocatus, clara voce testare. En tibi
ante oculus [8] mortem expositam, en ipsam, quam diu quęsisti, exitii foveam, in qua pręceps deiciaris. Dic satellites [15]
veritim [9], vel a quibus invitęris enuncia. » Ad ille cum hęc
audiret, proprius super portam adstans dicebat : « Quod me
Chlothacharius pater meus exosum [10] habuerit, habetur inco-
Fol. 208. gnitum nulli ; quod autem ab eo vel deinceps || a fratribus
sim tunsoratus, manifestum est omnibus. Et hec me causa [20]
Narsiti prefecto Italiae iuncsit [11] ; ibique uxorem accipiens,
duos filius [12] generavi. Qua morta [13], adsumptis mecum libe-
ris, Constantinopolim abii. Ab imperatoribus vero bene-
gnissimi [14] susceptus, usquæ hoc tempore vixi. Ante os [15]
enim annis [16] cum Guntchramnus Boso Constantinopolim [25]
abissit [17], et ego solicitus [18] causas fratrum meorum diligenter
rimarem, cognovi generaciouem nostram valde attinuatam [19],
nec superesse de stirpe nostra, nisi Childebertum et Guntchramnum regis [20], fratrem scilicet et fratres [21] mei filium.
Filii enim Chilperici regis cum ipso interierant, uno tantom [30]

---

1. *Corr.* aculeus. — 2. *Corr.* evagantes, perimebantur. — 3. *Corr.* pictor. —
4. *Corr.* es. — 5. *Corr.* proferes. — 6. *Corr.* pręstitit. — 7. *Corr.* fines auderes.
— 8. *Corr.* oculos. — 9. *Corr.* satelles veritatem. — 10. *Corr.* exossum. — 11.
Corr. giunxsit. — 12. *Corr.* filios. — 13. *Corr.* mortua. — 14. *Corr.* benignissime.
— 15. *Corr.* hos. — 16. *Corr.* annos. — 17. *Corr.* abisset. — 18. *Corr.* sollicitus.
— 19. *Corr.* attenuatam. — 20. *Corr.* reges. — 21. *Corr.* fratris.

parvolo[1] derelicto. Gunt‖chramnus frater meus filius[2] non Col. 363.
abebat[3]; Childebertus nepus[4] noster menime[5] fortis erat.
Tunc Guntchramnus Boso, hec mihi diligenter exposita,
invitavit me, dicens : « Veni, quia ab omnibus regni regis
5 Childeberthi principibus invitaris, nec quisquam contra tę
mutere[6] auxus est. Scimus enim omnes, te filium esse Chlothacharii, nec remansit in Galliis ‖ qui regnum illum re- Fol. 208 vᵒ.
gere possit, nisi tu advenias. » At ego, datis ei multis muneribus, per duodecim loca sancta ab eo suscipio[7] sacramenta ;
10 ut securus in hoc regnum accederem. Veni enim Massilia ;
ibique me episcopus summa benignitate suscepit ; habebat
enim scripta seniorem[8] regni nepotis mei. Ex hoc enim
Avinoniae[9] accessi iuxta placita patricii Mummoli. Guntchramnus vero inmemor sacramenti ac promissiones[10] suae,
15 thesauros meos abstullit[11] et in sua dicione subegit. Nunc
autem recognuscete[12], quia ego sum rex, sicut et frater meus
Guntchramnus. Tamen, si tanto odio nostro mens vestra
grassatur, vel ad regem vestrum deducar, et si me cognus-
cit[13] fratrem, quod voluerit faciat. Certe, si nec hoc volue-
20 ritis, vel liceat mihi regredi, unde prius egressus sum.
Abebo[14] enim et nulli quicquam iniuriae inferam. Tamen,
ut sciatis vera esse quę dico, Radegundem Pectavam et Ingo-
trudem Toronicam interrogate. Ipse[15] enim vobis adfirma-
bunt, cęrte[16] essę quę loquor. » Hęc eo dicente, multi cum
25 con‖viciis et inproperiis hęc verba prosequębantur.   Fol. 209.

XXXVII. Dies quintus et decimus in hac obsidione efful-
serat, et Leudeghiselus novas ad distruendam[17] urbem
machinas pręparabat. Plastra[18] enim cum arietibus, cletellis[19]
et axebus[20] tecta, sub quę exercitum properaret ad distruen-
30 das murus[21]. Sed cum adpropinquassent, ita lapi[di]bus
obruebantur, ut omnes adpropinquantes muro curruerint[22].

---

1. *Corr.* tantum parvulo. — 2. *Corr.* filios. — 3. *Corr.* habebat. — 4. *Corr.*
nepos. — 5. *Corr.* minime. — 6. *Corr.* mutire. — 7. *Corr.* suscipio. — 8. *Corr.*
seniorum. — 9. *Corr.* Avinoni. — 10. *Corr.* promissionis. — 11. *Corr.* abstulit.
— 12. *Corr.* recognoscite. — 13. *Corr.* cognoscit. — 14. *Corr.* abibo. — 15.
Corr. ipsę. — 16. *Corr.* cęrta. — 17. *Corr.* destruendam. — 18. *Corr.* plaustra.
— 19. *Corr.* clitellis. — 20. *Corr.* axibus. — 21. *Corr.* muros. — 22. *Corr.* cor-
ruerent.

Cupas cum pice et adipe accensas super eos proicientes[1],
alias vero lapidibus plenas super eos deiciebant. Set[2] cum
nox certamina prohiberet, hostes ad castra regressi sunt.
Col. 364. Erat autem Gundo‖aldus et Chariulſus valde dives ac praepo-
tens, cuius adpotecis ac prumtuariis urbi valde reſerta erant; 5
de cuius substancia[3] hi maxime alebantur. Bladastis autem
haec cernens que gerebantur, metuens, ne Leudeghisilus,
obtenta victuria, eos morte traderent[4], inposito igne in eclesiae domo, concurrentibus ad incendium mitigandum inclusis, ille fuga delapsus[5] abscessit. Mane autem facto, exercitus 10
iterum ad bella consurgit[6], fasces faciunt, quasi ad conplen-
dam vallem profundam, quae a par[te] orientes[7] sita erat; et
nocere hec mahina[8] nihil potuit. Sagitarius vero episcopus
frequencius muros com arma circuibat et sepius [lapides]
contra hostem manu propria eiecit e muro.   15

Fol. 211.   XXXVIII. Denique hii qui urbem inpugnabant cum vi‖de-
rint[9], quod nihil proficere possint, nuncius occultus ad
Mummolom[10] dirigunt, dicentes : « Recognusce[11] dominum
tuum et a perversitate ista tandem aliquando desiste. Que
enim te amencia[12] vallat, ut ignoto homine subiungaris? 20
Uxor enim tua iam cum filiis captivata est, filii tui utpute
iam interfecti sunt. Quo ruis[13], quidve prestolaris, nisi ut
corruas? » Hec illi[14] mandata accipiens, dixit : « Iam, ut
video, regnum nostrum finem accepit, et potentia cadit.
Unum superest, si securitatem vite me[15] habere cognuscerim, 25
de multo vos labore poteram removere. » Discendentibus
nonciis[16], Saggittarius episcopus cum Mommolo, Chariulſo
atque Waddone ad eclesiam[17] pergit; ibique sibi sacramenta dederunt, ut, si de vite promissione certiores fierint[18],
relicta amicicia[19] Gundoaldi, ipsum hostibus traderent. 30
Reversi iterum nuncii promiserunt eis vite securitatem.

---

1. *Vide supra*, p. 34, n. 16. — 2. *Corr.* sed. — 3. *Corr.* substancia. — 4.
Corr. morti traderat. — 5. *Corr.* dilapsus. — 6. *Add.* ac ex virgis. — 7. *Corr.*
parte orientis. — 8. *Corr.* machina. — 9. *Corr.* viderent. — 10. *Corr.* Mummolum. — 11. *Corr.* recognosce. — 12. *Corr.* amentia. — 13. *Corr.* Quur vis. —
14. *Corr.* ille. — 15. *Corr.* meae. — 16. *Corr.* Descendentibus nunciis. — 17.
Corr. ecclesiam. — 18. *Corr.* fierent. — 19. *Corr.* amicitia.

Mummolus vero dixit : « Hoc tantum fiat; ego hunc in manu vastra tradam, et ego recognuscens[1] dominum meum regem, ad eius presenciam[2] properabo. » Tunc ille[3] || promit- Fol. 211 v°
tunt, quod, si hęc impleret, ipsum in caritate susceperint[4],
5 et se cum rege excussare[5] non possint, in eclesia[6] ponerent,
ne vitę amissione multaretur. Hęc cum sacra||menti interpos- Col. 365.
sicione[7] pollicite, discesserunt. Mummolus vero cum Sagittario episcopo et Waddone ad Gundoaldum pergentes,
dixerunt : « Sacramenta fidelitates[8], qualia tibi dedimus,
10 ipse qui pręsens es nusti[9]. Nunc autem accepe[10] salubre
consilium, descende ab hęc[11] urbe et repręsentare fratri tuo,
sicut sepe quęsisti. Iam enim cum his hominibus conlocuti
summus[12], et ipse[13] dixerunt, quia non vult rex perdere
solacium tuum, eo quod de generacione[14] vestra parum
15 remanserit. » Ad illi intelegens[15] dolum eorum, lacrimis
perfussus, ait : « Invitationem vestram in his Galliis sum
delatus, thesaurus meus[16], in quibus inmensum pondus
argenti continetur et auri ac diversarum specięrum[17], aliquid
in Avennica urbe detenetur, aliquid Guntchramnus Boso
20 diripuit. || Ego vero iuxta Dei ausilium[18], spem omnem in Fol. 212.
vobis possitam[19] vobis consilium meum crededi, per vos
regnare semper obtavi. Nunc cum Deo vobis sit actio, si
quid mihi mendacii dixeritis; ipsi[20] enim iudicet causam
meam. » Hęc eo dicente, respondit Mummolus : « Nihil
25 tibi fallaciter loquimur; sed ecce viros fortissimos stantes
ad portam tuum opperientes adventum. Nunc autem depone
balteum meum aureum, quo cingeris, ne videaris in iactantia procedere; et tuum accenge gladium meumque restituę. »
Et ille : « Non simpliciter, inquid, hęc verba suscipio, ut ea
30 quę de tuis usquę nunc in caritate usus sum a me aufæran-
tur. » Mummolus vero adserebat cum iuramento nihil ei
molesti fieri. Egressi igitur portam, ab Ullone Beturicum

---

1. *Corr.* recognoscens. — 2. *Corr.* presentiam. — 3. *Corr.* illi. — 4. *Corr.* susciperent. — 5. *Corr.* excusare. — 6. *Corr.* ecclesia. — 7. *Corr.* interpossi-tione. — 8. *Corr.* fidelitatis. — 9. *Corr.* nosti. — 10. *Corr.* accipe. — 11. *Corr.* hac. — 12. *Corr.* sumus. — 13. *Corr.* ipsi. — 14. *Corr.* generatione. — 15. *Corr.* ille intellegens. — 16. *Corr.* thesauros meos. — 17. *Corr.* speciarum. — 18. *Corr.* auxilium. — 19. *Corr.* positam. — 20. *Corr.* ipse.

comite et Bosone susceptus [est]. Mummolus autem cum
satellitibus in urbe regressus, portam firmissimę obseravit.
Hic autem cum se in manibus inimicorum cerneret traditum,
elevatis ad cęlum manibus, ait : « Iudex aeterne et ulcio
vera innocencium, Deus, a quo omnes[1] iustitia procedit, 5
cui mendacium non placet, in quo nullus dolus neque ver-
Fol. 212 v°. sucia malicię contenitur, ‖ tibi commendo causam meam,
depręcans, ut sis velociter ultur[2] super eos, qui me insontem
in manibus tradiderunt inimicorum. » Hęc cum dixisset,
consignans se cruce dominica, abire coepit cum hominibus 10
Col. 366. supradictis. Cumquę a portae ‖ elongassint, sicut est circa
urbem vallis tota in pręcipicio, impulsus ab Bolonne coeci-
dit, illo quoque clamante : « En vobis Ballomerem vestrum,
qui se regis et fratrem dicit et filium. » Et inmissa lancia
voluit eum transfigere, sed repulsa a circulis lurice nihil 15
nocuit. Denique cum elevatus ad montem regredi niteretur,
Boso, emisso lapide, caput eius libravit. Qui cedidit et mortuos[3] est. Venitque omnem[4] vulgus, et defixis in eo lanceis,
pedes eius fune legantis, per omnia exercituum castra traxe-
runt; evellentesque caesariem ac barbam eius, insepultum 20
ipso quo interfectus fuerat loco reliquerunt. Nocte vero
sequenti hii, qui primi erant, omnes thesauros, quos in urbe
reperire potuerunt, cum ministeriis ęclesię clam abstule-
runt. Mane vero, reseratos portarum valvis, emisso exercitu,
omnes vulgus inclusum in ore gladii tradiderunt, sacerdotis[5] 25
quoque Domini cum ministris ad ipsa ęclesiarum altaria tru-
Fol. 213. cidantes. Postquam autem cunctus interfecerent, ‖ ut non
remaneret mengens[6] ad parietem, omnem urbem cum
ęclesiis reliquisque ędificiis succenderunt, nihilque ibi
pręter umum vacuam relinquentes. 30

XXXVIIII. Igitur Leudeghisilus rediens ad castra cum
Mummolo et Sagittario, Chariulfo vel Waddone, nuncius[7]
occulte ad regem diregit[8], quid de his fieri vellet. At ille

---

1. *Corr.* omnis. — 2. *Corr.* ultor. — 3. *Corr.* mortaus. — 4. *Corr.* omnis. —
5. *Corr.* sacerdotes. — 6. *Corr.* mingens. — 7. *Corr.* nuncios. — 8. *Corr.*
dirigit.

capitali eos iussit finire sententiam. Waddo tunc cum Chariulfo, relictis filiis obsedibus, discesserunt ab eis. Delato
quoque nuntio de horum interitu, cum hoc Mummolos
advertissit, accintus[1] arma ad tugurium Leudeghisili petit.
5 Ad ille videns eum, ait : « Quid sic, inquid, quasi fugiens
venis ? » Cui ille : « Nihil, ut video, de fide promissa servatur ; nam cerno me in mortis exitio positum. » Cui illi[2] :
« Ego egrediar foras et omnia mitigabo. » Quo egrediente,
confestim ex iusso eius vallata est domus, ut hic interfece-
10 retur. Sed et ille, cum diutissime contra bellantes restitisset,
venit ad ostium ; cumque egre[de]retur, duo cum lancæis
utraquę ei latera feriunt. Sicquæ cęcidit et mortuos[3] est.
Quod viso episcopus dum timore consternatus paveret, ait
ad eum quidam de adstantibus : « Inspicæ propriis oculis,
15 episcope, que geruntur || et tecto || capitę, ne agnoscaris,   Fol. 213 v°.
silvam pete, ut absconderis paullolum, atque ira labentę   Col. 367.
possis evadere. » At ille, accepto consilio, dum obtecto
capite fugire niteretur, extracto quidam gladio caput eius
cum cocullo decedit[4]. Deinde unusquisque ad propria
20 rediens, magnas per viam predas et homicidia fecit. Fredegundis autem his diebus Chuppanem in Tholosano direxit,
ut scilicet filiam suam exinde quocumque modo possit eruere.
Ferebant enim plerique ob hoc eum transmissum, ut, si Gundoaldum reperisset vivum, multis inlectum promisionibus
25 ad eam transduceret. Sed cum hoc facere nequivisit[5], accep-
tam Rigundem ad loco illo reduxit, non sine grande humilitate atque contumilia.

XXXVIIII (40). Igitur Leudeghisilus dux cum thesauris
omnibus, quos superius nominavimus, ad regem venit ; quos
30 postea rex pauperibus et aeclesies[6] erogavit. Adprehensam
vero uxorem[7] Mummuli inquirere rex cepit, quid thesauri,
quos hii congregaverant, || devenissent. Sed illa cognuscens[8]   Fol. 214.
virum suum interfectum fuisse et omnem iactantiam eorum

---

1. *Corr.* advertisset, accinctus. — 2. *Corr.* ille. — 3. *Corr.* mortuus. — 4.
Corr. decidit. — 5. *Corr.* nequivisset. — 6. *Corr.* aeclesiis. — 7. *Corr.* adprehensa uxore. — 8. *Corr.* cognoscens.

prorsus in terram conruisse, omnia pandit, dixitque multum adhuc apud urbem Avenuecam auri atque argenti esse,
que ad regis notitiam non venisent. Statimque misit rex
viros qui *hæc deferre deberint*[1], cum uno puero, quem
valde creditu[m] Mummolus habens, hæc ei commendaverat. 5
Abeuntes autem acceperunt omnia que: in urbe relicta
fuerant. Ferunt autem ducenta quinquaginta talenta argenti
fuisse, auri vero amplius quam triginta. Sed haec, ut fuerunt,
de reperto antiquo thesauro abstulit. Quod rex diviso cum
Childebertho regi, nepote suo, partem suam maxime paupe- 10
*ribus est largitus; mulieri autem nihil amplius, quam ea
quæ de parentibus habuerat derelinquens.*

XL (41). Tunc et homo ille inmensi corporis ad regem de
Mummoli familiaribus adductus est, ita magni corporis ela-
Fol. 214 v°. tus, ut duos aut tres pedes super longissimus hominis[2] || pu- 15
taretur magnus, lignarius faber, qui non multo post obiit.||

Col. 368. **XLI (42).** Post hẹc edictum a iudicibus datum est, ut qui
in hec expedicione[3] tardi fuerant damnarentur. Biturgum
quoque comes misit pueros suos, ut in domo beati Martini,
quẹ in hoc termino sita est, huiusmodi homines expoliare 20
deberent. Sed agens domus illius resistere fortiter coepit,
dicens : « Sancti Martini homines hii sunt. Nihil eis quicquam inferatis injuriẹ, quia non habuerunt consuetudinem
in talibus causis abere[4]. » Ad ille[5] dixerunt : « Nihil nobis
et Martino tuo, quem semper in causis inaniter proferis[6], 25
sed et tu et ipsi prẹcia dissolvitis, pro eo quod regis
imperium neglexistis. » Et hec dicens ingressus est atrium
domus. Protenus[7] dolore percussus cecidit et graviter agere
coepit. Conversusque ad agentem voce flebili ait : « Rogo,
ut facias super me crucem Domini et invocis[8] nomen beati 30
Martini. Nunc autem cognovi, quod magna est virtus eius.
Nam et[9] ingrediente me atrium domus, vidi virum senem

---

1. *Corr.* deberent. — 2. *Corr.* longissimos homines. — 3. *Corr.* hac expedi-
tione. — 4. *Corr.* abire. — 5. *Corr.* illi. — 6. *Corr.* profers. — 7. *Corr.* protinus. — 8. *Corr.* invoces. — 9. *Corr. delevit* et.

exhibentem arborem in manu sua, que mox extensis ramis
omne atrium texit. Ex ea enim unus me adtiugit ramus, || de Fol. 215.
cuius ictu turbatus corrui. » Et innuens suis rogabat, ut
eiceretur de atrio. Egressus autem invocare nomen beati
5 Martini adtencius coepit. Ex hoc enim commodius agens,
sanatus est.

XLII (43). Desiderius vero infra castrorum municione se
resque suas tutavit. Waddo maior domus Rigundis ad Brunechildem reginam transiit, et ab ea susceptus, cum mune-
10 ribus et gracia est demissus. Chariulfus basilicam sancti
Martini expetiit.

XLIII (44). Fuit tunc tempores[1] mulier, que spiritum
phitonis[2] habens multum prestabat domnis divinando ques-
tum coque in gracia profecit[3], ut ab his liberta facta, suis
15 volontatibus[4] laxaretur. Si quis enim aut furtum aut aliquid
male perferret, statim hec, quo fur abiit, cui tradedit[5], vel
quid ex hoc fecerit, edicebat. Congregabat cotidie aurum
argentumque, procedens in ornamentis, ita ut putaretur
esse divinum aliquid in populis. Sed cum Agerico Veridu-
20 nense episcopo hec nonciata[6] fuissent, misit || ad conprehen Col. 369.
dendum eam. Quam adprehensam et ad se adductam, iuxta
id quod in Actibus legimus apostolorum[7], cognovit in ea
inmundum spiritum esse phitonis. || Denique cum exorcis- Fol. 215 v°.
mum super eam diceret ac frontem oleo sancto perungue-
25 rat, exclamavit demonium et quid esset prodidit sacerdoti.
Sed cum per eum a puella non extruderetur, abire permissa
est. Cernens vero puella, quod in loco illo habitare non
possit, ad Fredegundem reginam habiit ibique et latuit.

XLIIII (45). Magna hoc anno famis poene Gallias totas
30 obpressit. Nam plurimi uvarum semina, flores avillanorum,
nonnulli radicis[8] erbe felitis arefactas redactasque in pulve-

---

1. *Corr.* temporis. — 2. *Corr.* phytonis. — 3. *Corr.* gratia proficit. — 4.
Corr. voluntatibus. — 5. *Corr.* tradidit. — 6. *Corr.* nuntiata. — 7. Act. 16, 16.
— 8. *Corr.* radices.

rem, admiscentes parumper farinę, panem conficiebant.
Multi enim erbam sigitum[1] decidentes, similiter faciebant.
Fuerunt etiam multi, quibus non erat aliquid farinę, qui
diversas coligentes erbas et comedentes, tumefacti defitie-
bant. Plurimi enim tunc ex inedia tabiscentes mortui sunt. [5]
Graviter tunc negutiatores[2] populum expoliaverunt, ita ut
Fol. 216. vix vel modium annone aut semodium vini || uno treante
venundarent. Subdebant pauperis servitio, ut quantulum-
cumque de alimento porregerent.

XLV (46). His diebus Christoforus negutiatur[3] ad Aurilia- [10]
nensem urbem habiit. Audierat enim, quod ibidem multum
vini dilatum fuisset. Habiens ergo, cumparato[4] vino et lin-
tribus invecto, accepto caso cero pecunia multa, cum duobus
pueris Saxonibus viam equitando terebat. Pueri vero diu
dominum exosum[5] habentes et plerumque fuga labentes, eo [15]
quod crebrius gravissime verberarentur, cum venissent in
quadam silva, pręcedente domino, puer unus iaculata valide
lantia dominum suum transfixit. Quo ruente, alius cum
framea capud eius dilaceravit. Et sic ab utroque in frustis
decisus, exanimo est relictus. Hi vero accipientes pecuniam, [20]
fuga dilapsi sunt. Frater vero Cristofori, sepulto corpuscolo,
homines suos post pueros dirigit. Iuniore quoque conprę-
Col. 370. henso legant, seniore cum pecunia fu||giente. || Quibus
Fol. 216 v°. rediuntibus[6], cum vinctum laxius reliquissent, accepta
lancia, unum ex his a quibus ducebatur interemit. Sed [25]
deductus ab aliis usque Toronus, diversis suppliciis adfectus
detruncatusquę, patibolo valde exanimis est adpensus.

XLVI (47). Gravia tunc inter Toronicos cives bella civilia
surrexerunt. Nam Sicharius, Iohannis quondam filius, dum
ad natalis dominici solemnia apud Montalomagensem vicum [30]
cum Austrighysilo reliquosque pagensis cęlebraret, presbiter
loci misit puerum ad aliquorum hominum invitacionem, ut
ad domum eius bibendi gracia venire deberint. Veniente

---

1. *Corr.* segitum. — 2. *Corr.* negotiatores. — 3. *Corr.* negotiator. — 4.
Corr. conparato. — 5. *Corr.* exossum. — 6. *Corr.* redeuntibus.

vero puero, unus ex his qui invitabantur, extracto gladio,
eum ferire non metuit. Qui statim cecidit et mortuos[1] est.
Quod cum Sicharius audisset, qui amicitias cum presbitero
retinebat, quod scilicet puer eius fuerit interfectus, arrepta
5 arma ad ęclesiam petit[2], Austrighyselum opperiens. Ille
autem hęc audiens, adpręhenso armorum aparatu[3], contra
eum diregit[4]. Mixtisque omnibus, cum se pars utraque con-
liderit[5], || Sicharius inter clericus[6] ereptus, ad villam suam Fol. 217.
effugit, relictis in domo presbiteri cum argento et vestimen-
10 tis quatuor pueris sauciatis. Quo fugiente, Austrighiselus
iterum inruens, interfectis pueris, aurum argentumque cum
reliquis rebus abstulit. Dehinc cui iudicio civium convenissent, et pręceptum esset, ut Austrighiselus, qui homicida
erat et, interfectis pueris, res sine audienciam[7] diripucrat,
15 censura legali condempnaretur. Inito placito, paucis infra
diebus Sicharius audiens, quod res, quas Austrighiselus
deripuerat, cum Aunone et filio adque eius fratre Eberulfo
retinerentur, postposito placito, coniunctus Audino, mota
sedicione[8], cum armatis viris inruit super eos nocte, elisum-
20 que hospicium, in quo dormiebant, patrem cum fratre et
filio interemit resque eorum cum pecoribus, interfectisque
servis, abduxit. Quod nos audientes, vehimenter[9] ex hoc
molesti, adiuncto iudice, legacionem[10] ad eos mittemus[11], ut
in nostri pręsencia venientes, || accepta racione, cum pace || Fol. 217 v°.
25 discenderent[12], ne iurgium in amplius pululuret[13]. Quibus Col. 371.
venientibus conjunctisque civibus, ego aio : « Nolite, quiri[14],
in sceleribus proficere, ne malum longius extendatur. Per-
dedimus[15] enim ęclesię[16] filius; metuemus nunc, ne et alius[17]
in hac intencione careamus. Estote, quęso, pacifici ; et qui
30 malum gessit, stante caritate, conponat, ut sitis filii pacifici,
qui digni sitis regno Dei, ipso Domino tribuente, percipere.
Sic enim ipsi[18] ait : *Beati pacifici, quoniam filii Dei voca-*

---

1. *Corr.* mortuus. — 2. *Corr.* petiit. — 3. *Corr.* apparatu. — 4. *Corr.* diriget. — 5. *Corr.* conlideret. — 6. *Corr.* clericos. — 7. *Corr.* audientiam. — 8.
Corr. seditione. — 9. *Corr.* vehementer. — 10. *Corr.* legationem. — 11. *Corr.*
mittimus. — 12. *Corr.* discederent. — 13. *Corr.* pollularet. — 14. *Corr.* queri.
— 15. *Corr.* perdidimus. — 16. *Corr.* ęcclesię filios. — 17. *Corr.* alios. —
18. *Corr.* ipse.

buntur[1]. Ecce enim, etsi illi, qui noxę subditur, minor est facultas, argento ęclesię redemitur; interim anima viri non pereat. » Et hec dicens, optuli argentum ęclesię; sed pars Chramnesindi, qui mortem patris fratresque et patrui requerebat, accepere[2] noluit. His discedentibus, Sicharius iter, ut ad regem ambularet, pręparat, et ob hoc Pectavum ad uxorem cernendam proficiscitur. Cumque servum, ut exerceret opera,

Fol. 218. commoneret elevatamque virgam ictibus verberaret, ‖ ille, extracto baltei gladio, dominum sauciare non metuit. Quod

Col. 372. in terram ruente, currentes amici adprę‖hensum servum crudeliter cęsum, truncatis manibus et pedibus, patibolo damnaverunt. Interim sonus in Toronicum exiit, Sicharium fuisse defunctum. Cum autem hec Chramnesindus audisset, commonitis parentibus et amicis, ad domum eius properat. Qui expoliatis, interemptis nonnullis servorum, domus omnes tam Sicharii quam reliquorum, qui participes huius villę erant, incendio concremavit, abducens secum pecora vel quecumque moveri potuit. Tunc partes a iudice ad civitatem deductę, causas proprias prolocuntur; inventumque est a iudicibus, ut, qui nollens accepere prius conposicionem[3] domus incendiis tradedit[4], medietatem pręcii, quod ei fuerat iudicatum, amitteret — et hoc contra legis actum, ut tantum pacifici redderentur — alia vero medietatem conposiciones[5] Sicharius reddered[6]. Tunc datum ab ęclesia

Fol. 218 vᵒ. argentum, quę iudicaverunt, ‖ accepta securita[te][7] conposuit, datis sibi partes invicem sacramentis, ut nullo umquam tempore contra alterum pars alia inusitaret. Et sic altercacio[8] terminum fecit. ‖

---

1. Matth., 5, 9. — 2. *Corr.* accipere. — 3. *Corr.* conpositionem. — 4. *Corr.* tradidit. — 5. *Corr.* conpositionis. — 6. *Corr.* redderet. — 7. *Corr.* securitate. — 8. *Corr.* altercatio.

EXPLICIT LIBER VII.

INCIPIUNT CAPITULA LIBRI OCTAVI.   C. 373-374.

Fol. 219 v°.

EXPLICIUNT CAPITOLA LIBRI VIII DEO GRATIAS

---

1. *Corr.* Galliis. — 2. *Corr.* Leuvighilde.

IN CHRISTO NOM[INE] INCIPIT LIBER VIIII (VIII).   Col. 375.

[I.] Igitur Guntchramnus rex, anno XXIIII regni sui de
Cavillonno progressus, Nevernensem urbem ‖ adgreditur. Fol. 220.
Invitatus enim Parisius veniebat, ut Chilpirici filium, quem
5 iam Chlothacharium vocitabant, a sacro regeneraciones[1]
fonte deberet ex[ci]pere[2]. Degressus vero a Neverno ad
Aurilianensem urbem venit, magnum se tunc civibus suis
prębens. Nam per domibus eorum invitatus ibat[3] et prandia
data libabat; multum ab his muneratus munera qui ipsis
10 proflua benignitate largitus est. Sed cum ad urbem Aurilianensem venissit[4], erat ea die solemnitas beati Martini, id
est IIII. nonas mensis quinti. Processit qui in obviam eius
inmensa populi turba cum signis adquę vixillis, canentes
laudes. Et hinc lingua Syrorum, hinc Latenorum[5], hinc
15 etiam ipsorum Iudęorum in diversis laudibus varię concre-
pabat, dicens : « Vivat rex, regnumque eius in populis annis
innumeris dilatetur. » Iudęi vero qui in his laudibus videbantur esse participes, dicebant : « Omnes gentes te ado-
rent ‖ tibique genoque[6] flectant adquę tibi sint subdite[7]. » Col. 376.
20 Unde factum est, ut, celebrantes missis[8] cum rex ad convivium resederet, diceret : « Vę genti Iudęi ‖ cę malę et per- Fol. 220 v..
fidę ac subdolo semper sensu viventi. Ob hoc enim mihi,
inquid, hodie laudes adulaturias adclamabat, ut me cunctę
gentes quasi dominum adorarent, ut synagoga eorum, que
25 dudum a christianis deruta est, iuberem ope publica suble-
vare; quod, iubente Domino, numquam ero facturus. » O
regem admirabili prudencia clarum ! Sic intellexit dolosita-
tem hereticorum, ut ei pęnitus non valerent subripire[9], quę
erant postmodum suggesturi. Iam enim mediante epulo rex
30 locutus est sacerdotibus qui aderant, dicens : « Rogo ut in
domo mea crastina die vestram promerear benediccionem[10],
fiatque mihi salus in ingressu vestro, ut ex hoc salvus fiam,
cum super me humilem vestrarum benediccionum verba

---

1. *Corr.* regenerationis. — 2. *Corr.* excipere. — 3. *Corr.* invitatos abitat.
— 4. *Corr.* venisset. — 5. *Corr.* Latinorum. — 6. *Corr.* genuque. — 7. *Corr.*
subditę. — 8. *Corr.* missas. — 9. *Corr.* subripere. — 10. *Corr.* benedictionem.

defluxerint. » Hęc eo dicente, omnes gracias agentes, epulo
expleto, surreximus.

II. Mane autem facto, dum rex loca sanctorum oraciones
gracia vissitaret, ad metatum nostrum advenit. Erat enim
Col. 377. ibi basilica sancti Aviti ab‖batis, cui in libro Miraculorum 5
meminimus. Surrexi gavisus, fateor, ad ocursum[1] eius, et
Fol. 221. data oracione[2], depręcor, ‖ ut in mansionem meam eblogias
beati Martini dignaretur accepere[3]. Quod illi non respuens,
benigno animo ingressus, haosto[4] poculo, admonitis nobis
ad convivium, lętus abscessit. Tunc Berthramnus Burdega- 10
lensis episcopus cum Paladio Santonico valde regi infensus
erat pro suscepcione Gundovaldi[5] cui supra meminimus. Set[6]
et Palladius episcopus ob hoc maxime regem incurrerat,
quod ei sepius fallacias intulisset. Discussi enim ante paulolum fuerant a reliquis episcopis et optimatibus regis, cur 15
Gundoaldum[7] suscepissent, cur Faustianum Aquis episcopum ad pręcepcionem eius levissimam ordinassent. Sed hanc
causam ordinacionis Palladius episcopus a Bertchramno
metropoli suo auferens, super se divolvit, dicens : « Oculi
metropolis mei valde doloribus artabantur, et ego expolia- 20
tus et contemptus, invitus in eo loco adductus sum. Non
potui aliud facere, nisi quę illi, qui omnem principatum
Galliarum se testabatur [accipere, imperabat]. » Cum hec
renonciata fuissent, valde commotus est, ita ut vix optinere
Fol. 221 v°. possit, ut eos ad convivium provocaret, ‖ quos antea non 25
viderat. Introeunte itaque Berthramnus[8], interrogat rex :
« Quis, ait, est iste? » Diu enim erat, quod ab eo visus non
fuerat. Dixeruntque : « Hic est Berthchramnos, Burdegalinsis
urbis episcopus. » Cui ille : « Gracias, inquid, agimus, quod
sic costodisti fidem generacione tuę. Scire enim te oppor- 30
tu[e]rat, dilectissime pater, quod parens eras nobis ex matre
nostra, et super gentem tuam non debueras inducere pestem
extraneam. » Cumquę talia et his similia Berthchramnus
audisset, conversus ad Palladium rex ait : « Nec tibi, o

---

1. *Corr.* occursum. — 2. *Corr.* oratione. — 3. *Corr.* accipere. — 4. *Corr.*
hausto. — 5. *Corr.* susceptione Gundoaldi. — 6. *Corr.* Sed. — 7. *Corr.* Gondo-
valdum. — 8. *Corr.* Berthramno.

Palladie episcope, nimium sunt gracię referendę. Tercio
enim mihi, quod de episcopo dici iniquum est, periurasti,
mit‖tens indicolos dolositate plenus. A me excusabaris per Col. 378.
epistolas, et germanum meum cum scriptis aliis invitabas.
Iudicavit enim Deus causam meam, cum ego provocare vos
semper tamquam ęclesię patres studui, et vos circa me semper egistis dolose. » Nicasio autem et Antidio episcopis
dixit: « Quid vos, o sanctissimi patres, pro regiones utilitate
vel regni nostri suspitate[1] tractastis, edicete? » ‖ Illis Fol. 222.
10 quoque tacentibus, ablutis rex manibus accepta [a] sacerdotibus benediccione[2], ad mensam resedit lęto vulto[3] et
hilare[4] facię, quasi nihil de contempto[5] suo fuisset affatus.

III. Interea iam medium prandii peractum, iubet rex, ut
diaconem nostrum, qui ante diem ad missas psalmum respon-
15 surium dixerat, canere iuberem. Quo canente, iubet iterum
mihi, ut omnes sacerdotes qui aderant per meam commoni-
cionem, datis ex oficio suo singulis clerecis, coram regem
iuberentur cantare. Per me enim secondum[6] regis imperium
admoniti, quisque, ut potuit, in regis pręsencia psalmum
20 responsurium decantavit. Cum autem percula proferentur,
dixit rex : « Argentum omne, quod cernitis, Mummoli illius
periuris fuit; sed nunc, gracia Domini tribuente, in nostra
dominacione[7] translatum est. Nam quindecim ex eo catinos,
ut istum maiorem cernitis, iam concidi, et non exinde
25 amplius quam hunc et alium de cento[8] septuaginta libris
reservavi. Et quid amplius quam opus cotidianum? Non
ego, quod peius est, alium filium pręter Childeberthum‖
habeo, cui satis sit de thesauris, quos ei pater reliquid, Fol. 222 v°.
et quę iam de huius miserrime rebus, qne Avennione invente
30 sunt, transmittere curavi. Reliqua vero pauperum et ęclesiarum erunt neccessitatibus tribuenda. »

IV. « Unum vos tantummodo, sacerdotes Domini, depręcor, ut pro filio meo Childebertho Domini misericor‖diam Col. 379.

---

1. *Corr.* sospitate. — 2. *Corr.* benedictione. — 3. *Corr.* vultu. — 4. *Corr.*
hilari. — 5. *Corr.* contemptu. — 6. *Corr.* secundum. — 7. *Corr.* dominatione.
— 8. *Corr.* contum.

exoretis. Est enim vir sapiens adque utilis, ut de multorum
annorum aevo vix ita tam cautus homo reperire possit[1] ac
strinuus[2]. Quia si hunc Deus his Galliis concedere digna-
batur, fortassis[3] spes erat, de eodem gentem nostram, que
valde exinanita est, posse consurgere. Quod fieri iuxta eius   5
misericordiam non diffido, eo quod tale fuerit pueri nativi-
tates presagium. Nam in die sancto pascha est, ante nativitatis est elevatus fratre meo Sighibertho in eclesia, procedente diacono cum sancto euangeliorum[4] libro, nuncius regi
advenit, unaque vox fuit pronunciantes leccionem[5] euangeli-   10
cam ac nontii[6] dicentes : « Filius natus est tibi. » Unde factum
est, ut omnes[7] populus in utraque adnunciacione[8] pariter
Fol. 223. proclamaret : « Gloria Deo omnipotenti. » || Sed et baptis-
mum in die sanctum Pentecosten accepit, et rex nihilo-
minus[9] in diem sanctum dominice nativitatis est elevatus.   15
Unde, si oracio vestra prosequitur, poterit hic, Domino
annuente, regnare. » Hec regi dicente, omnes oracionem
fuderunt ad Dominum, ut utrumque regem eius misericordia
conservaret. Adiecitque rex : « Virum, quia mater eius
Brunechildis me minatur interemere, sed nihil mihi ex   20
hoc formidinis est. Dominus enim, qui me eripuit de
manibus inimicorum meorum, et de huius insidiis liberavit
me. »

V. Multa tunc et in Theodorum episcopum adversa locutus
est, protestans, quod si ad sinodum veniret, iterum exilio
traderetur, dicens : « Scio enim, quod horum causa germa-   25
num meum Chilpericum interfeci fecit. Denique nec nos
pro viris habere debemur, si eius necem ulciscere non vale-
mus hoc anno. » Cui ego respondi : « Et quis Chilpericum
interemit, nisi malitia sua tuaque oracio? Multas enim tibi
contra iusticiam tetendit insidias, que ei mortis exicium   30
intulerunt. Quod ut dicam, valde hoc per visionem somni

---

1. *Corr.* posset. — 2. *Corr.* strenuus. — 3. *Corr.* fortasses. — 4. *Corr.* euuan-
geliorum. — 5. *Corr.* pronuntiantes lectionem. — 6. *Corr.* nuntii. — 7. *Corr.*
omnis. — 8. *Corr.* adnuntiatione. — 9. *Corr.* nihilhominus.

inspexi, ‖ cum viderem eum ante tousorato capite quasi Fol. 223 vᵉ. episcopum ordinare; deinde super cathedram puram, sola fuligine tectam, inpositum ferri, pręlucentibus coram eo lyghnis ac ceries. » Me hęc narrante, rex ait : « Vidi et ego ‖

5 alia visionem, quę huius interitum nonciavit[1]. Adducebatur Col. 380. enim in conspecto[2] meo a tribus episcopis vinctus catenis, quorum unus Tetrecus, alius Agiroecula, tercius vero Nicecius Lugduninsis erat. E(t) quibus dicebant duo : « Solvite, quęsummus, eum et castigatum abire permittite. » Quibus e

10 contrario cum amaritudine Tetrecus episcopus respondebat : « Non fiet ita, sed igni concremabitur pro sceleribus suis. » Et cum diu multumquę quasi altercantes hec inter se verba proferrent, conspicio eminus ęnęum super ignem positum fervere vehementer. Tunc me flenti, adpręhensum infilicem

15 Chilpiricum, confractis membris, proiciunt in ęnium. Ne mora, inter undarum vapores ita dissolutus ae liquifacta est, ut nullum ex eo pęnitus indicium remaneret. » Hęc rege dicente, admirantibus ‖ nobis, epulo expleto, surrexemus[3]. Fol. 224.

VI. Rex igitur in crastinum in venacione[4] progressus est.

20 Quo rediunte[5], Garacharius comis Burdigalensis adque Bladastis a nobis repręsentate sunt, quia, ut superius diximus, in basilica sancti Martini confugium fecerant, pro eo quod Gundoaldo coniuncti fuissent. Nam cum prius pro his depręcatus, nihil obtenire potuissim[6], hęc in sequente locu-

25 tus sum : « Audiat, o rex, potestas tua. Ecce a domino meo in legacione[7] ad te directus sum ! Vel qui[d] renunciabo ei qui me misit, cum nihil mihi responsi reddere vellis? » At illi obstupefactas ait[8] : « Et quis est dominus tuus, qui te misit? » Cui ego suuridens[9] : « Beatus Martinus, inquio,

30 misit me. » [Tunc ille iussit sibi repraesentari viros]. Sed cum in eius conspectu venissent, multas eis perfidias ac periurias exprobravit, vocans eos sepius vulpis ingeniosas, sed restitui eos gracię suę, reddens quę illis ablata fuerant.

---

1. *Corr.* nunciavit. — 2. *Corr.* conspectu. — 3. *Corr.* surreximus. — 4. *Corr.* venatione. — 5. *Corr.* redeunte. — 6. *Corr.* potuissem. — 7. *Corr.* legatione. — 8. *Corr.* obstupefacta sic ait. — *Corr.* subridens.

VII. Adveniente quoque die dominico, rex eclesiam ad expectandam missarum solemnia petit[1]. Fratres vero consa-cerdotes, qui aderant, locum ‖ Palladio episcopo ad agenda festa prebuerunt. Quo incipiente pro‖phetia, rex interrogat, quis esset. Cumque Palladium episcopum iniciasse pronon-ciassent, statim commotus rex ait : « Qui mihi semper infidelis et perfidus fuit, illi nunc sacrata verba predicabit? Egrediar prursus[2] ab hec eclesia, ne inimicum meum audiam predicantem. » Et hec dicens, egredi coepit eclesiam. Tunc conturbati sacerdotes de fratres humilitate, dixerunt regi : « Vidimus enim eum convivio tuo adesse ac de eius manu te benediccionem accepere[3]; et cur eum nunc rex aspernatur? Si enim scissimus[4] tibi exosum, declinassimus[5] utique ad alium, qui [ha]ec agere debuissit[6]. Nunc, si permittis, cele-bret, quia coepit ; in posterum autem, si aliquid opposueris, cannonice sanccionis[7] censura finiatur. » Iam enim Palladius episcopus in sacrario cum grande humilitate discesserat. Tunc rex iussit eum revocare, et sic que agere coeperat expedivit. Nam cum iterato ad convivium regis Palladius atque Berthchramnus acciti fuissint, commoti in invicem, multa sibi de adulteriis ac furnicacione[8] ex‖probraverunt, nonnulla etiam de periuriis. Quibus de rebus multi ridebant, nonnulli vero, qui alacriores erant sciencie, lamentabant, cur inter sacerdotes Domini taliter zezania[9] diabulo pol-luaret[10]. Discedentes itaque a regis presencia, cauciones et fideiiussores dederunt, ut decimo kalendas mensis noni ad sinodum convenirent.

VIII. Tunc apparuerunt signa, id est radii a parte aqui-lonis, sicut sepius apparrere solent. Fulgor per celum cucurressi[11] visus est, floresque in arboribus ostensi[12] sunt. Erat enim mensis quintus

---

1. *Corr.* petiit. — 2. *Corr.* prorsus. — 3. *Corr.* benedictionem accipere. — 4. *Corr.* scissemus. — 5. *Corr.* exossum, declinassemus. — 6. *Corr.* debuisset. — 7. *Corr.* canonice sancciones. — 8. *Corr.* fornicacione. — 9. *Corr.* zizania. — 10. *Corr.* pollularet. — 11. *Corr.* cucurrisse. — 12. *Corr.* ostense.

VIIII. Post hęc rex Parisius venit et coram omnibus loqui
coepit, dicens : « Germanus meus Chilpericus moriens dicitur filium reliquisse, cuius nutritores, matre depręcante,
petierunt, ut eum de sancto lavacro in dominici natalis
solemnitate deberem excipere, et non venerunt. Rogaverunt
deinceps, ut ad sanctam pascha baptizaretur, sed nec tunc
adlatus est infans. Depręcati sunt autem tercio, ut ad fe‖sti-   Col 382.
vitatem sancti Iohannis exiberetur, set nec tunc venit. Moverunt itaque me per tempus stereli de loco ubi abitabam. ‖
Veni igitur, et ecce absconditur nec ostenditur mihi puer.   Fol. 225 vᵒ.
Unde, quantum intellego, nihil est quod promittitur, sed, ut
credo, alicuius ex leudibus nostris sit filius. Nam se de stirpe
nostra fuisset, ad me utique fuerat deportatus. Ide[o]que[1]
noveris, quia a me non suscipitur, nisi certa de eo cognus-
cam[2] indicia. » Hęc audiens Fredegundis regina, coniunctis
prioribus regni sui, id est cum tribus episcopis et tricentis
viris opti[mi]s[3], sacramenta dederunt, hunc a Chilperico
regi[4] generatum fuisse; et sic suspeccio ab animis regis
ablata est.

X. Deniquę cum interitum Merovechi adque Chlodovechi
sępius lamentaret nesciretque, ubi eos postquam interfe-
cerant proiecissent, venit ad regem homo, qui diceret :
« Si mihi contrarium in posterum non habetur, indicabo,
in quo loco Chlodovechi cadaver sit positum. » Iuravit rex,
nihil ei molestum fieri sed potius muneribus ampliare. Tunc
illi : « Veritatem, inquid, me loqui, o rex, ipsa racio quę
acta est conprobabit. Nam quando Chlodovechus ‖ inter-   Fol. 226.
fectus est ac sub stillicidio[5] oraturii cuiusdam sepultus,
metuens regina, ne aliquando inventus cum honore sepeli-
retur, iussit eum in alveum Matronę fluminis proici. Tunc
intra lapsum, quod opere meo ad capiendorum piscium
necessitatem pręparaveram, repperi. Sed cum ignorarem,
quisnam esset, a cęsarię prolixa cognovi Chlodovechum esse,

---

1. *Corr.* Ideoque. — 2. *Corr.* cognoscam. — 3. *Corr.* optimis. — 4. *Corr.*
rege. — 5. *Corr.* stillicideo.

adpręhensumque in humeris ad litus detuli ibique eum cespite
superpositum tumolavi. Ecce, salvatis artibus, quod volueris
effice. » Quod cum rex conperisset, confingens se ad vena-
cionem procedere, detactoque tumolo, repperit corpuscolum
integrum et inlęsum. Una tantum pars capillorum, quę subter 5
fuerat, iam defluxerat, alia vero cum ipsis crinium flagellis
intacta durabat. Cognitumque est hunc esse quem rex
Col. 383. intento animo requerebat. Convocato || igitur episcopo civi-
tatis, cum clero et populo ac ceriorum innumerabilium
ornato ad basilicam sancti Vincenti detulit tumolando, non 10
Fol. 226 v°. minus plangens nepotes mortuos, quam || cum vidit filius pro-
prius iam sepultus. Post hęc misit Pappolum Carnotenę
urbis episcopum, qui Merovechi cadaver requirens, iuxta
Chlodovechi tumulum sepelivit.

XI. Ostiarius vero quidam de alio ostiario dixit : « Domine 15
rex, hic, accepto pręmio, consinsit, ut tu interficiaris. »
Adpręhensusque ostiarius, de quo dixerat, cęsus suppli-
ciisque multis adfectus, nihil de causa, qua interrogabatur,
apperuit. Loquebantur enim tunc multi hoc in insidiis et
invidia factum, quod ostiarius ille, cui hoc crimen inpactum 20
fuerat, plurimum a regi diligeritur. Ansoaldus autem, nescio
qua suspicione tactus, nec validicens, a regi discessit. Rex
vero Cavilonnum regressus, iussit Boantum, qui sibi semper
fuerat infidelis, gladio percuti. Qui vallatus in domo sua, ab
hominibus regis peremptus interiit; resque suę fisci diccio- 25
nibus subiugate[1] sunt.

XII. Denique cum rex maxima intencione Theodorum
episcopum iterum persequi conaretur, et Massilia iam in
Childeberthi regis dominacione revocata fuisset ad discu-
Fol. 227. ciendas causas || Ratharius illuc quasi dux a parte regis 30
Childeberthi diregitur. Sed postposita accione, que ei a regi
iniuncta fuerant, episcopum vallat, fideiussores requirit et
ad pręsenciam regis Gunthchramni direxit, ut scilicet ad

---

1. *Corr.* subiugatę.

sinodum, quod Matiscone futurum erat, quasi ab episcopis
damnandus adesset. Nec defuit ulcio divina, qua servos suos
ab ore canum rabidorum defensare consuevit. Nam egrediente episcopo a civitate, statim res eclesię deripit et ali[a]
5 quidem sibi vindicat, alia sub sigellorum municionem con-
cludit. Cum hoc fecisset, protenus famulus eius sevissemus
invadit morbus, exhaustusque febre peremit; filius eius ab
hoc incommo[do][1] deficit, quem suburbano Masillia ipsius ‖
cum gravi gemitu sepelivit. Fuitque talis domui eius plaga, Col. 384.
10 ut cum ab urbe illa est degressus, vix ad patriam suam
regredi putaretur. Theodoros viro episcopus a Gunthchramno regi detentus est, sed nihil ei rex nocuit. Est enim
vir egregię sanctitatis et in oracione assiduos[2], de quo mihi
Magnericus Treverensis episcopus hęc retullit : « Ante hos
15 annos cum pręsentiam Childeberthi regis ita sub ardua
costodia duceretur, ut, quandoque ad urbem aliquam venisset, neque episcopum neque quemquam de civibus videre
permittitur, adveniens Treverus, nonciatum[3] est episcopo, ‖
hunc iam in navi possitus clam abduci. Surrexitque sacer- Fol. 227 v°.
20 dus tristis, ac velociter prosecutus, reperit eum ad litus ;
causatusque cum costodibus, cur tanta essit impietas, ut non
liceret fratri fratre aspicere ; visoque tandem, osculatur
eum, indulgens aliquid vestimenti, discessit. Veniens itaque
ad basilicam sancti Maximini, prosternitur sepulchro, illud
25 apostoli Iacobi retinens[4] : *Arate pro invicem, ut salvimini*.
Fusaque diu oracione cum lacrimis, ut fratre dignaretur
Dominus adiuvare, egressus est foris. Et ecce mulier, quam
spiritus errores agetabat[5], clamare sacerdoti cepit ac dicere :
« O sceleste et inveterate dierum, qui pro inimico nostro
30 Theodoro oracionem fundis ad Dominum. Ecce nos cotidie
queremus, qualiter ab his Galliis extrudatur, qui nos coti-
dianis incendiis conflat ; et tu pro eo rogare non desinis !
Sacius enim tibi erat, res eclesię tuę diligenter inquireri[6],
ne pauperibus aliquid deperiret, quam pro hoc tam intente

---

1. *Corr.* incommodo. — 2. *Corr.* assiduus. — 3. *Corr.* Treveros, nunciatum.
— 4. Iac., 5, 16. — 5. *Corr.* agitabat. — 6. *Corr.* inquirere.

deposcere. » Et agebat : « Vę nobis, qui eum non possumus expugnare. » Et licet dęmoniis credi non debeat, tamen qualis esset sacerdus, de quo hęc demon condolens declamabat, apparuit. Sed accepta redeamus. ||

Fol. 228.   XIII. Igitur legatus[1] ad nepotem suum Childebertum rex[5] diregit, qui morabatur tunc ad castrum Confluentis[2], qui ob Col. 385. hoc nomen accepit, pro eo quod Musella Renusque || amnes pariter confluentes in eodem loco iungantur. Et quia placitum fuerat, ut Trecas Campanię urbem de utrumque regnum coniungerent, sacerdotibus qui de regno Childeberti con-[10] gruum non fuit, Felix legatus[3], salutacione pręmissa, ostensis litteris, ait : « Patruos tuos[4], o rex, diligenter interrogat, quis te ab hoc promissione retraxit, ut sacerdotes regni vestri ad concilium, quod simul decriveratis, venire differrent[5]. An forsitan mali homines aliquam inter vos dis-[15] cordię radicem faciunt pullulare[6]? » Tunc ego, rege tacente, respondi : « Nil mirum, si zizania seratur in populus[7], nam inter hos quo radicem obligit[8] protenus non potest repperire. Nulli enim latet, quod Childebertus rex alium patrem nisi patruum non habet, neque illi alium filium, nisi hunc[20] habere disponit, iuxta id quod eum anno pręsenti audivimus loqui. Absit ergo, ut inter eos radix discordię germinit[9], cum se pariter et tuere dibeant et amare. » Tunc vocato secretus Felice lægato, Childebertus rex rogavit, dicens : ||
Fol. 228 vᵒ. « Depręcor dominum et patrem meum, ut Theodoro epi-[25] scopo nihil iniurię inferat; quod ficecerit, confestim inter nos scandalum germinavit, erimusque, discordia inpediente, disiuncti, qui debemus amorem tuendo esse pacifici. » Acceptoque et de aliis causis responso, legatus discessit.

XIIII. Nobis itaque in antedicto castro cum regem cummo-[30] rantibus[10], dum ad convivium principis usque obscura nocte reteneremur, epulo expleto, surreximus, venientesque ad

---

fluvium, offendimus navem in litus, que nobis fuerat prepa-
rata. Ascendentibusque nobis, inruit turba hominum diversorum, impletaque est navis tam hominibus quam aquis.
Sed virtus Domini adfuit non sine grande miraculo, ut,
5 cum usque labium impleta fuisset, merge non possit. Habi-
bamus[1] enim nobiscum beati Martini reliquias cum || aliorum   Col. 386.
sanctorum, quorum virtutem nostre dimus[2] fuisse salvatos.
Ad vero nave ad litus unde egresse[3] fuemus redeunte, eva-
cuata vel ab hominibus vel a lymphis, repulsis extraneis,
10 sine inpedimento || transivimus. In crastino autem vale rege   Fol. 229.
dicentes, abscessimus.

XV. Profecti igitur in itenere, ad Eposium castrum acces-
simus, ibique a Vulfolaico diacono nancti, ad monasteri eius
deducti, benignissime suscepti summus. Est enim hoc
15 monasterium quasi milibus octo ab antedicto castro in
montes[4] cacumine collocatum. In quo monte magnam basilicam edificavit, quam beati Martini vel reliquorum sanctorum reliquias inlustravit. Commorantes autem ibi, petere ab
eo coepimus, ut nobis aliqua de conversionis sue bono nar-
20 raret, vel qualiter ad clericatus officium advenissit[5], quia erat
genere Langobardus. Sed nequibat exponere, vanam tota
intencione cupiens gloriam evitare. Quem ego terrebilibus
sacramentis coniurans, pollicitus primo, ut nulli que refe-
rebat expanderem, rogare coepit, ut nihil mihi de his que
25 interrogabam occoleret. Cumque diutissime reluctasset,
victus tandem tam precibus quam obsecracionibus meis, hec
effactus est : « Dum essem, inquid, puer parvolus, audito
beati Martini nomine, nesciens adhuc, utrum martyr an con-
fessur esset, || vel quid boni in mundo gessisset, vel que   Fol. 229 v°.
30 regio beatus artus tumolo meruisset accepere, iam in eius
honore vigilias celebrabam, ac, si aliquid inter manus numis-
matis advenisset, elimosinas faciæbam. Iamque in maiore
etate proficiens, litteras discere studii ; ex quibus prius scri-

---

1. *Corr.* habebamus. — 2. *Corr.* demus. — 3. *Corr.* egressi. — 4. *Corr.*
montis. — 5. *Corr.* advenisset.

bere potui, quam ordinem scripturarum litterarum scirem.
Deinde Aridio abbati coniunctus ab eoque ductus, beati
Martini basilicam adii. Revertensque cum eo, ille parumper
pulveris beati sepulchri pro benediccione sustullit. Quod in
Col. 387. capsulam positum ad collum || meum dependit. Devectique ad 5
monasterium eius Limovicino in termino, accepta capsula,
ut eam in oraturio suo locaret, in tantum pulvis adcrevit,
ut non solum totam capsam repleret, virum [1] etiam foris inter
iunturas, ubi aditum repperire potuit, scatiret. Ex hoc mihi
miraculi lumine animus magis accendit totam spem meam 10
in eius virtute defigeret. Deinde territurium Trevericę urbis
expetii, et in quo nunc estis monte, habitaculum quod
Fol. 230. cernitis proprio labore construxi. Repperi tamen || hic
Dianę simulacrum, quod populus hic incredulus quasi deum
adorabat. Colomnam etiam statui, in qua cum grandi cru- 15
ciatu sine ullo pedum perstabam tegmine. Itaque cum hiems
tempus solite advenisset, ita rigore glacili urebat, ut ungues
pedum [m]eorum sępius vis rigoris excuteret, et in barbis
meis aqua gelo [2] conexa candelarum more dependeret.
Magnam enim hiemem regio illa persępe dicitur sustenire. » 20
Sed cum nos solicite [3] interrogaremus, quę ei cybus aut
potus esset, vel qualiter simulacra montis illius subvertisset,
ait : « Potus cybusque meus erat parumper panis et oleris
ac modicum aquę. Verum ubi ad me multitudo vicinarum
villarum confluere coepit, prędicabam iugiter, nihil esse 25
Dianam, nihil simulacra nihilque quę eis videbatur exercere
cultura ; indignę iam esse ipsa, quę inter pocula luxuriasque
profluas cantica proferebant ; sed potius Deo omnipotenti,
qui celum fecit ac terram, dignum sit sacrificium laudis
inpendere. Orabam etiam sepius, ut simulacrum Dominus 30
dirutum dignaretur populum illum ab hoc errore discutere.
Fol. 230 v°. Flexit Domini misericordia mentem rusticam, || ut inclinaret
aurem suam in verba oris mei, ut scilicet, relictis idolis,
Dominum sequeretur. Tunc convocatis quibusdam ex eis,
imulacrum hoc inmensum, quod elidere propria virtute non 35

---

1. *Corr.* verum. — 2. *Corr.* gelu. — 3. *Corr.* sollicite.

poteram, cum eorum adiutorio possim eruere, iam enim
reliqua sigillorum, quę faciliora fuerant, ipse confringeram.
Convenientibus autem multi ad hanc Dia‖nę statuam, missis Col. 388.
funibus, trahere coeperunt; sed nihil labor eorum proficere
5 poterat. Tunc ego ad basilicam propero, prostratusquę solo,
divinam misericordiam cum lacrimis flagitabam, ut, quia id
humana industria evertere non vallebat, virtus illut divina
distrueret. Egressusquę post oracionem, ad operarius veni,
adprehensumque funem, ut primo ictu trahere coepimus, pro-
10 tenus simulacrum ruit in terra, confractumque cum malleis
ferreis in pulverem redige[1]. Ipsa quoque hora, cum ad
cibum capiendum venissem, ita omne corpus meum a verticę
usque ad plantam ‖ pusculis malis repletum est, ut locus, Fol. 231.
quem unus digitus tegerit, vacuus invenire non possit.
15 Ingressusque basilicam solus, denudavi me coram sancto
altario. Habebam enim ibi ampullam cum oleo ple-am, quam
de sancti Martini basilicam detuleram; ex qua propriis manibus omnes artus peruncxi, moxquę sopore locatus sum.
Expergefactus vero circa medium noctis, cum ad cursum
20 reddendum surgerem, ita corpus totum inlocome[2] repperi, ac
si nullum super me ulcus aparuisset. Que vulnera non aliter
nisi per invidiam inimici emissa cognovi. Et quia semper ipse
invidus Deum quęrentibus nocere conatur, advenientibus episcopis, qui me magis ad hoc cohortare debuerant, ut ceptum
25 opus sagaciter explicare deberem, dixerunt mihi : « Non est
que est[3] via, quam sequęres, nec tu ignobilis Symeoni
Anthiochino, qui colomnę insedit, poteris conparare. Sed
nec cruciatum hoc te sustenire patitur loci posicio. Discendi
pocius et cum fratribus, quos adgregasti tecum, inhabita. »
30 Ad quorum verba, quia sacerdotes non obaudire adscribitur
crimini, discendebam, fateor, et ambulabam cum eisde[m]
ac cybum pariter capiebam. Quadam vero die, provocans me
episcopus longius ad villam, ‖ misit operarius[4] cum scutis Fol. 231 v°.
et malleis ac securibus, et elisęrunt colomnam, in qua stare
35 solitus eram. In crastinum autem veniens, in‖veni omnia dis- Col. 389.

---

1. *Corr.* redigi. — 2. *Sic, pro* incolome. — 3. *Sic, pro* Non est aequa haec
via. — 4. *Corr.* operarios.

sipata. Flevi vehementer, sed erigere nequivi quę distruxe-
rant, ne dicerer contrarius iussionibus sacerdotum ; et ex
hoc, sicut nunc habito, cum fratribus habitare contentus
sum. »

XVI. Cui cum de virtutibus beati Martini, quas in eo loco
operatus est, aliquam ut declararet exposcirem[1] hęc retulit :
« Franci cuiusdam et nubilissimi in gente sua viri filius
mutus surdusque erat; adductusque a parentibus ad hanc
basilicam, iussi eum cum diacono meo et alio ministro in
ipsum templum sanctum in lectulo requiescere. Et per diem
quidem oracioni vacabat, nocte autem in ipsa, ut diximus,
ęde dormiebat. Quandoquę misertus Deus, apparuit mihi in
visione beatus Martinus dicens : « Eiecæ agnum de basilica,
quia iam sanus est[2]. » Mane autem facto, cogitant[i] mihi,
quod esset hoc somnium, venit ad me puer, et emittens
vocem, gracias agere Deo coepit, conversusque ad me, ait :
« Gracias ago Deo omnipotente, qui mihi et eloquium reddedit et auditum. » Ex hoc sanus reditus[3], ad domum rediit.
Alius vero, qui plerumque in furtis diversisque sceleribus
commixtus, periurare consueverat, || cum aliquando a quibus-
dam pro furto argueritur, ait : « Ibo ad basilicam beati
Martini, et sacramentis me exsuens, innocens reddam. »
Quo ingrediente, elapsa secure de manu ejus, ad usteum
ruit, gravi cordis dolore perculsus. Con[fes]susque[4] est miser
verbis propriis que venerat excussare[5] periuriis. Alius simili
modo cum de incendiis domus vicini sui argueritur, ait :
« Vadam ad templum sancti Martini, et fide data, insons
rediturus ero ab hoc crimine. » Manifestum erat enim, hunc
domum illam incendio concremasse. Abiens autem ad sacramenta danda, conversus ad eum, dixi ei : « Quantum vici-
norum tuorum dictat assercio, non eris innocens ab hoc
scelere; sed tamen Deus ubique est, et virtus cius ipse est
forinsecus, que habetur intrinsecus. Tamen si ita te vana

Fol. 232.

---

1. *Corr.* exposcerem. — 2. *Corr.* factus est. — 3. *Corr.* redditus. — 4. *Corr.*
confessusque. — 5. *Corr.* excusare.

fiducia coepit, quod Deus vel sancti in periuribus non ulcis-
cantur, ecce templum sanctum e contra, iura, ut libet. || Nam Col. 390.
calcare limen sacrum non permitteris. » Ad ille, elevatis
manibus ait : « Per omnipotentem Deum et virtutem beati
5 Martini antestitis eius, quia hoc incendium non admisi. »
Data itaquę sacramenta, dum recederet, visum est ei quasi
ab igne circumdare. || Et statim ruens in terra, clamare Fol. 232 v°.
coepit, se a beato antestite vehementer exuri. Aiebat enim
miser : « Testor Deum, quia ego vidi ignem de cęlo cadere,
10 qui me circumdans validis vaporibus conflet. » Et dum hęc
diceret, spiritum exalavit. Multis hęc causa documentum
fuit, ne in hoc loco audirent[1] ulterius periurare. » Plurimam
quidem de his virtutibus hic diaconus retulit, que sequi
longum potavi.

15   XVII. Dum autem in loco illo commoraremur, vidimus
per duas noctes signa in cęlo, id est radius a parte aquilonis
tam clare splendidus, ut prius sic aparuisse non fuerænt
visi; et ab utraque quidem parte, id est ab euro et zephero,
nobis sanguine. Tercia vero nocte quasi ora seconda[2] aparue-
20 runt hii radii. Et ecce, dum eos mirarentur attonitis[3], surrexerunt a quatuor plagis mundi alii horum similis; vidimusqui
totum cęlum ab his operire. Et erat nubes in medio cęli splen-
dida, ad quam se hi radii collegebant in modum tenturii,
quod ab imo ex amplioribus inceptum fasceis angustates in
25 altum, in uno cuculli capite sepe collegitur. Erantque in
medio radiorum et alię nubes || ceu coruscum valide fulgo- Fol. 233.
rantes. Quod signum magnum nobis ingessit metum. Ope-
riebamur enim super nos[4] aliquam plagam de cęlo trasmitti.

   XVIII. Childebertus vero rex, inpellentibus missis impe-
30 rialibus, qui aurum, quod anno superiore datum fuerat,
requirebat, exercitum in Italia diregit. Sonus enim erat
sororem suam Ingundem iam Constantinopoli fuisset translata. Sed cum duces inter se altercarentur, regressi sunt

---

1. *Corr.* auderent. — 2. *Corr.* secunde. — 3. *Sic,* *pro* miraremur attoniti. —
4. *Corr.* supn.

sine ullius lucri conquesicione. Nam Wintrio dux a paginsibus suis depulsus, ducatum caruit; finissitque vitam, nisi
fuga ausilium[1] prebuisset. Set postea, pecato[2] populo, duca-
Col. 391. tum recepit. Ita||que Nicecius[3] per emissionem Eulalii a
comitatu Arverno submotus, ducatum a rege expetiit, datis 5
pro eo inmensis muneribus. Et sic in urbe Arverna, Rutena
atque Ucetica dux ordinatus est, vir valde etate iuvenis, sed
acutus in sensu, fecitque pacem in regionem Arverna vel in
reliqua ordinacionis sue loca.. Childericus vero Saxso in
offensam regis Guntchramni incendens[4], pro causa, qua 10
superius diximus alius confugisse, beati Martini basilicam
Fol. 233 v°. expetiit, || uxorem in regno regis antedicti relinquens. Cui
obtestaverant[5] rex, ne virum videre presumeret, nisi prius
ille regali gracie reconciliaretur; ad quem cum pro eo sepius
legacionem missisimus, tandem obtenuemus, ut uxorem reci- 15
peret et citra Legerem fluvium commoraretur, non tamen ad
regem Childebertum transire presumere. Sed ille, accepta
libertate recipiende uxoris, clam ad eum transiit, adeptaque
ordinacione ducatus in civitatebus[6] ultra Garonnam, que[7]
in potestatem supradicti regis habebantur, accessit. Gunt- 20
chramnus vero rex volens regnum nepotis sui Chlotchari,
fili scilicet Chilperici, regere, Theodulfum Andegavis comitem esse decrevit. Introductusque in urbe, a civibus et presertim a Domighisilo cum humilitate repulsus est. Recur-
rensque ad regem, iterum preceptum accipiens, a Sifulgo 25
duci intromissus, comitatum urbis illius rexit. Gundovaldus
autem comitatum Meldensim supero Verpinum conpetiit,
ingressusque urbem, causarum accionem agere coepit.
Exinde dum pagum urbis in hoc officio circuirit[8], in quadam
villa a Verpino interfecitur. Cuius parentes congregati super 30
hunc inruerunt, inclusumque in pensilem domus intere-
Fol. 234. munt. || Sicque uterque a comitatu morte inminente discessit.

Col. 392. XVIIII. Cum autem sepius Dagul||fus abba pro sceleribus

---

1. *Corr.* auxilium. — 2. *Corr.* pacato. — 3. *Corr.* Necicius. — 4. *Corr.* ince-
dens. — 5. *Corr.* obtestaverat. — 6. *Corr.* civitatibus. — 7. *Corr.* que. —
8. *Corr.* circuiret.

suis argueritur[1], quia furta et homicidia plerumque faciebat,
sed et in adulteriis nimium dissolutum[2] erat, quodam tempore uxorem vicini sui concupiscens[3], miscebatur cum ea.
Requirens occasiones diversas, qualiter virum adulterę, qui
in terra huius monasterii conmanebat, deberet oppremere[4],
ad extremum contestatus est ci, dicens quod, si ad uxorem
suam accederet, puniretur. Illo quoquę discedente ab hospi-
ciolo suo, hic nocte cum uno clerico veniens, domum mere-
tricis ingreditur. Postquam autem diutissime bibentes ine-
briati sunt, in uno strato locantur. Quibus dormientibus,
adveniens vir illi, accenso stramine[5], elevata bispinne[6]
utrumque peremit. Ideoque documentum sit hec causa clericis, ne contra canonum statuta extraniarum mulierum con-
sorcium pociantur, cum hec et ipsa lex canonica et omnes
scripturę sanctę proibeant, pręter his fęmenis, de quibus
crimen non potest aestimari.

XX. Interim dies placiti advenit, et episcopi ex iusso[7]
regis Guntchramni apud Matiscensim[8] urbem collecti sunt.
Faustianus autem, qui ex iusso Gundovaldi Aquinsi urbi
episcopus ordinatus fuerat, ea condicione removitur, ‖ ut
eum Bertchramnus Orestesque sive Palladius, qui eum
benedixerant, vicibus pascerent centinusque ei aureus annis
singulis ministrarent. Nicccius tamen ex laico, qui prius ab
Chilperico regi[9] pręceptum elicuerat, in ipsa urbe episcopatum adeptus est. Ursicinus Cadurcinsis episcopus excom-
municatur, pro eo quod Gundovaldum excipisse[10] publici
est confessus; accepto huiusmodi placito, ut pęnitenciam
tribus annis agens neque capillum neque barbam tonderit,
vino et carnibus absteniret[11], missas celebrare, clericus
urdinare[12], ęclesiasque et crisma benedicere, eblugias[13] dare
pęnit is non audiret[14]; uti‖litas tamen ęclesię per ejus ordi-

Fol. 234 vᵒ.

Col. 393.

---

1. *Corr.* argueretur. — 2. *Corr.* dissolutus. — 3. *Corr.* concupescens. —
4. *Corr.* opprimere. — 5. *Corr.* ille accensus stramine. — 6. *Corr.* bipinne.
— 7. *Corr.* iussu. — 8. *Corr.* Matiscensem. — 9. *Corr.* rege. — 10. *Corr.*
excepisse publice. — 11. *Corr.* abstineret. — 12. *Corr.* ordinare. — 13. *Corr.*
eblogias. — 14. *Corr.* auderet.

nationem, sicut sollita erat, omnino exquiritur. Extetit[1]
enim in hac sinodo quidam ex episcopis, qui dicebat
mulierem hominem non posse vocitare. Sed tamen ab
episcopis racionem accepta quievit, eo quod sacer Veteris
Testamenti liber edoceat, quod in principio, Deus hominem 5
creante, ait : *Masculum et femina creavit eos, vocavitque
nomen eorum Adam*[2], quod est homo terrenus; secutique[3]
vocans mulierem Euva; utrumque enim hominem dixit. Sed
et dominus Iesus Christus ob hoc vocitatur filius hominis,
Fol. 235. quod sit filius virginis, id est || mulieris. Ad quam, cum aquas 10
in vina transferre pararet, ait : *Quid mihi et tibi est mulier?*
et reliqua[4]. Multisque et aliis testimoniis hec causa convicta
quievit. Pretextatus vero Rotomagensis episcopus oracionis,
quas in exsilio positus scalpsit, coram episcopis recitavit.
Que quibusdam quidem placuerunt; a quibusdam vero, quia 15
artem secutus minime fuerat, reprçhindebantur[5]. Stilus
tamen per loca ecclesiasticus et raciouabilis erat. Caedis
enim magna tunc inter famulus Prisci episcopi et Leudo-
ghisili ducis fuit. Priscus tamen episcopus ad coemandam
pacem multum pecuniç obtullit. His etenim diebus Gunt- 20
chramnus rex graviter egrotavit, ita ut potaretur[6] a quibusdam non posse prorsus evadere. Quod, credo, providencia
Dei fuisset[7]. Cogitabat enim multus[8] episcoporum[9] exsilio
detrudere. Theodorus itaque episcopus, ad urbem suam
regressus, favente omni populo, cum laude susceptus est. 25

XXI. Itaque cum hoc sinodum ageretur, Childebertus rex
aput[10] Belsonancum villa que[11] in medio Ardoennensis silvç
sita est, cum suis coniungitur. Ibique Brunechildis regina
Col. 394. pro Ingunde filia, que adhuc in Africa te||nebatur, || omnibus
Fol. 235 v°. prio[ri]bus questa est, sed parum consolacionis emeruit. 30
Tunc contra Bosonem Guntchramnus causa exoritur. Ante
paucus[12] autem dies mortua propinqua uxoris eius sine filiis,

---

1. *Corr.* extitit. — 2. *Corr.* Genes., 5, 2. — 3. *Corr.* sic utique. — 4. Ioan.,
2, 4. — 5. reprçhendebantur. — 6. *Corr.* putaretur. — 7. *Corr.* fecisset. —
8. *Corr.* multos. — 9. *Corr.* episcopos corporum. — 10. *Corr.* apud. — 11. *Corr.*
quç. — 12. *Corr.* paucos.

in basilicam urbis Metinsis[1] sepulta est cum grandibus
ornamentis et multo auro. Factum est autem, ut post dies
paucus[2] adesset festivitas beati Remedii, quę in initio
mensis octavi cęlebratur. Discendentibus[3] autem multis e
5 civitate cum episcopo, et presertim senioris urbis cum duci,
venerunt pueri Bosonis Guntchramni ad basilica, in qua
mulier erat sepulta. Et ingressi, conclusis super se osteis[4],
detexerunt sepulchrum, tollentes omnia urnamenta corpores[5]
defuncti, quę reperire potuerant. Sencientes autem hęc
10 monachi basilica illius venerunt ad ostium; sed ingredi non
sunt permissi. Quod videntes, nonciaverunt[6] hęc episcopo
suo ac duci. Interia[7] pueri, acceptis ribus[8] ascensisque
equitibus, fugire coeperunt. Sed timentes, ne adprehinsi[9]
in via, diversis subegerentur pęnas, regressi sunt ad basi-
15 licam. Posueruntque quidem res super altarium, sed foris
egredi non sunt ausi, clamantes atque dicentes, ‖ quia : Fol. 236.
« A Gunthchramno Bosone trans[mis]si[10] sumus. » Sed cum
ad placitum in villam quam diximus Childeberthus cum proceribus suis convenisset, et Guntchramnus de his interpellatus
20 nullum responsum dedisset, clam aufugit. Ablateque sunt ei
deinceps omnes res, quę in Arverno de fisci munere prome-
ruerat. Set et diversorum res, quas male pervaserat, cum
confusionem reliquid.

XXII. Laban Helosinsis[11] episcopus hoc anno obiit; cui
25 Desiderius ex laico successit. Cum iusiurando enim rex pollicitus fuerat, se numquam ex laicis episcopum ordenaturum;
sed quid pectora humana ‖ non cogat auri sacra famis[12]! Col. 395.
Berthchramnus vero regressus ex sinodo, a febre corripitur;
arcessitumque Waldonem diaconem, qui et ipsi in baptissimo
30 Berthchramnus vocitatus est, summam ei sacerdocii depo-
tat[13] omnesque cond'cionis tam testamenti quam benemeri-
torum suorum ipsi cummittit. Quod discedente, hic spiritum
exalavit. Regressus diaconus, cum muneribus et consensu

---

1. *Corr.* Mettensis — 2. *Corr.* paucos. — 3. *Corr.* discedentibus. — 4. *Corr.*
ostiis. — 5. *Corr.* ornamenta corporis. — 6. *Corr.* nunciaverunt. — 7. *Corr.*
interea. — 8. *Corr.* rebus. — 9. *Corr.* adprehensi. — 10. *Corr.* transmissi. —
11. *Corr.* Helosensis. — 12. Aen, II, 56. — 13. *Corr.* deputat.

civium ad regem properat, set nihil obtenuit. Tunc rex,
data precepcione, iussit Gundegisilum, Sanctonicum comitem, cognomento Dodonem episcopum ordinare ; gestumque
Fol. 236 v°. est ita. Ut quia multi clericorum || Sanctonicorum ante
synodum consentientes Bertchramno in Paladium sacer- 5
dotem suum aliqua adversa conscripserat, quę ei humilitatem
ingererent, post eius obitum adprehinsi a sacerdote, graviter
caesi adque expoliati sunt. Hoc tempore et Wadelenus[1],
nutritur Childeberti regis, obiit, sed in loco eius nullus est
subrogatus, eo quod regina mater curam vellit propriam 10
habere de filio. Quęcumque de fisco meruit, fisci iuribus
sunt relata. Obiit his diebus Bodygisilus dux plenus dierum,
sed nihil de facultate eius filiis minuatum est. In loco Fausti,
Auscensis episcopi, Saius presbiter subrogatur. Post obitum
sancti Salvii hoc anno Desideratus Albiginsibus episcopus 15
datus est.

XXIII. Magnę hoc anno pluviae fuerunt, amnesque in
tantum prevaluerunt, ut plerumque naufragia evenirent.
Ipsique litora excedentes, propinquas segetis[2] ac prata
operientes, graviter eliserunt, fueruntque vernalis aestivique 20
mesuris[3] tam inrigui, ut hiems magis potaretur esse quam
aestas.

XXII [24]. Duae hoc anno insole[4] in mare divinitus incendio concrematę sunt, quę per dies septim cum hominibus 25
Fol. 237. pecoribusqui co[nsu]mptę subvertebantur || Nam qui in mare
confugerent[5] et se in profundo pręcipitabant in ipsa qua
Col. 396. mergebantur aqua || consumebantur gravioriqui supplicio,
qui non confestim emittebant spiritum, uribantur. Redactis-
quę omnibus in favilla, cuncta maris operuit. Ferebant 30
etiam multa signa qua superius nos vidisse octavo mense
narravimus, quasi arde[re] cęlum, ex hu[iu]s[6] incendii splen-
dore fuisse.

---

1. *Corr.* Wandelenus. — 2. *Corr.* segetes. — 3. *Sic, pro* menses. — 4. *Corr.*
insule. — 5. *Corr.* confugerent. — 6. *Corr.* huius.

XXIII [25]. In alia vero insolę, quę est proxima civitate Veneticę, erat stagnum validum piscibusqui refertum, quod in usu in te[1] altitudine conversum est in cruore; ita per dies multus[2] congregata canum atqui avium inęstimabilis multi-
5 tudo, sanguinem hoc lambens, saciata redebat in vesperum.

XXIIII [26]. Toronicis vero atque Pectavis Ennodius dux datus est. Berulius autem qui his civitatibus ante pręfuerat, pro thesauris Sighiberti regis, quos clam abstulerant, cum Arnegysilo socio suspectus habetur. Qui cum hoc ducatum in
10 supradictis urbibus experit[3], a Rauchingo duce facto ingenio, cum satellite allegatur. Nec mora, missi ad domus eorum pueri expilant omnia, multa ibi de proprio, nulla de antedictis thesaures sunt || reperta; que omnia [ad] Childe- Fol. 237 v°.
berthum regem delata sunt. Cumque in hoc res ageretur,
15 ut gladius cervicem deciderent, interventu episcopi obtenta vita laxati sunt, nihil tamen de his quę eis ablata fueraot recipientes.

XXVII. Desiderius vero dux cum aliquibus episcopis et Aridio abbate vel Antestio ad regem Gunthchramno pro-
20 peravit. Sed cum cum rex ęgre vellit accipere, victus precibus sacerdotum, in gracia sua recepit. Tunc ibi Eulalius adfuit, quasi pro coniuge, quę eum exprevęrat et ad Desiderium transierat, causaturus; sed in ridiculo et humilitate redactus, siluit. Desiderius vero remuneratus a rege, cum
25 gracia est reversus.

XXVIII. Igitur, ut sępius diximus, Ingundis a viro cum imperatores exercitu derelicta, dum ad ip||sum principem Col. 397.
cum filio parvolo duceretur, in Africa defuncta est et sepulta. Leuvichildus vero Herminichildum filium suum,
30 quem ante dicta mulier habuit, morti tradedit. Quibus de causis commotus Gunthchramnus rex, exercitum in Spanis distinat, scilicet ut prius Septimaniam, quę adhuc iufra

---

1. *Sic, pro* in unius ulnae altit. — 2. *Corr.* multos. — 3. *Corr.* expetiret.

Galliarum terminum habitur, eius dominacioni subderint,
et sic in antea profeciscerentur. Dum autem hic exercitus
moveretur, indeculum[1] cum nescio quibus hominibus rusticis est repertum. Quem et Gunthchramno regi legendum
miserunt, hoc modo, quasi Leuvichildus ad Fredegundem [5]
scriberit, ut quodcumque ingenio exercitum illuc ire prohi-
berit[2], dicens : « Inimicus nostrus, id est Childebertum et
Fol. 238. matrem eius, velociter interemite || et cum rege Gunthramno
pacem inite, quod premiis multis coemite. Et si vobis minus
est fortassis pecunia, nos clam mittemus, tantum ut que [10]
petimus impleamus. Cum autem de inimicis nostris ulti
fuerimus, tunc Amelio episcopo ac Leube matrone bona
tribuite, per quos missis nostris ad vos accedendi aditus
reseratur. » Leuba enim est socrus Blaudastus ducis.

XXVIIII [40]. Et licet hec ad Gunthramno regem perlata [15]
et nepoti suo Childeberto in notitiam data fuissent, tamen
Fredegundis duos cultrus ferreus fieri precepit, quos etiam
caraxari profundius et venino infici iussit, ut scilicet, si
mortalis adsultus vitalis non dissolverit febras, vel ipsa
venini infeccio vitam possit velocius extorquere. Quos [20]
cultrus duobus clericis cum hec mandata tradedit, dicens :
« Accepite hos gladius et quantocius pergite ad Childebertum regem, adsimilantes vos esse mendicus[3]. Cumque
pedibus eius fueritis strati, quasi stipem postulantes, latera
eius utraque perfodite, ut tandem Brunechildis, que ab [25]
illo adroganciam summit, eo cadente conruat, mihique
subdatur. Quod si tanta est costodia circa puerum, ut acce-
Col. 398. dere nequeatis, vel ipsam interemite inimicam. || Mercis
quoque operis vestri hec erit, ut, si mortui in hoc opere
fueritis, parentibus vestris bonam tribuam, ipsis, que [30]
muneribus ditans, primus in regnum meum constituam.
Interim vos timorem omnem omittite, nec sit trepidacio
mortis in pectore. Noveritis enim, quod cunctus hominis
Fol. 238 v°. hec causa contenit. || Armate viriletate animus et conside-

---

1. *Corr.* indiculum. — 2. *Corr.* prohiberet. — 3. *Corr.* mendicos.

rate sepius fortis virus in bello conruere, unde nunc parentes eorum nobilis effecci, op(ed)ibus inmensis cunctis supereminent cunctisque precellent. » Cumque hec mulier loqueretur, clerice tremere coeperunt, difficile potantes hec, iussa posse conplere. Ad illa dubius cernens, medificatus pocione direxit, quo ire precepit; statimque robor animorum adcrevit, promisseruntque se omnia que preceperat impleturos. Nihil minus vasculum ab hec pocione repletum ipsus levare iubet, dicens : « In die illa, cum hec que precipio facetis, mane, priusquam opus incipiatur, hinc potum summite. Erit vobis magna constantia ad hec peragenda » His ita instructis, demisit eos. Quibus pergentibus ajque at urbem Sessionas accendentibus [1], a Rauchingo.[2] duci capti discussique omnia reserant, et sic in carcere legati [3] sunt. Post dies vero paucus [4] Fredegundis, certa iam, quod fuissent impleta que fuerant imperata, misit puerum inquerere, quid aut rumur populi ferret, aut si aliquem inveniret indicantem, qui dicerit Childebertum iam interemptum fuisse. Egressus igitur puer ab ea, Sessiones urbem venit. Audiens denique hos in carcerem retenire, at ostium adpropinquat; set, cum loqui satellitibus cepisset, et ipsi camptus costodie mancipatur. Tunc omnes simul ad Childebertum regem directi sunt, discussisque veritatem aperiunt, indecantes se ‖ a Fredegunde misus [5] ad cum Fol. 23?. interemendum, dicentes : « Iussa regine suscepimus, ut nus egenus simularemus. Cumque pedibus tuis provoluti aliquid stipendii quererimus, ab his te gladiis transfodere voluemus. Quod si adsultu sig‖niore gladius defixisset, Col. 399. ipsam venenum, quod ferrum erat infectum, animam velociter penetraret. » Hec his dicentibus, diversis supliciis adfecti, truncatis manibus auribusque et narribus, varii[s] sunt mortibus interempti.

XXX. Igitur Guntchramnus rex cummoveri exercitum in Spanis praecepit, dicens : « Prius Septimaniam proven-

---

1. *Corr.* accedentibus. — 2. *Corr.* Rauhingo. — 3. *Corr.* ligati. — 4. *Corr.* paucos. — 5. *Corr.* missus.

ciam dicioni nostrae subdite, quae Galliis est propinqua ;
quia indignum est, ut horrendorum Ghotorum terminus
usque in Galliis sit extensus. » Tunc commoto omni exercitu
regni sui, illud dirigit. Gentes vero, quae ultra Ararem
Rodanumque et Soquanum cummanebant, cum Burguudio- 5
nibus iuncte, Ararica Rhodinitacaque [1] litora tam de fructi-
bus quam de pecoribus valde depopulati sunt. Multa homicidia, incendia praedasque in regione propria facientes,
sed et eclesias denudantes, clericus ipsus [2] cum sacerdotibus ac reliquo populo ad ipsas sacratas Deo aras intere- 10
mentes, usque ad urbem Nemausus processerunt. Similiter
et Byturigi, Sanctonici cum Petrocoricis, Ecolesenensibus
vel reliquarum urbium populum, qui tunc ad antedicti regis
imperio pertenebant, usque ad Carcasonam urbem devicti,
Fol. 239 v°. similia mala gesserunt. || Sed cum ad urbem accessissent, 15
reseratis sponte ab abitatoribus portis, nullo resistente,
ingressi, nescio quo cum Carcasonensibus scandalo cum-
moto, urbem egressi sunt. Tunc Terrenciolus comis quondam urbis Lenuvicine [3], lapide de muro proiecto percussus,
occubuit. Cuius caput truncatum ad vindictam adversa- 20
riorum urbi delatum est. Ex hoc omnes populus timore
preterritus, ad propria regredi destinans, universa reliquid,
que vel per viam coeperat vel que secum adduxerat. Sed
et Gothi per occultas insidias multas de his spoliatis
interemerunt; exim in Tolosanorum manus incedentes, 25
quibus, dum pergerent, multa intullerant mala, spoliati ac
cesi vix propria contingere potuerunt. Hic vero, qui
Col. 400. Ne||mausum adgressi fuerant, devastantes universa regio-
nis, succensis domibus, incensis segitibus, decisis olivitis
viniisque [4] succisis, nihil inclusis nocere potentes, ad alias 30
urbes [5] progressi sunt. Erant enim valde munite et de cybis
ac reliquis necessariis adplene referte, et horum urbana
depopulantes urbisque minus inrumpere valuerunt. Tunc et
Niccius dux cum Arvernis in hec expedicione commotus,
cum reliquis urbis adsedit. Sed cum menus valerit, ad cedrum 35

---

1. *Corr.* Rhodiniticaque. — 2. *Corr.* clericos ipsos. — 3. *Sic, pro* Lemuvi-
cine. — 4. *Corr.* olivetis veneisque. — 5. *Cod.* urb.

quoddam [pervenit]; dataque fidis, sponte inclusi reserantes portas, eos credole tamquam pacificus susciperunt. Ille vero ingressi, postposito sacramento, praesidia cuncta diripiunt, animas in captivitate subdentes. Tunc, accepto consilio, unusquisque || ad propria est regressus. Tantaque Fol. 240. per viam scelera, homicidia, prędas, direpcionis per regionem propriam gesserunt, ut ea usquequaque memorare perlongum sit. Verumtamen quia segetis Provincię igni ab hisdem succensas diximus, fame atquae inaedia pereuntes per viam relinquebantur exanimis, nonnulli in fluminibus dimersi, plerique in sedicionibus arempti sunt. Ferebant enim amplius quam quinque milia in his stragibus fuisse peremptus[1]. Sed non eos qui remanserant coercebat aliorum interitus. Tunc Arverne regionis eclesię, quę vię publicę propinqua fuerunt, a ministeriis denudate sunt, nec fuit terminus male faciendi, nisi cum ad propria singuli pervenerunt. Quibus reversis, magna Guntchramno regem amaritudo cordis obsedit. Duces vero supradicti exercitus ad basilicam sancti Symphoriani martyris expetierunt. Veniente itaque rege ad eius solempnitatem, repraɩ ,entati sunt sub condicione audiencium in postmodum futurę. Post dies vero quatuor coniunctis episcopis necnon et maioribus natu laicorum, duces discutere coepit, dicens : « Qualiter nos hoc tempore victuriam obtenire possumus, quia ea quae patres nostri secuti sunt non costodimus? || ¡Ille vero ęclesias Col. 401. edificantes, in Deum spem omnem ponentes, martyres honorantes, sacerdotes venerantes, victurias obtenuerunt gentesquę adversas, divino obitulante adiutorio, in ense et parma sępius subdederunt. Nos vero non solum Deum non metuemus, verum etiam sacra eius vastamus, || ministrus Fol. 240 v°. interfecimus, ipsa quoque sanctorum pignera in ridiculo discerpimus ac vastamus. Non enim potest obtenire victoria, ubi talia perpetrantur; ideo manus nostre sunt invalide, ensis tepiscit, nec clepius nos, ut erat solitus, defendit ac protegit. Ergo si hoc meae culpę adscribitur, iam ea

---

1. *Corr.* peremptos.

Deus capite meo restituat. Certe si vos regalia iussa con-
tempnetis et ea quae precipio implere differtis, iam debit
securis capiti vestro submergi. Erit enim documentum omni
exercitu, cum unus de prioribus fuerit interfectus. Verumtamen iam experire debemus, quid agi oporteat. Si quis
iusticiam sequi destinat, iam sequatur; si quis contempnit,
iam ulcio publica cervice eius inmineat. Satius est enim,
ut parvi contumaces pereant, quam ira Dei super omnem
regionem dependat innoxiam. » Hec rege dicente, responderunt duces : « Bonitates tuę magnanimetas, rex optime,
enarrare facile non[1] potest; qui timor tibi in Deum sit, qui
amor in ęclesiis, que reverentia in sacerdotibus, que pietas
in pauperibus, quaeve dispensacio in egenis. Set quia omnia,
quae gloria vestra profert, recta veraque esse censentur,
quid faciemus, quod populus omnes in vicio est delapsus,
omnique homine agere quae sunt iniqua delectat? Nullus
regem metuit, nullus ducem, nullus comitem reveritur; et
si fortesis alicui ista displicent, ‖ et ea pro longevitate vitę
vestre emendare conatur, statim sedicio in populo, statim
tumultus exoritur. Et in tantum unusquisque contra ‖ seniorem saeva intencione crassatur, ut vix credat evadere, si tar-
dius silire nequiverit. » Ad haec rex ait : « Si quis sequitur
iusticiam, vivat; si quis legem mandatumque nostrum res-
puit, iam pereat, ne nus[2] diucius hoc blasphemeum prose-
quamur. » Hęc eo dicente, advenit nuncius, dicens :
« Richaredus, filius Leuvechildi, de Spanis egressus, Caput
Arcctis castrum obtenuit et ex pago Tholosano maximam
partem depopulatus est hominesque captivos abduxit. Ugernum Arelatense castrum inrupit resque cunctas cum hominibus abstullit et sic se infra murus[3] Nemausensis urbis
inclusit. » Hęc audiens rex, Leodoghyselum in loco Calom-
niosi cognomento Egelanis ducem dirigens, omhem ci provinciam Arelatensem commisit, costodisque per terminus
super quatuor virorum milia collocavit. Sed et Nececius
Arvernorum dux similiter cum costidibus perraxit et finis
regionis ambiit.

---

1. *Co* no, *corr.* non. — 2. *Corr.* nos. — 3. *Corr.* muros.

XXXI. Dum hęc agerentur, et Fredegundis apud Rotho-
magensem urbem cummoraretur, verba amaritudinis cum
Pretextato pontifice habuit, dicens venturum esse tempus,
quando exsilia, in qua detentus fuerat, reverterit. Et illi :
5 « Ego semper et in exilio et extra exilium episcopus fui,
sum et ero, nam tu non semper regalem potenciam per-
frueres. || Nos ab exisilio[1] proimur, tribuente Deo, in Fol. 241 v°.
regnum ; tu vero ab hoc regno demergeres in abysum.
Rectius enim erat tibi, ut, relecta stulticia atque malicia,
10 iam te ad meliora converteres et ab hac iactancia, quia
semper ferves, abstraheres, ut et tu vitam adipisceres
ęternam[2] et parvolum, quem genuisti, perducere ad legiti-
mam [possis] etatem. » Hęc effatus, cum verba illius mulier
graviter acceperit, se a conspectu eius felle fervens abstraxit.
15 Advenientem [autem] dominicae resurreccionis diae, cum
sa||cerdus ad implenda ęclesiastica officia ad ęclesiam matu- Col. 403.
rius properasset, antefanas iuxta consuetudinem incipere
per ordinem coepit. Cumque inter [p]sallendum formolę
decumberet, crudelis homicida adfuit, qui episcopum super
20 formolam quiescentem, extracto baltei cultro, sub ascella
percutit. Ille vero vocem emitens, ut clerici qui aderant
adjuvarent, null[i]us ope detantes[3] stantibus est adiutus. Ad
ille plenas sanguine manus super altarium extendens, oracionem fundens et Deo gracias agens, in cubiculo suo inter
25 manus fidelium deportatus et in suo lectulo coniocatus est.
Statimque Fredegundis cum Beppoleno duce et Ansoaldo
adfuit, dicens : « Non oportuerat hęc nobis ac reliquae
plebi tuę, o sancte ...erdus, ut ista tuo cultui evenerent.
Sed utinam indecaretur, qui talia ausus est perpetrare, ut
30 digna pro hoc scelere subplicia susteniret. » Sciens autem ||
ea sacerdus[4] hęc dolose proferre, ait : « Et quis hęc fecit, Fol 242.
nisi his qui regis interemit, qui sepius sanguinem innocen-
tem effudit, qui diversa in hoc regno mala commisit ? »
Respondit mulier : « Sunt apud nus[5] peritissimi medici,
35 qui hunc vulnere medire[6] possint. Permitte, ut accedant a[d]

---

1. *Corr.* exsilio. — 2. *Corr.* eternam. — 3. *Corr.* ditantes. — 4. *Corr.* sacerdos. — 5. *Corr.* apud nos. — 6. *Corr.* medere.

te. » Et illi : « Iam, inquid, me Deus praecepit de hoc mundum vocare. Nam tu, qui his sceleribus princeps inventa es, eris maledicta in sçculo, et erit Deus ultur[1] sanguinis mei de capite tuo. » Cum que illa discederit, pontifex, ordinata domo sua, spiritum exalavit. Ad quem sepiliendum Romacharius Constancię urbis episcopus advenit. Magnus tunc omnes Rothomaginsis civis, et praesertim seniores loci illius Francus meror obsedit. Ex quibus unus senior ad Fredegundem veniens, ait : « Multa enim mala in hoc seculo perpetrasti, sed adhuc peius non feceras, quam ut sacerdotem Dei iuberes interfecere. Sit Deus ultur sanguinis innocentes velociter. ‖ Nam et omnes nos eremus[2] inquesitores mali huius, ut tibi diucius non liceat tam crudelia exercere. » Cum autem hęc dicens discederet a conspectu reginę, misit illa qui eum ad convivium provocaret. Quo rennuente, rogat, ut, si convivium eius uti non vellit[3], saltim vel poculum aureat, ne ieiunus a regale domo discedat. Quo expectante[4], accepto poculo, bibit absencium cum vino et melle mixtum, ut mos barbarorum habet; sed hoc [potum] venenum inbutum erat. ‖ Statim autem ut bibat, sensit pectore suo dolorem validum inminere, et quasi se incideretur intrinsecus, exclamavit suis, dicens : « Fugite, o miseri, fugite malum hoc, ne micum[5] pariter pariamini. » Illis quoque non bibentibus abire, hic protinus excecatus, ascensoque aequo, in tercio ab hoc loco stadio cecidit et mortuus est. Post hoc Leoaldus episcopus epistolas per omnes sacerdotes direxit, et accepto consilio, ęclesias Rothomaginsis clausit, ut in his populus solemnia divina non expectaret, donec indignacione cummuni reperiretur huius auctur sceleres. Sed et aliquos adprehindit, quibus supplicio subditos[6] veritatem extorsit, qualiter per consilium Fredegundis hec acta fuerat. Sed et, ea defensante, ulciscere non potuit. Ferebant etiam, ad ipsum percussores venisse, pro eo quod hec inquirere sacaciter distinaret; sed costodia vallatus suorum, nihil ei nocere potue-

<hr>

1. *Corr.* ultor. — 2. *Corr.* nos erimus. — 3. *Corr.* vellet. — 4. *Cod.* expectan, *corr.* expectante. — 5. *Corr.* inimicum. — 6. *Cod.* subdit *cum abb.*

runt. Itaque cum hec at Guntchramnum regem perlata
fuissent, et crimen super mulierem iaceretur, misit tres
episcopus ad filium, qui esse dicetur Chilperici, quem
superius Chlothacharium scripsimus vocitatum, id est Arti-
5 meum Synonicum, Veranum Cavellonensem et Agricium
Trecassinum, ut scilicet cum his, qui parvolum nutriebant,
perquirerent huius sceleres personam et in conspectu eius
exiberent. Quod cum sacerdotes locuti fuissent, responde-
runt seniores : || « Nobis prorsus hec facta displicent, || et Col. 405.
10 magis ac magis ea cupimus ulciscere. Nam non potest fiere[1], Fol. 243.
ut, si quis inter nos culpabilis invenitur, in conspectu regis
vestri deducatur, cum nos possumus nostrorum facinora
regale sanccione conpremere. » Tunc sacerdotes dixerunt :
« Noveritis enim, quia, si persona que hec perpetravit in
15 medio possita non fuerit, rex noster cum exercitu hic
veniens, omnem hanc regionem gladio incendioque vasta-
vit, quia manifestum est, hanc interficisse gladio episcopum,
qui maleficus Francum iussit interemi. » Et his dictis,
discesserunt, nullum racionabilem responsum accipientes,
20 obtestantes omnino, ut numquam in eclesia illa Melancius,
qui prius in loco Pretextato subrogatus fuerat, sacerdotes
fungeretur officium.

XXXII. Multa enim mala hoc tempore gesta sunt. Nam
Domnola, relicta quondam Burguleni, que fuit filia Victuri
25 Redonensis episcopi, quam Nectarius matrimonio copula-
verat, intencione de vineis cum Boboleno, referendario
Fredegundis, habebat. Audiens autem ea in his veneis
advenisse, misit noncius[2] obtestantes, ne ingredi penitus
in hac possessione presumerit. Quod illa dispiciens et res
30 patris sui fuisse proclamans, ingressa est. Tunc ille, com-
mota sedicione, super eam || cum armatis viris inruit. Qu(i)a Fol. 243 v°.
interfecta, vineas vindicavit resque deripuit[3] et tam virus
quam mulieres qui cum ea erant interfecit gladio, nec
remansit ex his, nisi qui fuga lapi[4] potuit.

---

1. *Corr.* fieri. — 2. *Corr.* nuncios. — 3. *Corr.* diripuit. — 4. *Corr.* labi.

XXXIII. Extetit igitur in his diebus aput[1] urbem Parisiacam mu||lier, que dicerit[2] incolis : « Fugite, o ! ab urbe et scitote eam incendio concremandam. » Que cum a multis inrideretur, quod hec aut sorcium praesagio dicerit aut qualiqua somniasset aut certe demonii meridiani hec instinctu proferret, respondit : « Nequaquam est ita, ut dicitis, nam in veritate loquor, quia vidi per somnium ad basilica sancti Vincenti veniente virum inluminatum, tenente manum caereum et domus necutiantum[3] ex ordine succendentem. » Denique post terciam noctem, quod hec mulier est effacta, inchoante crepuscolo, quidam e civibus, accensu[4] lumine, in prumptuario est ingressus, adsumptoque oleo hac ceteris que necessaria erant, abscessit, lumine secus cupella olei derelicto. Erat enim domus hec prima secus portam, que ad mediam diem pandit egressum. Ex quo lumine adprehensa domus incendio concrematur, de qua et alia adpraehendi ceperunt. || Tunc cruente igne super vinctus carceres, aparuit eis beatus Germanus, et cumminuens trabem atque catenis, quibus vincti tenebantur, reserato carceres osteo, vinctus habire permisit incolomis. Ille vero egressi, se ad basilicam sancti Vincenti, in qua sepulchrum habetur beati antestitis, contulerunt. Igitur cum per totam civitatem huc adque illuc flante vento flamma feritur, totisque viribus regnaret incendium, adpropinquare ad aliam portam coepit, in qua beati Martini oraturium habebatur, qui ob hoc aliquando factum fuerat, eo quod ibi lepram maculosi homines osculo depulisset. Vir autem, qui eum intextis vircultis in sublime construxerat, confisus in || Domino nec debeat in[5] Martini virtute diffisus, se resque suas infra eius parietis ambiit, dicens : « Credo enim, et fides mea est, quo drepellat ab hoc loco incendium, qui sepius incendiis imperavit et in hoc loco leprosi hominis cutem, osculum medente, purgavit. » Adpropinquante enim illuc incendium, ferebantur valedi globi flammarum, qui percucientes parietem oraturii, protenus tepiscebant. Clamabat

Col. 406.   Fol. 244.   Col. 407.

---

1. *Corr.* apud. — 2. *Corr.* dicerte. — 3. *Corr.* necuciantium. — 4. *Corr.* accenso. — 5. *Sic, pro* de beati.

autem populus, viro ac mulierum : « Fugite, miseri, ut
evadere possetis. Ecce iam igneum pondus super vos diruit,
ecce favelle incendii cum carbonibus tamquam validus imber
ad vos usque distenditur. Egrediemini ab oraturio, ‖ ne Fol. 244 v°.
5 cum eodem incendio concremimini. » Ad illi oracionem
fundentes, numquam ab his vocibus movebantur. Sed nec
mulier se umquam a fenestra, per quam interdum flamma
ingrediebantur, amovet, que erat spe firmissima de virtute
beati antestitis premunita. Tantaque fuit virtus beati ponti-
10 ficis, ut non solum hoc oraturium cum alumni proprii
domo salvaret, verum etiam nec aliis domibus, qui in
circuiti erant, nocere flammas dominantibus permississet.
Ibique cecidit incendium, quod ab una parte pontes ceperat
desevire. Ab alia vero parte tam valide cuncta conflagravit,
15 ut amnis finem inponerit. Verumtamen eclesia cum domibus
suis non sunt aduste. Agebat enim, hac urbem quasi consecratam fuisse antiquitus, ut non ibi incendium prevaleret,
non serpens, non glerus aparuisset. Nuber autem, cum cuni-
culum pontis emundaretur, et coenum, de qua repletum
20 fuerat, auferetur, serpentem cleremque aereum repe(re)re-
runt. Quibus ablatis, et cleres ibi deinceps extra numero
et serpentes aparue runt, et postea incendia perferre coepit.

XXXIIII. Et quia princeps tenebrarum mille habit artes
nocendi, quid de reclausis a Deo devotis nuper gestum
25 fuerit, ‖ pandam. Vennocus Britto presbiterii honore pre- Fol. 245.
ditus, cui in alio libro meminimus, tante se abstinencie dedi-
cavit, ut indumentum de pellibus tantum uteritur, cybum
de erbis agrestibus incoctis sumerit, vinum vero tantum
vas ad hos poneret, quod magis potaretur libare osculo quam
30 aurire. Sed cum eidem ‖ devotorum largitas frequenter Col. 408.
exiberet vasa ho plena licore, dedicit, quod peius est, extra
modum aurire et in tantum dissolvi pocione, ut plerumque
ebrius cerneretur. Unde factum est, ut, invalescente temu-
lencia, tempore procedente, a demonio correptus, per iner-
35 ciam vexaretur, in tantum ut, accepto cultro, vel quodcumque
genus tele sive lapidem aut fustem potuisset arepere, post

homines insano furore discurrerit. Unde necessitas exigit, ut catenis vinctus costodiretur in cella. In hoc quoque damnacione per duorum annorum spacia debachans, spiritum exalavit. Alius quoque Anatholius Burdegalensis puer, ad feř, annorum duodecem, cum esset famulus cuiusdam neguciatores, petiit sibi ad reclausionem || licencia tribui. Sed, resistente diu domino, potans eum in hoc tepiscere adque implere non posse in hac etate quod nitebatur adpete[re], tandem victus precibus famoli, facultatem tribuit, ut id quod fagitabant impleret. Erat autem ibi cripta ab antiquis transvolutum eleganteque opere exposita, in cuius angulo erat cellula parva de quadratis lapidibus clasa, in qua vix unus stans homo recipe possit. In hac cellola puer ingreditur, in hac per octo aut eo amplius annus commoratus, tenui cybo potuque contentus, vigiliis oracionibusque vagabat. Post hec pavorem validum perpessus, clamare cepit intrinsecus se torqueri. Unde factum est, ut, adiuvante ei, ut credo, diabolici partis milicia, amotis quadris quibus conclusis tenebatur, eliderit parietem in terram, conlidens palmas et clamans se a sanctis Dei peruri. Cumque diutissime in hac insania teneretur et sancti Martini si prius confiteretur nomina, ac dicerit, se pocius ab eo quam a sanctis aliis cruciare, Thoronus adducetur. Sed malus episcopus, credo, ob virtutem adque magnitudinem sancti conpressus, nequaquam hominem mutelavit. Nam in loco ipso per anni circulum || degens, cum nihil malæ pateretur, regressus est, sed rursus que caruerat incurrit.

XXXV. Legati de Spaniis regem Guntchramnum venerunt cum multis muneribus, pacem petentes, sed nihil certi accipiunt in responsis. Nam anno || preterito, cum exercitus Septemaniam debellasset, navis, que de Galleis in Galliciam abierant, ex iusso Leuvieldi regis vastate sunt, res ablate, hominis cesi atque interfecti, nunnulli[1] captivi abducti sunt. Ex quibus pauci quodadmodo scafis erepti, patrie que acta fuerant nonciaverunt.

---

1. *Corr.* nonnulli.

XXXVI. Igitur apud Childebertum regem Magnoaldus causis occultis ex iusso regis interfecitur hoc modo. Stante infra Metensis urbis palacium regem et ludum expectante, qualiter animal caterva canum circumdatum fatigabatur, Magnoaldus arcersitur. Quo veniente et nesciente que orta erant, cum reliquis dissoluti riso, prospicere pecutem cepit. Ad his cui iussum fuerat, cum viderit eum expectaculum intentum, librata secure caput eius inlisit. Qui cecidit et mortuus est, ac per fenestram domus proiectus, a suis sepultus est; resque eius protinus direptę, ęrario publico, in quantum repertum est, sunt inlate. Autumabant tamen quidam, eo quod post mortem fratres diversis plagis coniugem || affectam interfecissit et uxorem fratres adscessit toro, exte- Fol. 246 v°. tisse causam, qua interemefit.

XXXVII. Post hec Childęberto rege filius natus est, qui a Magneroco Treverorum episcopo de sacro fonte susceptus, Theo[de]bertus est vocitatus. De quo tantum gaudium Guntchramnus rex habuit, ut statim legatus dirigens, multę munera transmitterit, dicens : « Per hunc enim Deus eregere Francorum regnum propria magestates suę pietati dignabitur, si hunc pater aut ipsi viverit patri. »

XXXVIII. Anno denique XI regni Childeberti regis legati iterum de Spanis venerunt, pacem petentes, sed nihil certi obtenentes, regressi sunt. Richaredus autem, filius Leuvichilde, usque Narbo||nam venit et infra terminum Galliarum Col. 410. predas egit et clam regressus est.

XXXVIIII. Eo anno multi episcoporum opierunt[1]. Bategiselus[2] vero Cenomanorum episcopus, vir valde sevus in populo, auferens sive deripuens iniuste res diversorum. Ad cuius animum acervum adque inmitem coniux accesserat sevior, quę illum in cummittendis[3] sceleribus nequissimus consilii stimolis[4] perurguebat. Nec pręteribat dies aut

---

1. *Corr.* obierunt. — 2. *Corr.* Badegisilus. — 3. *Corr.* committendis. — 4. *Corr.* stimulis.

Fol. 247. momentum ullum, in quo non aut in spoliis civium ‖ aut in diversis altercacionibus grassaretur. Cotidie autem cum iudicibus causas discutere, milicias seculares exercere, sevire in alius, alius cędibus agere non cessabat, manibus etiam propriis verberare, proterire multus ac dicere : « Non ideo, [5] quia clericus factus sum, et ultur iniuriarum mearum non ero ? » Sed quid dicam de ceteres[1], cum nec ipsis quoque germanis parcerit[2], sed ipsus[3] magis expoliaverit ? Cum quo nunquam iusticiam de rebus paternis maternisvę adsequi potuerunt. Quinto autem anno episcopatus sui expleto, cum [10] iam sextum ingrediens aepulum civibus cum inmensa lęticia praeparasset, a febre correptus, annum quem coeperat protinus, morte inminente, finivit. In cuius loco Berthramnus Parisiacus archidiaconus subrogatus est. Qui multis altercacionibus cum relicta illius defuncti habuisse probatur, eo [15] quod res, que tempore Badegisili episcopi ęclesię datę fuerant, tamquam proprias retenebat, dicens : « Milicia hec fuit viri mei. » Et licet invita, tamen cuncta restituit. Erat enim ineffabili milicia[4]. Nam sepius viris omnia pudenda cum ipsis ventris pellibus incidit, feminis secriciora[5] corpores loca lamminis candentibus perussit et multa alia iniqui [20]

Fol. 247 v°. Col. 411. gessit, que tacere melius potavi. Obiit ‖ et Sabaudus Arelatensis episcopus; in cuius loco ‖ Liccrius regis Gunchramni[6] refrendarius est adscitus. Gravis tunc Provinciam ipsam lues debellata est. Obiit et Euvantius Viennensis episcopus; in cuius sede Virus presbiter de senatoribus, rege [25] elegente[7], substituetur. Multique eo anno sacerdotum ex hoc mundo migrati sunt, quod preterire volui, eo quod unusquisque in urbe sua sui reliquerit monomenta[8].

XL. Fuit autem et in orbe Thoronica Pelegius quidam, in omni malicia exercitatus, nullum iudicem metuens, pro [30] eo quod iumentorum fiscalium costodis sub eius potestate consisterent. Ob hoc furta, superventa, pervassionis, cędis

---

1. *Corr.* ceteris. — 2. *Corr.* parceret. — 3. *Corr.* ipsos. — 4. *Sic, pro* malicia. — 5. *Corr.* secreciora. — 6. *Corr.* Guntchramni. — 7. *Corr.* eligente. — 8. *Corr.* monimenta.

deversaque scelera tam in fluminibus quam in terris agere
non cessabat. Nam plerumque arcersitum et minactibus
lenibusque verbis, ut ab hac malicia desisterit, proibere
volui; sed magis odia, quam aliquod fructum iusticię ab eo
5 recepe [1] iuxta illud Salamoneacę sapiencię proverbium [2] :
Argue stultum, adiciet odire te. Nam tantum in me odium
miser habebat, cęsisque homibus [3] sanctę ęclesię, exanimis
reliqueret [4], causasque, qualiter ęclesię vel basilicę sancti
Martini damna intenderit, inquirens. Unde factum est, ut
quadam vice venientibus hominibus nostris atque ethym-
10 num in vasis deferentibus cęderit, ipsaque vasa dereperit [5].
Quod factum cum conperissem, eum a commonione [6] sus-
pendi, non quasi ultur iniurie mee, sed ut facillius eum ab
hac insania || redderem emendatum. Ad illi, electis duode- Fol. 248.
cem [7] viris, ut hoc selus periuraret, advenit. Sed cum ego
nullum vellim sacramentum suscipere, conpulsus ab eo vel
15 a civibus nostris, amotis reliquis, ipsius tantum iuramentum
suscipi, iussique eum recipi in commonionem [8]. Erat autem
eo tempore mensis primus. Adveniente autem mense quinto,
quo prata secare solent, pratum sanctimunialium, qui terminum prati sui adherebat, pervadit. In quo statim ut falcem
20 misit, febre correptus, die tercio spiritum exalavit. Depo-
suerat enim sibi sepulchrum in basilicam sancti Martini vici
Condaten||sis, quod detectum, sui effractu in frustra reppe- Col. 412.
rierunt. Sic postea in porticum ipsius basilicę est sepultus.
Vasa quoque ethyni, qua periuraverat, post obitum illius
25 ab eius prumptuario sunt delata. Manifesta est autem virtus
beatę Marię, in cuius basilicam miser sacramentum protullit
mendax.

XLI. Cum autem per totam [terram] sonus illi percurrerit,
Pretextatum episcopum a(?) Fredegunde fuisse interfectum,
30 illa quoque, quo facilius detergeretur a crimine, adprehinsum
puerum cędi iussit, vehementer dicens : « Tu hoc blasphe-

---

1. *Corr.* recipe. — 2. *Prov.* 9, 8. — 3. *Corr.* hominibus. — 4. *Corr.* relinqueret. — 5. *Corr.* direperit. — 6. *Corr.* communione. — 7. *Corr.* duodecim.
— 8. *Corr.* communionem.

mium super me intulisti, ut Pretextatum urbis Rothomaginsis[1] episcopum gladio adpeteris. » Tradedit[2] eum nepote
ipsius sacerdotis, et cum eo in supplicio posuisset, omnem
rem evidenter aperuit dixitque : « A regina enim Fredegunde centum soledus accepi, ut hoc facerem, a Melantio 5
vero episcopo quinquaginta et ab archediacono[3] civitates
Fol. 248 v°. alius quinquaginta ; || insuper et promissum abuit, ut inie-
nuus fierim, sicot et uxor mea. » In ac voce illius evaginatum
homo illi gladium predictum reum in frustra concedit[4]. Fredegundis vero Melancium, quem prius episcopum posuerat, 10
ęclesię instituet.

[XLII.] Per quam cum Beppolenus dux valde fatigaretur,
nec juxta personam suam ei honor debetus inpenderetur,
caernen[s se] dispici, ad Guntthramno regem habiit. A quo
accepta potestate ducatus super civitates illas, que ad 15
Chlotharium, Chilperici regis filium, pertenebant, cum
magna potencia pergit, sed a Rhedonicis non est receptus.
Andegavos vero veniens, multa mala ibi gessit, ita ut anonas,
fenum, vinum, vel quidquid reperire potuisset in domibus
civium ad quas accesserat, nec expectatis clavibus, disruptis 20
osteis, devastaret ; multusque de habitatoribus loci cedibus
adfecit protivitque ; Domigisilo quoque mecum[5] intulit, set
pacificatus est cum eo. Accedens autem ad urbem, dum
epularetur cum diversis in tristico, subito effractum pul-
Col. 413. pitum domus, vix semivivos evasit, multis || debilitates ; in 25
eisdem tamen malis perdurans, que prius gesserat. Multa
tunc et Fredegundis in regno filii sui de rebus eius evertit.
Ipse quoque ad Rhethonicus rediens et eis regi Gunt-
Fol. 249. chramno || subdere cupiens, filium suum in hoc loco rel[i]-
quid. Qui non multum intercedente tempus, inruentibus 30
Rhedonicis, interemptus est cum multis honoratis viris.
Hoc anno multa signa aparuerunt ; nam mense septimo
arbores ulsi[6] sunt floruisse, sed et multe, que prius poma

---

habuerunt, nova dederunt, que usque natalis dominici tempore in ipsis arboribus habitę sunt. Fulgur[1] per cęlum in modum serpentes cucurresse visus est.

[XLIII.] Anno quoque duodecimo Childeberti regis, Niccius Arvernis rectur Massiliensis provincię vel reliquarum urbium, que in illis partibus ad regnum regis ipsius pertinebant, est ordinatus. Antestius vero in Andecavo a rege Guntchramno dirigetur, multus ibidem damnis adfligens eos, qui in morte Domnolę, uxores Nectarii, mixti fuerunt. Resque Boboleni, eo quod fuerit huius caput sceleris, in fisco redactis, Namnetas accessit ac lacessire Nonnitium episcopum coepit, dicens : « Quia filius tuus in hoc facinus est admixtus, ut dignas pro cummissas suis poenas luat, meritum exiit. Sed puer consciencię acusante territus, ad Chlotharium, filium Chilperici, aufugiat. Antestius vero, acceptis fideiussoribus ab episcopo, ut in presencia regis adesset, Santonas venit. Sonus autem his diebus exierat, quod Fredegundis occultus in Spanis nuncius dirigerit, ‖ eiusdemque a Paladio urbis Santonicę episcopo clam susceptus et inantea transmisus fuisse. Erant autem eo tempore dies quadraginsimę sanctę, et episcopus in insola ‖ maris oracionis causa secesserat. Se(d)cundum consuetudinem autem, dum ad dominicę cęnę festę ad ęclesiam suam, populo expectante, rediret, ab Antestio in via vallatur. Qui, nec discussa rei veritatem, dicebat : « Non ingredires urbem, set exilio condemnaberis, quia suscepisti nuncius inimicę domini nostri regis. » Ad ille : « Nescio, ait, quid loqueris. Tamen quia dies sancti imminent, accedamus ad urbem, decursisque solemnitatum sanctarum festis, postea quecumque volueris obpone, racionem a me accipies; quia quod reputas nihil est. » Ad illi : « Nequaquam, inquid, set non adtingis limina ęclesię tuę, quia infidelis aparuisti domino nostro regi[2]. » Quid plura? Teneretur in via episcopus, domus ęclesię discribitur. Cuius cum homini

Fol. 249 v°.

Col. 414.

---

1. *Corr.* fulgor. — 2. *Corr.* rege.

obtenere non quiunt, ut saltim vel celebrata solemnitate
paschali discuciatur. Hisque supplicantibus et illo rennuente,
tandem patefecit nullusque latebat in pectore. « Si, inquid,
domum, quam infra terreturii[1] Biturigi termino habere dinus-
citur, [mea] dicione, facta vindicione, subdederit, que flagi-   5
(li)tatis facio ; alioquin non effugiat[2] manus meas, nisi trada-
tur exilio. » Metuit negare episcopus ; scripsit subscripsit ||

Fol. 250. que ac tradedit agrum ; et sic, datis fideiussoribus de presencia sua ante regem, in civitate ingredi permissus est.
Transactis igitur diebus sanctis, ad regem pergit. Adfuit et   10
Antestius, set nihil de his que opponebat episcopo potuit
adprobare. Episcopus autem ad urbem redire iubetur et
usque ad sinodum futurum dilatatur, si forte aliqua de his
que oponebantur evedentius possent agnusci. Adfuit et
Noncius[3] episcopus, qui, datis multis muneribus, abscessit.   15

Col. 415.   [XLIIII.] Fredegundis vero qua||si ex nomine filii sui lega-
tus ad Guntchramnum regem dirigit. Qui, reserata peticione,
accepto responso, valedicentes abscedunt ; sed, nescio quibus
causis, paulolum aput metatum suum remorati sunt. Mane
autem facto, procedente regi ad matutinis ac precunte cereo,   20
visus est homo quasi ebreus[4] in angulo oratorio dormitare,
accentus gladio, cuius asta pariete sustentabatur. Hoc viso,
rex exclamavit, dicens, non esse sempliciter, hominem sub
hoc horrore noctis tali in loco quiescere. Oppressus autem
et lores revinctus, interrogabatur, quid sibi hec vellint, que   25
ageret. Nec mora suplicio subdit[us, dicit se a legat]is qui
advenerant, emissum fuisse, ut rex deberet interfici. Denique
adprehinsi legati Fredegundis, nihil [de his] que interrogati
sunt confitentur, dicentes : « Nos nihil ad aliud missus, nisi

Fol. 250 v°. legacionem, quam sugessimus, deferemus. » || Tunc homi-
nem illum deversis plagis adfectum et carcere mancipatum,   30
legatus per diversa loca exilio condempnare precepit. Manifestissimi enim patuit, sub hoc loco a Fredegunde fuisse
directus, ut regem interficere deberent, quod misericordia
Domini non permisit. Inter quos Baddo senior habebatur.

---

1. *Corr.* territurii. — 2. *Corr.* effugiet. — 3. *Sic, pro* Nonnichius. — 4. *Corr.*
ebrius.

[XLV.] Cum autem legati de Hispaniis crebro ad regem Guntchramno venerent et nullius pacis graciam obtenire potuissent, sed magis inimicicia pulularet, rex Guntchramnus Abegensem [1] urbem nepoti suo Childebertho reddedit. Quod cernens Desiderius dux, qui maxime in eiusdem urbis terreturio meliora facultate suae con||diderat, Col. 416. timens, ne ultio expeteretur ab eo propter antiquam inimiciciam, quod aliquando in eadem civitatem exercitum glorie suę [2] memorię Sigiberthi reges graviter adfecisset, cum Tetradia uxorem suam, quam Elalio [3] nunc Arverno comite abstullerat, in termino Tholosano cum rebus omnibus transiens, exercitum cummovit et contra Gothus [4] abire disponit, divisis prius, ut ferunt, rebus inter filius et coniugem. Adsumptoque secum Austroaldo comite, Carcasonam petit. Preparaverant enim se, hoc audito, urbis illius civis, quasi resistere volentes; audierant autem de his prius. Denique, inito bello, fugire Gothi coeperunt, et Desiderius cum Austrovaldo a tergo cedere hostem. Illis quoquę fugientibus, hic cum paucis ad urbem accessit. Lassati enim fuerant || equitis sociorum. Tunc ad portam urbis accedens, valatur Fol. 251. a civibus, qui infra murus erant, interfectus est cum his omnibus, qui eum fuerant prosecuti, ita ut vix pauci exinde quodadmodo evaderent, qui rem, ut gesta fuerat, nonciarent. Austrovaldus vero audiens Desiderium mortuum, de qua [5] regressus, ad regem perrexit; qui mox in eius locum dux statuitur.

[XLVI.] Post hec Leuvighildus rex Hispanorum egrotare coepit, sed, ut quidam adserunt, penitenciam pro errore heretico agens et obtestans, ne huic heresi quisquam rcpperiretur consentaneus, in legem catholicam transiit, ac per septem dies in fletu perdurans pro his que contra Deum molitus est, spiritum exalavit. Regna[vit]que Richaredus, filius eius, pro eo. ||

Fol. 251 v·
vacat.

---

1. *Corr.* Albegensem. — 2. *Sic, pro* gloriose. — 3. *Corr.* Eulalio. — 4. *Corr.* Gothos. — 5. *Sic, pro* via.

Fol. 252.
C. 417-418.

INCIPIUNT CAPITULA LIBER VIIII.

I. De Richaredo et legatis eius.

II. De obito[1] beatae Radegunde.

III. De eo, qui cum[2] cultro ad Gunthchramni[3] rege venit.

IIII. Quod Childeberto alius natus est filius.

V. De prodigiis.

VI. De seductoribus et ariolis.

VI [VII]. De remucione[4] Ennodi et de Wasconibus.

VII [VIII]. De presencia Gunthchramni Bosonis.

VIII [VIIII]. De interitu Ursonis Raucingi.

Fol. 252 v°. VIIII [X]. De interitu Gunthchramni Bosonis.

XI. Quid re regis[5] viderunt.

XII. De interitu Ursonis ae[6] Bertefledc.

XIII. De Baddone, qui in legacione[7] habiens, retentus et post duo dimissus est; et de morbo deniticori[8].

XIIII. De pace Egidi episcopi et Lupi ducis.

XV. De legacione ipsius ad reges nostros.

XVI. De conversione Richarede.

XVII. De exiguctate[9] anni uius.

XVIII. De Brittanis et opitu Namati episcopi.

XVIIII. De interitu Sichari civis Toronici. ||

XX. De eo quod Gunthchramno rege in legacione[10] pro costodienda[11] pace direxit.

XXI. De elimosinis et bonitates ipsius regis.

---

1. *Corr.* obitu. — 2. *Add.* cum. — 3. *Corr.* Guntchramno. — 4. *Corr.* remocione. — 5. *Corr.* reges. — 6. *Corr.* et. — 7. *Corr.* legatione. — 8. *Sic, pro* desenterico. — 9. *Corr.* exiguitate. — 10. *Corr.* legatione. — 11. *Corr.* custodienda.

---

1. *Corr.* successore. — 2. *Sic, pro* speciebus. — 3. *Corr.* quas. — 4. *Corr.* inimicitia. — 5. *Corr.* inimicitiis. — 6. *Corr.* Theodobertum. — 7. suum erasum. — 8. *Sic, pro* Sessonas. — 9. *Sic, pro* reginam agere. — 10. *Corr.* monastirio. — 11. *Sic, pro* fomite. — 12. *Corr.* nece.

XLII. Exemplare[1] epis-
tulę, quam sanc-
ta Ratgundis
episcopis di-
rexit.
XLIII. Quod Teodoaldus

presbiter ad oc
scandalum miti-
gando venit.
XLIIII. De temperi[2] anni
presentis.   5

---

1. *Corr.* exemplar. — 2. *Corr.* temporibus.

EXPLICIT.

IN CHRISTI NOMINE INCIPIT LIBER VIIII. IN ANNO XII. CHILDEBERTI REGES.

I. Igitur posmortem[1] Leuvigilde Hispaniorum regis Richa- Col. 419.
redus, filius eius, fedus iniit cum Gesintha, relicta patris
sui, eamque ut matrem suscepit. Hec enim erat mater Bru-
nechildis regine, matris Childeberti || iunioris[2]. Richaredus Fol. 253 vᵃ.
vero [de alia uxore erat filius] Leuivigildi. Denique, cum
nouerca habitu consilio, legatus[3] ad Gunthramno rege
adque ad Childebertum dirigit, dicens : « Pacem habete
nobiscum, et ineamus[4] foedus, ut adiutus presidio vestro,
cum necessitas poposcerit, simele[5] nus condicione, interce-
dentae caritate, muniamus. » Venientes vero legati, qui ad
Guntchramnum regem directi erant, aput[6] Matascense
opidum[7] iusserunt resedere, ibique transmissus[8] [viris], rex
causas cognovit, sed recepere[9] noluit verba eorum. Unde
tales[10] postmodum inter eos inimicia pollulavit, || ut a civi- Col. 420.
tates Septemanie nullom[11] de regno eius transire permitte-
rent. Hi[12] vero qui ad Childebertum regem venerunt cum
caritatem recepti sunt, datisque muneribus, accepta pace,
cum muneribus sunt regressi.

II. Eo anno beatissima Radegundis ab oc[13] mundo migravit. Que magnum planctum in monasterio, quem consti-
tuerat, dereliquid. Fuitque[14] et ego presens ad eam sepilien-
dam. Obiit autem mense sexto, tertia decima die minsis,
sepulta post triduum. Quem autem ibi ipsa die virtutes ||
apparuerunt, vel qualiter fuerit funerata, in libro Miracu- Fol. 254.
lorum plenius scribere statui.

---

1. *Corr.* post mortem. — 2. *Corr.* junioris. — 3. *Corr.* legatos. — 4. *Corr.*
iniamus. — 5. *Corr.* simile. — 6. *Corr.* apud. — 7. *Corr.* oppidum. — 8. *Corr.*
transmissis. — 9. *Corr.* recipere. — 10. *Corr.* talis. — 11. *Corr.* nullum. —
12. *Corr.* hii. — 13. *Corr.* hoc. — 14. *Corr.* Fuique.

III. Interia [1] advenit festivitas sancti Marcelli, que aput [2] urbem Cavelonnensem [3] mense septimo celebratur, et Guntchramnus rex adfuit. Verum ubi, peracta solemnia, ad sacrosanctum altarium cummunicandi gracia accessisset, Col. 421. venet [4] quidem quasi aliquid sugesturus. Qui dum prope‖rat contra regem, cultrum ei de manu‵ delabitur; adprchensumque repente, alium cultrum evaginatum in manu eius repperierunt. Nec morę, ductus a basilica sancti, vinctus et turmentes [5] addictus, confitetur se emissus ad interficiendum regem, dicens : « Sic enim tractavit, qui me misit. » Quia cognovit rex multorum in se odia adgregata, et suspectus, ne percuciatur, omnino se a suis valari precepit; nec reperitur aditus, qualiter ad eum cum gladiis possimus [6] accedere nisi in eclesiam [7], in qua securus et nihil metuens stare denuscitur, verberitur [8]. Sed et his de quibus locutus Fol. 254 v°. fuit adprehinsis, multis ‖ interemptis, hunc verberatum plagis demisit vivum, quia nefas potavit [9], si his qui ab ecclesię ductus fuerat truncaretur.

IIII. Eo anno Childeberti [10] rege alius fi[li]us [11] natus est, quem Veranus Cavelonensis episcopus suscipiens a lavacro, Teodorici nomen inposuit. Erat enim eo tempore ipsi [12] pontifex magnis virtutibus prcditus, ita ut plerumque infirmis signum crucis inponens, statim sanitate, tribuenti Domino, restauraret.

V. Prodigia quoque multa dehinc apparuerunt. Nam vasa per domus [13] diversorum signis, nescio quibus, caraxata sunt, quę res nullo umquam modo aut erati potuit aut deleri. Inceptum est autem hoc (pro hoc) prodigium ab urbis Carnotine territurio ; et veniens per Aurilianensem, usque Burdegalensem terminum peraccessit, non pretermittens ullam urbem, quę fuit in medio. In vineis vero, mense octavo,

---

1. *Corr.* interea. — 2. *Corr.* apud. — 3. *Corr.* Cavellonnensem. — 4. *Corr.* venit. — 5. *Corr.* tormentis. — 6. *Corr.* possemus. — 7. *Corr.* ecclesiam. — 8. *Corr.* dinoscitur, verberetur. — 9. *Corr.* putavit. — 10. *Corr.* Childeberto. — 11. *Corr.* filius. — 12. *Corr.* ipse. — 13. *Corr.* domos.

transacta vindimia, palmites novos cum uvis deformatis
aspeximus. In aliis arboribus frondis novi[1] et nova visa
sunt poma. Radii a parte aquilonis apparuerunt. Adserebant nonnulli vidisse se serpentes ex nube delapsos. Alii
5 adfirma||bant, villam cum casis et hominibus subitania[2] Fol. 255.
internicione evanuisse. Et multa alia signa apparuerunt, quę
aut regis obitum adnunciare solent aut regiones excidium[3]. ||
Vindimia ex anno tenuis, aque validiae[4], pluviae inmense, Col. 422.
flumina quoque granditer adausa fuerunt.

10   VI. Fuit eo anno in urbe Toronica Desiderius nomine,
qui se magnum quendam esse dicebat, adserens se multa
facere signa posse. Nam et nuncius[5] inter se adque Petrum
et Paulumque apostolos discurrere iactitabat. Ad quem, quia
presens non eram, rusticitas populi mugituram fluxerat,
15 deferentes secum cecos et debiles, quos non in sanctitate
/s *sanare, sed rore[6] nigromantia ingeni[7] querebat inludere.
Nam hos, qui erant paralitici aut alia[8] inpedite[9] debilitate,
iubebat valide extendi, (a)ut quos virtutis[10] divini largicionis
diregere non poterat, quasi per industriam restauraret. Deni-
20 que adprehindebant[11] pu[e]ri eius manus hominis, alii vero
diversis in partibus, ita ut verni[12] putarentur abrumpi, cum
non sanarentur, demittebant exanimis. Unde factum est, ut
in hoc subplicio multi spiritum exalarent. || [Tantoque miser Fol. 255 v°
elatus erat,] ut iuniorem sibi beatum Martinum esse diceret,
25 se vero apostolis coequaret. Nec mirum, si hic similem se
dicat apostolis, cum ille auctor nequicie, a co[13] ista proce-
dunt, Christum se esse in fine seculi fatetur. Nam de oc
animadversum est, ut superius diximus, error nigromantiae
artes fuisse inbutum ; qui autem[14] adserunt qui eum vide-
30 runt, cum quisque de eo procul et abdite quiquam
locutus fuisset mali, coram populo atstante inproperabat[15],
dicens, quia : « Oc[16] et illod[17] de me efatum[18] es, que

---

1. *Corr.* novis. — 2. *Corr.* subitanea. — 3. *Corr.* excedium. — 4. *Corr.*
validae. — 5. *Corr.* nuncios. — 6. *Corr.* errore. — 7. *Corr.* ingenii. — 8. *Corr.*
aliqua. — 9. *Corr.* inpediti. — 10. *Corr.* virtutes. — 11. *Corr.* adprehende-
bant. — 12. *Sic, pro* nervi. — 13. *Corr.* quo. — 14. *Corr.* quia, ut. — 15. *Corr.*
properabat. — 16. *Corr.* hoc. — 17. *Corr.* illud. — 18. *Corr.* efatus.

sanctitate[1] mee erant indigna. » Et quid aliud nisi non-
ciantibus[2] demoniis cognoscebat? Habebat autem cucul-
lam ac tonicam[3] de pilis cap[r]arum, et in presente quidem
abtinens erat a cibis et potum, clam autem, cum in diversu-
rio venisset, ita inferebat in ore, ut minister non ocurrerit 5
tantum poscenti porregere. Set[4] detecta dolositas eius et
a nostris deprehensa, eiectus [est] extra urbis terminum.
Col. 423. Nec cognovimus deinceps, eo abisset; dicebat || tamen || se
Fol. 256. esse Burdigalensem. Nam et ante os[5] septem annos fuit et
alius walde seductur[6], qui multos decepit dolosetate[7] sua. 10
Hic enim colobio indutus erat, amictus desuper sindonem,
crucem ferens, de qua dependebant ampulle, quas dicebant
oleum sanctum abere. Agebat enim se de Spaniis adventare
et reliquias beatissimorum ma[r]tirum Vincenti levite Feli-
cisque martyres[8] exhibere. Sed cum iam vespere ad basili- 15
cam sancti Martini Thoronis advenisset, et nos convivio
resederemus, mandatum misit, dicens : « Occurri ad reliquiis sanctis. » Cui nos, quia hora iam preterierat, dixe-
mus[9] : « Requiescant beatae reliquie super altarium, donec
mane procedemus[10] ad occursum earum. » Set[11] ihc[12] pri- 20
mum diluculo consurgens, nec expectates nobis, advenit cum
cruce sua et in cellola[13] nostra adfuit. Stupefactus ego et
admirans levitatem, interrogo, quid sibi ec[14] vellent. Respondit qua[15] superbus et inflata voce : « Meliorem, inquid,
occursum nobis exibere debueras. Sed ehe[16] ego in auri- 25
Fol. 256 v°. bus Chilperici reges ingeram; ille || autem ulciscetur dis-
peccionem[17] meam ». Et ingressus in oraturio, me postposito, ipse capitelum[18] unum adque alterum ac tercium dicit;
ipsce oracionem[19] profret et ipse consumat; elevataque
iterum cruce, ibat. Erat enim ei et sermo rusticus et ipsius 30
linguae elatitudine turpis adque obscoena; set[20] nec de eo
sermo racionabiles procedebat. Qui usque Pariseus[21] acces-

---

1. *Corr.* sanctitati. — — 2. *Corr.* nunciantibus. — 3. *Corr.* tunicam. —
4. *Corr.* sed. — 5. *Corr.* hos. — 6. *Corr.* seductor. — 7. *Corr.* dolositate. —
8. *Corr.* martyris. — 9. *Corr.* diximus. — 10. *Corr.* procedimus. — 11. *Corr.*
Sed. — 12. *Corr.* hic. — 13. *Corr.* cellula. — 14. *Corr.* hęc. — 15. *Corr.*
quasi. — 16. *Corr.* hęc. — 17. *Corr* despeccionem. — 18. *Corr.* capitellum.
— 19. *Corr.* orationem. — 20. *Corr.* sed. — 21. *Corr.* Parisius.

sit. His enim diebus rogaciones [1] publice celebrabantur,
que [2] ante sanctum dominice Ascensiones [3] diem agi solent.
Factum est autem, (a)ut, procedente Ragnemodo pontifice
cum populo suo et loca sancta circumeunte, ut et hic cum
5 cruce sua adveniens, inusitato populis exibens indumento,
adiunctis publicanis ac rusticis mulieribus, et iste eorum
suum faciret [4], et quasi cum sua multitudine loca sancta
circuire temptat. Haec cernus [5] episcopus, misit archidiaconum, dicens : « Si reliquias sanctorum exibes, pone eas
10 pauloǀǀlum in basilica et nobiscum celebra dies sanctus [6];
decursa autem solemnitatem [7], profecisceris viam tuam. ».Col. 424.
Ad ille parvi pendens, que ab rachidiaconum [8] dicebantur,
coepit episcopum cumvitiis ac malediccionibus prosequi. ǁ
Sacerdus vero intellegens cum seductorem, iussit eum Fol. 257.
15 includi in cellolam. Perscrutatisque cunctis que abebat [9],
invenit cum e(v)o sacculum magnum plenum de radicibus
diversarum herbarum ; ibique ẹdentes talpẹ et ossa murium
et ungues aque [10] adipes ursinos. Vidensque hẹc maleficia
esse, cuncta iussit in flumine proici; ablataque ei cruce,
20 iussit eum a termino Parisiace urbis excludi. Sed hic iterum,
facta sibi altaera cruce, cepit quẹ prius gesserat exercere ;
captusque ab arcediacono et catenis vinctus, iussus est
costodire [11]. His diebus Parisius adveneram et ad basilicam
beati Iuliani marthiris [12] metatum abebam [13]. Nocte igitur
25 insequente erumpens miser iste de costodia [14], cum ipsis
quibus erat nexus catenis ad antedictam basilicam sancti
Iuliani inproperat adque in pavimento, in loco quo ego
stare eram solitus, ruit ac subore [15] vinoque obpressus
obdormivit. Nos vero ignari facto, media surgentes nocte ad
30 redendas [16] Domino gracias [17], invenimus eum ǁ dormentem. Fol. 257 v°.
De quo tantus splendor [18] egrediebatur, ut omnium cloacarum
adque secessorum fetores fetur [19] ille devinceret. Sed nec nos

---

1. *Corr.* rogationes. — 2. *Corr.* quẹ. — 3. *Corr.* Ascensionis. — 4. *Corr.*
faceret. — 5. *Corr.* cernens. — 6. *Corr.* sanctos. — 7. *Corr.* solemnitate. —
8. *Corr.* archidiaconum. — 9. *Corr.* habebat. — 10. *Corr.* adque. — 11. *Corr.*
custodire. — 12. *Corr.* martyris. — 13. *Corr.* habebam. — 14. *Corr.* custodia.
— 15. *Corr.* sopore. — 16. *Corr.* reddendas. — 17. *Corr.* gracias. — 18. *Sic,*
pro fetor. — 19. *Corr.* fetor.

pre oc [1] fetore in basilicam ingredi no [2] potueramus. Accedens vero unus clericorum, clausis naribus, eum excitare nititur, nec potuit; ita enim erat miser madefactus vino. Tunc quatuor accedentes clerici, levantes eum inter manus, in uno angulo basilice proiecerunt; et exibentes aquas, [5] abluto pavimento, resperso eciam [3] herbolas odorantis, sic egressi sumus explere cursum. Numquam tamen nobis [p]sallentibus potuit excitare, donec, dato terris die, altius solis lampas accenderet. Deinc [4] excusato reddidi sacerdotem. Convenientibus autem episcopis apod [5] urbem Pari- [10]

Col. 425. siacam, dum haec in convivio narra‖vimus, ipsum pro castigaciones gracia adesse precepimus. Quo adstante, elevatis Amelius Beorretane urbis episcopus oculis, cognoscit [6] eum suom [7] esse famulum sibique per fugam dilapsus; et sic excusatum receptum reduxit in patriam. Multi enim sunt, qui [15] ha [8] seducciones exercentes, populum rusticum in errore ‖

Fol. 258. ponere non desistunt, de quibos [9], ut opinor, et Dominus in Euangelio ait [10] consurgere in novissimis temporibus pseodochristus [11] et pseodoprophetas [12], qui antes [13] signa et prodigia, eciam [14] elictus [15] in errore inducant. De is ita [20] sufficiant; nos pocius ad praepositum rediamus [16].

VII. Ennodius cum ducato urbium Toronice atque Pectave minestraret [17], aduc [18] et Vicc Iuliensis adque Benarne urbium principatum haccepit. Sed euntibus comitibus Toronice atque Pectave urbis ad regem Childeberthum, [25] obtenuerunt eum a se movere. Ille vero ubi se remotum de is [19] sensit, ad civitates superius memoratas properat; sed dum in illis commoraretur, mandatum accepit ut se ab eisdem removerit; et sic accepto ocio [20], ad domum suam reversus, privati operis curam gerit. Wasconis [21] vero de [30] muntibus [22] prorumpentes, in plana discendunt [23], vineas

---

1. *Corr.* hoc. — 2. *Corr.* non. — 3. *Corr.* etiam. — 4. *Corr.* dein. — 5. *Corr.* apud. — 6. *Corr.* cognoscet. — 7. *Corr.* suum. — 8. *Corr.* has. — 9. *Corr.* quibus. — 10. *Matth.* 24, 24. — 11. *Corr.* pseudochristos. — 12. *Corr.* pseudoprophetas. — 13. *Corr.* dantes. — 14. *Corr.* etiam. — 15. *Corr.* electos. — 16. *Corr.* redeamus. — 17. *Corr.* ministraret. — 18. *Corr.* adhuc. — 19. *Corr.* his. — 20. *Corr.* otio. — 21. *Corr.* Vascones. — 22. *Corr.* montibus. — 23. *Corr.* descendunt.

agrosque depopulantes, domus [1] tradentes incendio, nonnullus [2] abducentes captivus [3] cum pecoribus. Contra eos [4]
sepius Austrovaldus dux processit, set [5] parwam ulcionem [6]
exegit ab eis. Gothi vero propter superiores anni devasta-
5 cionem [7], ‖ quam in Septimaniam regis Guntharmni exer- Fol. 258 v°.
citus fecit, in Arelatense provinciam proruperunt, egerunt-
que pretas [8] adque captivos abduxerunt usque decimo ab
urbe miliario. Unum etiam castro Ugernum nomine curribus
atque abitatoribus [9] dissolantes, nullo resistenti, regressi
10 sunt.

VIII. Gunthcharmnus vero Boso cum exosus [10] regine
haberetur, coepit per episcopus [11] ac proceris [12] dis‖currere Col. 426.
et veniam sero precare, quam ante dispecxerat [13]. Nam cum
rex Childebertus esset iunior, Brunechildem reginam sepe
15 conviciis atque inproperiis lacessibat; sed iniuriis, quę ei
ab adversariis inferebantur, fautor exteterat. Set [14] et rex ad
ulciscendam iniuriam genetricis iussit eum persequi adque
interfici. Illi [15] vero cum se cerneret positum in disscri-
minę [16], Veredunensem eclesiam [17] petiit, per Agericum
20 prosum episcopum, qui erat reges [18] pater ex lavacro,
veniam inpetrare confidens. Tunc pontifex ad regem properat deprecaturque pro eo; cui rex cum negare nequiret quę
petebat ‖ ait : « Veniad coram nobis, et datis fideiussoribus Fol. 259.
in presentia patrui mei, quicquid illius iuditium decreverit,
25 exequamur. » Tunc adductus ad locum ubi rex morabatur,
nudatus armis ad per manicas tentus, ab episcopo repre-
sentatum rege. Ad cuius provolutus pedes, ait : « Peccavi
tibi a [19] genetrice tuę non oboediendo preceptionibus vestris,
sed agendo contra voluntatem vestram adque utilitatem
30 publicam; nunc autem rogo, ut indulcatus [20] malis meis,
que in vobis gessi. » Rex autem iussit eum elevari ad terra,

---

1. *Corr.* domos. — 2. *Corr.* nonnullos. — 3. *Corr.* captivos. — 4. *Corr.*
quos. — 5. *Corr.* sed. — 6. *Corr.* ultionem. — 7. *Corr.* devastationem. — 8.
Corr. predas. — 9. *Corr.* habitatoribus. — 10. *Corr.* exossus. — 11. *Corr.*
episcopos. — 12. *Corr.* proceres. — 13. *Corr.* dispexerat. — 14. *Corr.* Sed. —
15. *Corr.* Ille. — 16. *Corr.* disciminę. — 17. *Corr.* ecclesiam. — 18. *Corr.*
regis. — 19. *Corr.* ac. — 20. *Corr.* indulcatis.

et posuit in manu episcopi, dicens : « Sit penes te, sanctæ
sacerdus[1], donec in presentia Gunthramni regis adveniat. »
Et iussit eum discidere[2].

VIIII. Post haec Rauchingus cuniunctus[3] cum prioribus
regni Chlotharii, fili[4] Chilperici, cumfregens[5] se quasi trac-   5
turus de pace, ut inter terminum utriusque regni nulla
intencio[6] au[7] dereptio geretur[8], consilium habuerunt, ut,
scilicet interfecto Childeberto rege, Rauchingus cum Theo-
doberto, seniore eius filio, Campaniæ regnum teniret[9],
Ursio vero ac Bertefredus, iuniorem filium nuper genitum,   10
qui Theodericus cognominatur, in se susceptum, excluso
Fol. 259 v°. Gunthramno ‖ rege, relicum retenerat; multa eciam con[10]
Col. 427. Brunehilde regina ‖ frementes, ut eam in contumiliam[11] redi-
gerent, sicut prius fecerant in viduetate[12] sua. Rauchingus
ergo summa elatus potenciam[13], et, ut ita dicam, ad ipsius   15
regales exceptris se iactans gloriam, iter preparat ad Childe-
bertem regem accidendi, ut consilium quod ingeret posset
explere. Sed pietas Domini hæc verba in aures Gunthramni
regis prius inposuit, qui, missis nuntiis clam ad Childe-
bertem[14] regem, omnes ei molitionis has[15] in noticiam posuit,   20
dicens : « Accelera velociter, ut videmur a nobis ; sunt enim
causæ, que agi debeant. » Ad ille diligenter inquirens, que
ei nuntiati[16] fuerant, vereque[17] esse cognuscens[18], arcersire
Rauchingum iussit. Qui cum adfuisset, priusquam eum rex
sue iussi adstare conspetui, datis literis[19] et pueris disti-   25
natis[20] cum evectione publica, qui res eius per loca singula
deberent capere, iussit eum in cubiculum intromiti[21] ; locu-
tusque cum eo alia ex aliis, egredi iterum de cubiculo
iubet. Cumque egredieretur, a duobis ostiarius[22] pedibus ‖
Fol. 260. adprehensus, ruit in gradibus oste[23], ita ut pars corpori   30

---

1. *Corr.* sacerdos. — 2. *Corr.* discedere. — 3. *Corr.* coniunctus. — 4. *Corr.*
filii. — 5. *Corr.* cumfingens. — 6. *Corr.* intentio. — 7. *Corr.* aut. — 8. *Corr.*
gereretur. — 9. *Corr.* teneret. — 10. *Corr.* contra. — 11. *Corr.* contumeliam.
— 12. *Corr.* viduitate. — 13. *Corr.* potentiam. — 14. *Corr.* Childebertum. —
15. *Corr.* militiones. — 16. *Corr.* nuntiata. — 17. *Corr.* veraque. — 18. *Corr.*
cognoscens. — 19. *Corr.* litteris. — 20. *Corr.* destinatis. — 21. *Corr.* intromitti.
— 22. *Corr.* ostiariis. — 23. *Corr.* ostii.

eius esit[1] intrensecus[2], pars vero extrinsecus extende-
retur. Tunc hi[3], qui iussi ad hec explenda parati erant,
cum gladiis super eum ruunt, atque ita minutatim caput eius
conliserunt, ut simile totum crebro potaraetur[4]; statimque
5 mortuos[5] est. Tunc denudatus et per fenestram eiectus,
sepulture mandatus est. Erat autem levis in moribus, ultra
umanum[6] genus cupiditate a[c] facultatibus ingens alienis, et
ex ipsis diviciis walde[7] superbus, in tantum ut iam in ipso
interitus sui tempore Clottarii regis se filium fateretur.
10 Multum tamen cum eo auri repertum est. Quo hic inter-
fectu, protinus unus puerorum eius cursu veloci evolans,
nunciavit[8] coniugi eius que acta erant. Haec vero per plateam Sessionacem civitates[9] comta[10] gra[n]dibus ornamentis ac gemmarum preciositatibus, vel auri fulgere obtecta,
15 ascen||so aequo, precidentibus[11] pueris aliisque sequentibus Col. 428.
ferebatur, adque ad basilicam sancti Crispini Crispiamque[12]
properabat, quasi expectatura || missas. Erat enim eo die Fol. 260 v°
passio marthyrum beatorum. Sed videns nuncium[13], per
aliam plateam gressum retorque[n]s[14], proiectis in terra
20 ornamentis, in basilicam sancti Medardi antistites[15] confugit,
ibique se tutare confessores presidio putans. Pueri vero, qui
missi a rege fuerant ad requirendas res eius, tanta in then-
sauris eius rapperierunt[16], quanta nec in ipso aerarii publice
regis poterant invenire; que[17] totum reges conspectibus
25 praesentarunt. Nam eo die, quo hic interfectus est, erant
cum rege multi Thoronorum atque Pectavorum, de quibus
tale fuit consilium, ut, si malum hoc perficere potuissent,
hos subditus[18] subplicio, dicerent, qua : « Ex vobis fuit qui
regem nostrum interemit; » eosque deversis[19] suppliciis
30 trucidatus, ultoris[20] se mortis regie esse iactarent. Sed Deus
omnipotens consilia eorum, quia iniqua erant, dissipavit,
inplevitque illud, quod scriptum est, quia[21] : *Foveam, quam*

---

1. *Corr.* esset. — 2. *Corr.* intrinsecus. — 3. *Corr.* hii. — 4. *Corr.* puta-
raetur. — 5. *Corr.* mortuus. — 6. *Corr.* humanum. — 7. *Corr.* valde. — 8.
Corr. nuntiav:t. — 9. *Corr.* civitatis. — 10. *Corr.* cumta. — 11. *Corr.* prece-
dentibus. — 12. *Corr.* Crispinianique. — 13. *Corr.* nuntium. — 14. *Corr.* retor-
quens. — 15. *Corr.* antistitis. — 16. *Corr.* repperierunt. — 17. *Corr.* que. —
18. *Corr.* subditos. — 19. *Corr.* diversis. — 20. *Corr.* ultores. — 21. Prov. 26, 27.

fratrem parabis, incedis[1] *in ea.* In loco tamen Rauchingi
Magnovaldus diregitur[2] dux. Iam enim Ursio ‖ atque Bertefredus, certi, quod Rauchigus[3] que conlocuti fuerunt[4]
possit explere, collectu[5] exercitu, veniebant. Sed audientes,
quod scilicit[6] tali fuissit[7] afectus interitus, adaucta adhuc 5
secum multitudinem hominum, que at eos pertinere videbatur, intra castrum Vabrinsem, que ville Ursiones propinquus erat, cum rebus omnibus se muniunt, conscii consilii
sui, tractantes, ut, si rex Childebertus aliquid contra eos
agere voluissit[8], virtute se ab eius exercitu defensarent. 10
Caput enem ehorum[9] et causa malorum Ursio erat. Sed
Brunehildis[10] regina mandatum misit Bertefredo, dicens :
« Disiungere ab omine inimico, et habebis vitam. Alioquin
cum eo interibis. » Filia enim eius ex lavacro regina susciperat[11], et ob hoc ‖ misericordiam de eo habere voluit. Qui 15
ait : « Nisi morte devellar ab eo, numquam a me relin-
quetur. »

X. Dum hec autem agerentur, iterum misit Guntchamnus
rex ad nepotem suum Childebertum, dicens : « More omne
abscidunt ; ‖ veni, ut te videam. Est enim certe necessitatis 20
causa tam pro vite vestre commoda, quam pro utelitatibus[12]
buplicis[13], ut videamus a nobis. » Haec illi[14] audiens, adsumta
matrem cum sorore et coniuge, ad ocursum patrui distinat.
Adfuit autem et Magnericus episcopus Treverice urbis.
Venit eciam[15] Guntchramnus Boso, quem Agericus Vere- 25
dunenses[16] episcopus sua in fide susciperat. Sed pontifex
ille, qui pro eo fidem fecerat, non adfuit, quia convenerat,
ut absque ullius defensione rege presentaretur, scilicit[17] ut
se ipse decerneret eum morte debere, non excusaretur a
sacerdote ; sin autem ille vitam concideret[18], liberaverit. 30
Sed, coniunctis regibus, pro diversis facultatibus culpabiles

---

1. *Corr.* incidis. — 2. *Corr.* dirigitur. — 3. *Corr.* Rauchingus. — 4. *Corr.*
fuerant. — 5. *Corr.* collecta. — 6. *Corr.* scilicet. — 7. *Corr.* fuisset. — 8. *Corr.*
voluisset. — 9. *Corr.* enim eorum. — 10. *Corr.* Brunechildis. — 11. *Corr.*
susceperat. — 12. *Corr.* utilitatibus. — 13. *Corr.* publicis. — 14. *Corr.* ille. —
15. *Corr.* etiam. — 16. *Corr.* Veredunensis. — 17. *Corr.* scilicet. — 18. *Corr.*
concederet.

indicatur; iussum est, ut inter[ficere]tur. Quod cum ille
conperisset, ad mansionem Magnerici convolavit, et clausis
osteis[1], secregatis[2] ab eo clericis vel famulis, ait : « Scito
te, beatissime sacerdus[3], magnum cum regibus honorem
habere. Et nunc ad te confugio, ut evadam. Hecce[4] percussores ad ostium, unde manifeste scias, quod, si ad te
non eruor, interfectu[5] te || egrediar foras et moriar. Mani- Fol. 262.
festissime henim noveris, quia mors aut una nos occupat
aut par vite defensat. O sanctus sacerdus, scio enim te
patrem communem cum rege esse filio eius, et novi quoniam
quecumque petieris ab eo obtenebis; nec negarae omnino
poterit sanctitate[6] tuae quecumque poposceris. Ideoque
aut inpertire veniam, aut moriamor[7] simul. » Hec[8] autem
evaginato egebat[9] gladio. Turbatus auditu[10] episcopus ait :
« Et quid faciam, si hic atenior[11]? Demitte me, ut eam et
deprecer misericordiam regis; et fortassis miserebitur tui. »
Et ille : « Nequaquam, sed transmitte abatis[12] et creditus[13]
tuos, ut hec que loquor exponant. » Verumtamen non hec
rege, ut eran[t], nontiata[14] sunt; sed dixerunt, quod hec ab
episcopo defensaretur. Unde factum est, ut comotis[15] rex ||
diceret : « Si episcopus inde egredire[16] noluerit, pariter Col. 430.
cum illo auctore perfidie periit. » Hec audiens episcopus,
direxit nuncius[17] ad regem. Qui cum ista narrasent[18], ait
rex Guntchramnus : « Inicite ignem in domum, et si exi[19]
nequiverit episcopus, pariter || concrementur. » Hec audien- Fol. 262 v°.
tes clerici, effractum vi ostiom[20], sacerdotem eicunt[21] foras.
Tunc mirimus[22] cum viderit[23] se flammis validis ab utraque
parte vallare, accinctus gladio accedit ad ostium. Virum
ubi primun[24] limen domus egrediens gressum foris fixit,
statim unos[25] e populo, eiecta lancia[26], frontem eius inlisit.
Ad ille, hoc ictu turba[tus], quassi[27] amens, gladium eiecere

---

1. *Corr.* ostiis. — 2. *Corr.* segregatis. — 3. *Corr.* sacerdos. — 4. *Corr.* Ecce.
—5. *Corr.* interfecto. — 6. *Corr.* sanctitati. — 7. *Corr.* moriamur. — 8. *Corr.*
Hęc. — 9. *Corr.* agebat. — 10. *Corr.* audito. — 11. *Corr.* a te teneor. — 12.
Corr. abbates. — 13. *Corr.* creditos. — 14. *Corr.* erant, nuntiata. — 15. *Corr.*
commotus. — 16. *Corr.* egredere. — 17. *Corr.* nuntios. — 18. *Corr.* nar-
rassent. — 19. *Corr.* exire. — 20. *Corr.* ostium. — 21. *Corr.* eiciunt. — 22.
Corr. miserrimus. — 23. *Corr.* videret. — 24. *Corr.* primum. — 25. *Corr.*
unus. — 26. *Corr.* lancea. — 27. *Corr.* quasi.

temtans, ab adtantibus[1] ita lanciarum[2] multitudine saucia-
tur, ut, deficxis in lateribus eius spiculis et sustentantibus
astilibus, ad terram ruere non possit. Interfecti sunt et
pauci qui cum eo erant expositique in campo simul. Pro
quibus vix obtentum fuit cum principibus, ut terre conde-   5
rentur. Fuit autem hic in actu levis, avariciae inhiens, rerum
alienarum ultra modum cupidus, omnibus iurans et nulli
promisa[3] adimplens. Uxor autem eius cum filiis exilio data
est, resque illius fisco conlate sunt. Multitudo autem auri
argentique ac diversarum specirum[4] in eius regestis reperta   10
Fol. 263. est. ‖ Sed et que subter absconderat, stimulante consciencia
iniquitates[5] sue, nun[6] latuerunt. Ariolus ac sortis saepius
utibatur[7], ex quibus futura cognuscere[8] cupiens, remansit
inlusus.

XI. Rex vero Guntchramnus cum nepute[9] suo ac reginis   15
pacem firmavit, datis sibi invicem muneribus ac stabilitatis
causis pupplicis, epolati[10] sunt pariter. Laudabat enim
Dominum Guntchramnus rex, dicens : « Refero tibi maximas
gracias[11], omnipotens Deus, qui mihi prestetisti, ut videre
merear filios de filio meo Childeberto. Unde non me puto   20
usquequaque a tua miestate[12] relicto, que mihi hec prestetisti[13], ut videam filios filii mei. » Tunc Dinamium et Lupum
ducem redditus[14] rex Childebertus recepit, Cadurcum Bru-
nechilde refudit. Et sic cum pace et gaudio iterum atque
Col. 431. iterum Deo gracias agentes, conscriptis paccioni‖bus[15], se   25
remunerantibus et osculantes, regressus est unusquisque
a[d] civitatem suam. ‖

Fol. 263 v°.   XII. Childebertus vero rex, collecto exercitu, ad locum
dirigi iubet, in eo Ursio ac Bertefredus inclusi moreban-
tur[16]. Erat enim villa in pago Vabrense, cui inminebat   30
mons arduus. In huius cacumine basilicam in onore[17] sancti

---

1. *Corr.* adstantibus. — 2. *Corr.* lancearum. — 3. *Corr.* promissa. — 4.
Corr. specierum. — 5. *Corr.* iniquitatis. — 6. *Corr.* non. — 7. *Corr.* uteba-
tur. — 8. *Corr.* cognoscere. — 9. *Corr.* nepote. — 10. *Corr.* epulati. — 11.
Corr. gratias. — 12. *Corr.* maiestate. — 13. *Corr.* prestitisti. — 14. *Corr.*
redditos. — 15. *Corr.* pactionibus. — 16. *Corr.* morabantur. — 17. *Corr.*
honore.

ac beatissimi Martini c< nstrucxit. Ferebat enim ib[1] castrum
antiquitus fuisse; sed nunc non cura, sed natura tantu[2]
munitus erat. In hac ergo basilica cum rebus atque uxori-
bus vel familia se antedicti concluserat. Commoto ergo
5 exercito[3], sicot[4] diximus, Childebertus rex illuc dirigi
iubet. Verumtamen comuti[5] omines[6], antequam ad eos
haccederent[7], ubicumque aut villas aut res eorum repperire potuerunt[8], omnia incendio ac prede[9] tradiderunt,
Accedentes autem ad unc[10] locum, ad muntem[11] prore-
10 piunt[12] et basilicam cum armis vallant. Habebant autem
quasi ducem tunc Ghodegisilum[13], Lupi ducis generum.
[Cumque eos extrahere de basilica non valerent], ignem
adpligare nituntur. Quod cernens Ursio, accinctus gladio,
foris egressus est, tantaque cede hos qui adsedebant mac-
15 tavit, ut, quanti in eius contemplacione advenissent, nullus
vivens remanere possit. Ibet[14] Trufuldus palacii regis comis
cecidit, et multi de hoc exercitu prostrati sunt. Cumque iam
annillus || de cęde Ursio cerneretur, percussus a quodam in Fol. 264.
femore, debilitatus ad terram ruit et sic, inruentibus aliis,
20 vitam finivit. Quod cernens Godeghiselus, clamare cepit ac
dicere : « Fiad nunc pax ! Ece maximus inimicus domnorum
nostrorum ruit; hic vero Bertefredus vitam habeat. » Haec
eo dicente, cum omnes[15] populus ad dereptionem rerum,
que in basilica adunathe fuerant, inhiaret, Bertefredus,
25 ascenso equite, ad Veredunensem urbem dirigit. Ibique in
oraturio[16], qui in domo aeclesiastica erat, secutari[17] putans,
presertim cum et ipsi[18] pontifex Agericus in ac[19] domo rese-
deret. || Sed cum Childeberto rege[20] nunciatum fuisset effu- Col. 432.
gisse scilicit[21] Bertefredum, perculsus cordis, ait : « Si hic
30 mortem evaserit, non evadit Godeghiselus manus meas. »
Nesciebat tamen rex eum in domo aeclesie ingressum fuisse,
sed quasi in regione alia confugisse. Tunc timens Gode-

---

1. *Corr.* ibi. — 2. *Corr.* tantum. — 3. *Corr.* exercitu. — 4. *Corr.* sicut. —
5. *Corr.* commoti. — 6. *Corr.* homines. — 7. *Corr.* accederent. — 8. *Corr.*
potuerant. — 9. *Corr.* preda. — 10. *Corr.* hunc. — 11. *Corr.* montem. — 12.
Corr. prorupiunt. — 13. *Corr.* Ghodegiselum. — 14. *Corr.* Ibi et. — 15. *Corr.*
omnis. — 16. *Corr.* oratorio. — 17. *Corr.* se tutari. — 18. *Corr.* ipse. — 19.
Corr. hac. — 20. *Corr.* regi. — 21. *Corr.* scilicet.

ghisilus[1], commoto iterum exercitum, domum eclesie[2] cum armatis vallat. Sed cum eum pontifex reddere nequiret[3], sed defensare conaretur, ascendentes supra tectum, eum ab Fol. 264 v°. ipsis tegulis ac materiis, quibus || oraturium opertum erat, inlidentes, interficerunt[4]; ibique cum tribus famulis mortuos[5] est. Multum ex oc[6] episcopus dolens, quod eum non [solum defen]sare[7] non potuit, verum eciam locum, in eo orare consueverat, in quo sanctorum pignora adgragata[8] fuerant, sanguine humano pollui vidit. Misit autem Childebertus rex cum muneribus, [ut][9] a merore revocaretur; sed noluit consolare. Multi autem his diebus pertimiscentes[10] regem, in aliis regionibus abscesserunt. Nonnulli eciam a primatu ducatus remoti sunt, in eorum ordine allii successerunt.

XIII. Gunchramnus[11] vero rex Baddonem, quem pro crimine maiestates superius victum diximus[12], in presencia sua venire iussit, et transmissum usque Parisius, ait : « Si eum cum idoneis hominibus Fredegundis ab ac[13] accione, qua inpetitur, inmunem fecerit, abscedat liber et quo voluerit eat. » Set[14] veniens Parisius, nullus de parte memorate mulieris adfuit, qui eum idoneum reddere possit[15]. Tunc Fol. 265. vinctus et catenis oneratus, sub ardua costo||dia[16] ad Cavelonnensim[17] urbem reductus est. Set[18] postea, intercurrentibus nuntiis, et presertim Leudovaldo Baiogasino pontifici, demissus ad propria rediit. Graviter tunc morbus desentericus apot[19] Metensim[20] sęviebat urbem. His diebus, dum ad occursum regis properimus[21], Wiliulfus[22] civem Pectavum plenum febre, hoc morbo laborantem, in via offendimus, id est Remensim urbem. De qua profectus valde exina-Col. 433. nitus, cum ad || urbem Parisiacam cum filio uxoris sue venisset, aput[23] villam Rigoialinsim, facto testamento, defunctus

1. *Corr.* Godeghiselus. — 2. *Corr.* ecclesie. — 3. *Corr.* nequiveret. — 4. *Corr.* interfecerunt. — 5. *Corr.* mortuus. — 6. *Corr.* hoc. — 7. *Add. alia manu.* — 8. *Corr.* adgregata. — 9. *Add. alia manu.* — 10. *Corr.* pertimescentes. — 11. *Corr.* Guntchramnus. — 12. *Corr.* diximus. — 13. *Corr.* hac. — 14. *Corr.* Sed. — 15. *Corr.* posset. — 16. *Corr.* custodia. — 17. *Corr.* Cavelonnensem. — 18. *Corr.* Sed. — 19. *Corr.* apud. — 20. *Corr.* Mettensem. — 21. *Corr.* properaremus. — 22. *Corr.* Wiliulfum. — 23. *Corr.* apud.

est. Puer vero, quia et ipsi[1] ab hoc langore[2] tenebatur,
obiit; et sic pariter in urbis Pectave delati termino, tumolati
sunt. Uxor quoque ipsius Wiliulfi tercio copulatur viro, filio
scilicet Beppolini ducis; qui et ipsi duas iam, ut celebre
5 refertur, uxores vivas reliquerat. Erat enim levis adque
luxoriosus, et dum nimio ardore furnicacionis[3] artaretur
ac, relicta coniuge, || cum famulabis[4] accubarit[5], exorens[6] Fol. 265 v°.
legitimum conubium, aliud expectebat[7]. Sic et [se]cunde
fecit et huic, cui tercius copolatus[8] est, ignorans, quod
10 currupcio [incorruptio]nem non possedebit[9].

XIIII. Post hec cum Egidius Remensis urbis episcopus
de illo crimine maiestates[10], quo superius memorati perempti
sunt, suspectus haberetur, cum magnis muneribus ad Childebertum accedens, veniam deprecaturam; prius tamen
15 sacramenta suscipiens in basilicam sancti Remedii, ne aliquid mali in itinere pateretur. Susceptusque a rege, cum
pace discessit. Pacem ecia[m] cum Lupo duce obtenuit, quem
instinctu eius de Campaniae ducatu supra memoravimus
fuisse depulsum. Unde rex Guntchramnus valde in amari-
20 tudine excitatus est, eo quod ei promiserit Lupus numquam
se cum eodem pacem facturum, quia fuisset regis cognitus
inimicus.

XV. Igitur eo tempore in Ispania Richaredus rex con-
punctus miseracione divina, convocatis episcopis relegio-
25 nis[11] sue, ait : « Cur inter vos et sacerdotes illus[12], qui se
catholicus[13] dicunt, iugiter scandalum propagatur, et, cum
illi || per fidem suam signa multa ostendant, vos nihil tale Fol. 266.
agere potestis? Qua de re conveniente, queso, || simul, et Col. 434.
discussis utriusque partis[14] credulitatibus, que vera sunt
30 cognuscamus; et tunc aut accepta illi a nobis racionem, ea
credant que dicitis, aut certe vos ab illis veritatem agnu-

---

1. *Corr.* ipse. — 2. *Corr.* languore. — 3. *Corr.* fornicacionis. — 4. *Corr.*
famulabus. — 5. *Corr.* accubaret. — 6. *Corr.* exorrens. — 7. *Corr.* expetebat
(c *exponct*). — 8. *Corr.* copulatus. — 9. I. Corinth., 15,50. — 10. *Corr.* maies-
tatis. — 11. *Corr.* religionis. — 12. *Corr.* illos. — 13. *Corr.* catholicos. — 14.
Corr partes.

scentes[1], que predicaverint[2] vos credatis. » Quod cum
factum fuisset, congregatis utriusque partibus episcopis,
proposuerunt heretici illa, que saepius ab ipsis dicta iam
scripsimus. Similiter responderunt episcopi nostrae releginis[3] eadem quibus hereticorum partem plerumque victam 5
libris superioribus demustravimus. Et presertim, cum rex
diceret, quod nulum signum sanitatis super infirmus[4] ab
ereticorum[5] ostenderetur episcopis, ac[6] in memoriam
replecaret[7], qualiter tempore genitores[8] sui episcopus,
qui se iactabat per fidem nun[9] rectam cecis restituere 10
lumen, tacto ceco et cecitate perpetue damnato, discessisse
confuso — quod nos in libro Miraculorum plenius declaravimus, — vocavit ad seursum sacerdotes[10] Dei. Quibus perscrutatis, cognovit unum Deum sub distinccionem coli

Fol. 266 v°. personarum trium, id est ‖ Patris et Filii et Spiritus sancti, 15
nec minorem Filium Patri Spirituique sancto, neque Spiritum sanctum minorem Patri vel Fi[li]o, sed in una aequalitate atque omnipotentia hanc Trinitate verum Deum fateri.
Tunc intelligens veritatem Richaredus, postposita altercacione, se catolice[11] lege subdidit et, acceptum signaculum 20
beate crucis cum crismatis unccione, credidit Ihesum Christum, filium Dei, aequalem Patri cum Spiritu sancto, regnantem in secula seculorum. Amen. Deinde nuntius[12] mittit at[13]
provinciam Narbonimsim[14] qui narrau[tes][15] ea quæ ille
iesserat, simile credulitate populus illi conecteritur[16]. Erat 25
ibi tunc temporis Arrianae secte episcopus Athalocus[17], qui

Col. 435. ita ‖ per propositiones vanas ac interpretaciones falsas Scripturarum aecclesias Dei conturbabat, ut potaretur, quod
ipsi[18] esset Arius[19], quem proiecisse in secessum extra,
historiograffus narravit Eusebius. Set[20] cum hec populus 30
secte sue credere nun[21] sineret, et ad consenciendum ei
paucorum faverit adulatio[22], cummotus felle, ingressus in

---

1. *Corr.* agnoscentes. — 2. *Corr.* predicaverant. — 3. *Corr.* religionis. —
4. *Corr.* infirmos. — 5. *Corr.* hereticorum. — 6. *Corr.* hac. — 7. *Corr.* replicaret. — 8. *Corr.* genitoris. — 9. *Corr.* non. — 10. *Corr.* sacerdotis. — 11.
Corr. catholice. — 12. *Corr.* nuntios. — 13. *Corr.* ad. — 14. *Corr.* Narbonemsem. — 15. *Corr.* — 16. *Corr.* conecteretur. — 17. *Corr.* Athalocos. — 18.
Corr. ipse. — 19. *Corr.* Arrius. — 20. *Corr.* Sed. — 21. *Corr.* non. — 22. *Corr.*
adolatio.

cellolam suam, inclinato super lectulum capite, nequam
spiritum exalavit. || Sicque hereticorum populus in ipsa Fol. 267.
consistens provincia inseparabilem Trinitatem confessus,
ab errore discessit.

5   XVI. Post hec Richardus legacionem ad Guntcramnum[1]
atque Childebertum regem direxit pacis graciavit[2] scilicit[3],
sicut in fide se adserebat unum, ita et caritate praestaret
unitum. Set a[4] Guntcramno[5] [rege][6] repulsi sunt, dicente :
« Quale mihi fidem promittere possunt, aut quemadmodum
10 a me credi debent, qui neptem meam Ingundem in capti-
vitatem tradiderunt, et per eorum insidias et vir eius interfectus est, et ipsa in peregrinacione defuncta? Non recipio
ergo legacionem Richari, donec me Deus ulcisci iobet[7] de
ihs[8] inimicus[9]. » Hec legati [audientes], ad Childebertum
15 proficiscuntur; a quo et in pace suscepti sunt, dicentes :
« Vul[10] se domnus noster, frater tuus, Richaridus[11] de oc[12]
crimine exuere, quod ei inponitur, quasi in mortem sorores[13]
vestre constium fuisse; quod aut sacramentum vultis, aut
qualibet conditionem, idoneos[14] reddi potest. Deinde, datis
20 gratis gracia vestra || decem milibus solidorum, caritatem Fol. 267 v°.
vestram habere desiderat, ut et ille vestro utatur solacio, et
vos eius, ubi necesse fuerit, beneficia potiamini. » Haec illis
dicentibus, promisserunt Childebertus rex et mater eius
pacem et caritatem cum ipso et integre custoditoros[15]. Acce-
25 ptisque ac datis muneribus, || addiderunt legati : « Iussit Col. 436.
etiam dominus noster ponere verbum in auribus vestris de
filia sive sorore vestra Chlodosinda, ut ei tradatur in matrimonio, quo facilius pax, que inter vos promittetur[16], confir-
mitur[17]. » Quid dixerunt : « Promissio nostra ex oc[18] habile
30 dabitur, sed sine patrui nostro Guntchramni regis consilio
facere non audemus. Promissum enim abemus[19] de maioribus causis nihil sine eius consilio agere. » Accepto itaque
responso, reddierunt[20].

---

1. *Corr.* Guntheramnum. — 2. *Sic, pro* gratia ut. — 3. *Corr.* scilicet. — 4.
Corr. Sed ad. — 5. *Corr.* Guntchramno. — 6. *Add.* — 7. *Corr.* iubet. — 8. *Corr.*
his. — 9. *Corr.* inimicis. — 10. *Corr.* Vult. — 11. *Corr.* Richaredus. — 12. *Corr.*
hoc. — 13. *Corr.* sororis. — 14. *Corr.* idoneus. — 15. *Corr.* custodituros. —
16. *Corr.* promittitur. — 17. *Corr.* confirmetur. — 18. *Corr.* hoc. — 19. *Corr.*
habemus. — 20. *Corr.* redierunt.

XVII. Eo anno verno tempore pluvie valide fuerunt, et cum iam vel arbores vel viae[1] frondoissent[2], nix decidua cuncta operuit. Subsequente quoque gelo[3] tam palmitis[4] vinearum quam reliqui ostensi fructus incensi sunt. Tan- tusque rigor fuisse visus est, ut etiam || erundines[5] alites, que de externis regionibus venerant, vi algores[6] extingue- rentur. Illut[7] etiam admirabile fuit, quod, ubi numquam gelo[8] nocuit, tunc omnia abstulit, et ibi, ubi consuerat[9] ledere, non accessit.

XVIII. Brittani quoque inruentes in terminum Namni- tico[10], praedas egerunt, pervadentes villas et captivus[11] abducentes. Quod cum Guntchramno rege perlatum fuisset, iussi[12] comoveri exercitu, dirigens illuc nontium, qui eis loqueretur, ut componerent cuncta que male gesserant, aut certe noverint, se gladio casurus[13] ab exercitu eius. At ille[14] timentes promittunt se omnia que male gesserant emendare. His auditis, rex dirigit illuc legationem, id est Namatium Aurilianinsim episcopum et Berteramnum Cinomanensem episcopum com[15] comitibus et aliis viribus magnifices[16]. Adfuerunt etiam et de regno Chlotharii, Chilperici regis filii, viri magnifici; qui euntes in termino Namnitico[17], locuti sunt cum Warocho et Vidimacle omnia que rex prae- ciperat. Ad || illi dixerunt : « Scimus || et nos, civitates istas Chlotharii regis filiis redebere, et nos ipsis debere esse subiectus[18]; tamen que contra racionem gessimus cuncta cumponere nun[19] moramur. » Et datis fedeiussoribus[20] adque subscriptis cautionibus, promisserunt se singula milia solidorum Guntchrano regi et Chlotario[21] in conposi- cionem daturus[22], promittentes numquam terminum civita- tum illarum ultra adgresserus[23]. His ita conpositus[24], regressi sunt reliqui et nunciaverunt regi que gesserant. Namatius

Fol. 268.

Col. 437.
Fol. 268 v°.

---

1. *Corr.* vineae — 2. *Corr.* fronduissent. — 3. *Corr.* gelu. — 4. *Corr.* palmites. — 5. *Corr.* erundinis. — 6. *Corr.* algoris. — 7. *Corr.* illud. — 8. *Corr.* gelu. — 9. *Corr.* consueverat. — 10. *Corr.* Namnetico. — 11. *Corr.* captivos. — 12. *Corr.* iussit. — 13. *Corr.* casuros. — 14. *Corr.* illi. — 15. *Corr.* cum. — 16. *Corr.* viris magnificis. — 17. *Corr.* Namnetico. — 18. *Corr.* subiectos. — 19. *Corr.* non. — 20. *Corr.* fideiussoribus. — 21. *Corr.* Chlotha- rio. — 22. *Corr.* daturos. — 23. *Corr.* adgressuros. — 24. *Corr.* conpositis.

vero episcopus, dum, receptis villis infra te[r]minum Namnetice urbis, quod olim parentes eius perdiderant, ibidem moraretur, pusule male ei tres oriuntur in capite. Ex hoc valde confectos[1] tedio, dum ad civitatem suam reverti cupiret, infra Andegavenses[2] terminum spiritum exalavit. Corpusculum eius ad urbem suam dilatum[3], in basilicam sancti Aniani confessores[4] sepultum est. In cuius cathedram Austrinus, Pastores quondam filius, subrogatur. ‖ Warocus Fol. 269. vero oblitus sacamenti[5] et cautionis sue, omnia postposuit, que promisit, vineas Namneticorum abstullit, et vindimiam coligens[6], vinum in Vinitico[7] transtullit. Ex hoc iterum rex Gunthramnus valde furens, exercitum commovere iussit, sed quievit.

XVIIII. Bellum vero illud, quod inter cives Toronicus[8] superius diximus terminatum in rediviva rursum insania surgit. Nam Sicharius, cum post interfectionem parentum Cramsindi[9] magnam cum eo amiciciam patravissed, et in tantum se caritate mutua diligerent, ut plerumque simul cibum caperent ac in uno pariter stratu recumberent, quandam die cenam sub nocturno tempore preparat Chramsindus, invitans Sicharium ad epulum suum. Cum[10] veniente, resident pariter ad convivium. Cumque Sicharius crapulatus a vino multa iactaret in Cramsindo[11], ad extremum ‖ dixisse Col. 438. fertur : « Magnas mihi debes referre grat[es], o dulcissime frater, eo quod interficerem parentes tuos, de quibus accepta composicione, aurum argentumque superabundat[12] ‖ in do- Fol. 269 v°. mum tuam, et nunc nudus essis[13] et egens, nisi hec te causa paululum roborassit[14]. » Hec ille audiens, amare suscepit animo dicta Sichari, dixitque in corde suo : « Nisi ulciscar interitum parentum meorum, amitteri[15] nomen viri debeo et mulier infirma vocare. » Et statim extinctis luminaribus, caput Sichari seca dividit. Qui parvolam[16] in ipso

---

1. *Corr.* con fectus. — 2. *Corr.* Andegavensis. — 3. *Corr.* delatum. — 4. *Corr.* confessoris. — 5. *Corr.* sacramenti. — 6. *Corr.* colligens. — 7. *Corr.* Venetico. — 8. *Corr.* Toronicos. — 9. *Corr.* Chramsindi. — 10. *Corr.* Quo. — 11. *Corr.* Chramsindo. — 12. *Corr.* superhabundat. — 13. *Corr.* esses. — 14. *Corr.* roborasset. — 15. *Corr.* amittere. — 16. *Corr.* parvulam.

vitae terminum[1] vocem emittens, cecidit et mortuus est.
Pueri vero, qui cum eo venerant, dilabuntur. Cramsindus[2]
exanimum corpus nudatum vestimentis adpendit in sepis
stipite, ascensisque aequitibus eius, ad regem petiit; ingressusque aeclesia[3], ad pedes prosternetur regis, dicens : 5
« Vitam peto, o gloriose rex, eo quod occiderim omines[4],
qui, parentes meus[5] chlam interfectis, res omnes diripue-
runt. » Cumque, expositis per ordinem causis, regina Brunechildis graviter accipisset, eo quod in eius verbo Richa-

Fol. 270. rius positus taliter fuerat inter‖fectus, frendere in eum coe- 10
pit. Et ille, com[6] vidissed eam adversam sibi, Vosagensim
teriturii Biturgi pagum expetiit, in co[7] et eius parentes
degebant, eo quod in regno Guntheramno[8] regis haberetur.
Tranquilla quoque, conius[9] Sicharii, relictis filiis et rebus
viri sui in Toronico sive in Pectavo, ad parentes suos Mau- 15
riopes vicum expetiit; ibique matremonio[10] copulata est.
Obiit autem Sicharius quasi annorum XX. Fuit autem in
vita sua levis, ebriosus, homicida, qui nonnullis per ebrie-
tatem iniuriam intullit. [Chramsindus vero iterum ad regem
abiit;] iudicatum est ei, ut convincerat super se eum inter- 20
fecisse. Quod ita fecit. Sed quod, ut diximus, regi[na] Bru-
necihldis in verbo suo posuerat Sicharium, ideoque res

Col. 439. huius confischari prece‖pit; sed in posterum a Flaviano
domestico reddite sunt. Sed et ad Aginum properans, epistolam eius elicuit, ut a nulo[11] contingeretur. Ipse[12] enim res 25
eius a regina concessum fuerat.

Fol. 270 v°.   XX. Anno igitur[13] quoque tercium[14] decimo regis ‖ Clide-
berthi, cum ad ocursum eius usque Metensem urbem pro-
perassimus[15], iussi summus[16] ad Guntchramnum regem ad[17]
legacionem accedere. Quem aput[18] urbem Chavelonensem 30
repperimus, dicentes : « Salutem uberrimam mittit tibi glo-
riosissimus nepus tuus Childebertus, o inclite rex, inmin-

---

1. *Corr.* termino. — 2. *Corr.* Chramsindus. — 3. *Corr.* aecclesia. — 4. *Corr.*
homines. — 5. *Corr.* meos. — 6. *Corr.* cum. — 7. *Corr.* quo. — 8. *Corr.* Gun-
theramni. — 9. *Corr.* coniux. — 10. *Corr.* matrimonio. — 11. *Corr.* nullo. —
12. *Corr.* Ipsi. — 13. *erasum.* — 14. *Corr.* tercio. — 15. *Corr.* properassemus.
— 16. *Corr.* sumus. — 17. *erasum.* — 18. *Corr.* apud.

sas [1] referens gracias pietate tue, quod ad te iugiter com-
monetur, ut ea agat, que et Deo placeat [2] et tibi sit accepta
et populo congrua. De is vero que locuti simul fuistis omnia
implere promittit, nec quiquam [3] se de paccionibus, que
5 inter vos conscripte sunt, inrumpere pollicetur. » Et rex ad
hec : « Non similiter ego gracias ago, quod taliter inrumpi-
tur, quod mihi promissum est. Pars mea de urbe Silvanec-
tensi nun reddetur [4]; homines, quos pro utilitate mea, quia
mihi infinsi [5] erant, migrare volui, non permiserunt. Et quo-
10 mo[do] [6] dicetis, quod nihil de paccionibus scriptis transcendere vult dulcissimus nepus meus? » Et nos ad hec :
« Nihil vult con‖tra pacciones agere illas, sed omnia inplere Fol. 271.
promittit, ita ut de presenti, si ad divisionem Silvanecten-
sim vis mittere, nec tardetur; statim recipies tuum. De
15 ominibus vero, quos dicites [7], nomina scripta tradantur, et
omnia que promissa sunt implebuntur. » Haec nobis loquentibus, paccionem ipsam religi [8] rex coram adstantibus iubet.

EXEMPLAR PACCIONES. Cum in Christo nomen precellen-‖
tissimi domni [9] Guntchramnus et Childebertus regis vel glorio- Col. 440.
20 *sissima domna Brunechildis regina Andelao caritates studio*
convenissent, ut omnia, que undecumque inter ipsis scanda-
lum poterat generare, pleniore consilio definirent, id inter
eos, mediantibus sacerdotibus atque proceribus, Deo medio,
caritates [10] studio sedit, placuit atque convenit, ut, quamdiu
25 *eos Deus omnipotens in presenti seculo superesse voluerit,*
fidem et caritatem puram et simplicem sibi debeant conser-
vare. Similiter, quia domnus ‖ Guntchramnus iuxta paccio- Fol. 271 v°.
nem, quam com [11] bonae memorie domno Syghiberto inierat,
integram porcionem, que de rigno [12] Chariberthi ille fuerat
30 *consecutus, sibi diceret integrum redebere, et pars domni*
Childeberti ea que pater suos [13] possiderat ad se vellit ex
omnibus revocare, id inter ipsus [14] constat fexa [15] delibera-

---

1. *Corr.* immensas. — 2. *Corr.* placeant. — 3. *Corr.* quicquam. — 4. *Corr.*
redditur. — 5. *Corr.* infensi. — 6. *Corr.* quomodo. — 7. *Corr.* dicitis. — 8.
Corr. relegi. — 9. *Ms* dom̅. — 10. *Corr.* caritatis. — 11. *Corr.* cum. — 12. *Corr.*
regno. — 13. *Corr.* suus. — 14. *Corr.* ipsos. — 15. *Corr.* fixa.

cione fenitum, ut illam terciam porcionem [1] *de Parisius civitatem cum terminibus et populo suo, quae ad domnum Sygibertum de regno Cariberthi conscripta paccione pervenerat, cum castellis Duno vel Vindocino, et quicquid de pago Stampinse vel Carnotino in pervio illo antefatus rex cum termini-* [5] *bus et populo suo perciperat, in iure et dominacione domni* [2] *Guntchranum, cum id cum supersteti* [3] *domno* [2] *Sygybertho de regno Chariberthi antea tenuit, debeant perpetualiter permanere. Pari condicione civitatis Meldus et duas porciones de Silvanectis, Thoroniis, Pectavis, Abrincatis, Vico Iulio, Con-* [10]

Fol. 272. *sorannis, Labur‖do et Albige domnus Childebertus rex cum terminibus a praesenti die sue vindicit* [4] *potestate. Ea igitur*

Col. 441. *condicione servata, ut, quem Deus de ipsis regibus supre‖stitem esse preciperet, regnum illius, que habsque* [5] *filiis de presentis seculi luce migraverit, ad se integritate iuro perpetuo debead revocare et posteris suis, Domino auxiliante,* [15] *relinquere. Illut specialiter placuit per omnia inviolabiliter conservare, ut, quicquid domnus Guntchramnus rex filie sue Clodechildae contullit aut aduc* [6]*, Deo auxiliante, contullerit* [7]*, in omnibus rebus adque corporibus, tam civitates, quem* [8] *agri vel rediti, in iure et dominatione ipsius debeant* [20] *permanere. Et si quid de agros fiscalibus vel speciebus atque p[r]aesidio pro arbitrii sui voluntate facere aut cuiquam conferre voluerit, in perpetuo, auxiliante Domino, conservetur, neque a quocumque ullam umquam tempore convellatur, et sub defensione ac tuitione domni Childeberti, cum ea omnia,* [25] *que ipsam transitus genitoris sui inveniret possedentem, sub*

Fol. 272 v°. *omni honore et dignitate ‖ secura debeat possedere. Pari condicione repromittit domnus Guntchramnus rex, ut, si[c]ut habet humana fragilitas, quod divina pietas non permittat, nec ille videret* [9] *desiderat, si contingeret, domnum* [2] *Childebertum* [30] *eo suprestite de ac* [10] *luce migrare, filius* [11] *suos Theodoberthum et Theodoricum reges, vel si adhuc ipsi Deos* [12] *dare voluerit, ut pius pater sub sua tuitione et defensione recipiat, ita ut*

---

1. *Corr.* portionem. — 2. *Ms.* doṁ. — 3. *Corr.* superstite. — 4. *Corr.* vindicet. — 5. *Corr.* absque. — 6. *Corr.* adhuc. — 7. *Corr.* contulerit. — 8. *Corr.* quam. — 9. *Corr.* videre. — 10. *Corr.* hac. — 11. *Corr.* filios. — 12. *Corr.* Deus.

regnum patris eorum sub omni solitate [1] *possedeant; et gene-*
tricem domni Childeberthi, domnam Brunichildem reginam,
vel filiam eius Chlodosindam, germanam domni Childeber-
thi regis, quamdiu intra regionem Francorum fuerat, vel eius
5 *reginam Faileubam tamquam sororem bonam, et filias in sua*
tuicione et defensione spiritali dilectione recipiat, et sub
omni honore et dignitate cum homnibus rebus earum, cum
civitatibus, agris, reditibus vel cuntis tiltulis [2] *et omne cor-*
pore facultatis, tam ‖ *quod presenti videntur tempore posse-* Col. 442.
10 *dere, quam quod adhuc Christo praesole iuste potuerint aug-*
mentare, sub omni securitate et quiete possedeant, ut, si
quit de agris fiscalibus vel speciebus ‖ *atque presidio pro* Fol. 273.
arbitrii sui volumtate facere aut cuiquam conferre volue-
rent [3], *fixa stabilitate in perpetuo conservetur, nec a quibus-*
15 *cumque voluntas illarum ullo tempore convellatur. De civita-*
tibus vero, hoc est Burdegala, Lemovecas [4], *Cadurcus,*
Benarno et Begorra, quae Gailesoinda, germana domne
Brunichilde, tam in dote quam in morganegyba [5], *hoc est*
matutinale donum, in Francia veniens certum est adquisisse,
quas etiam per iudicium domni Guntchramni regis vel Fran-
20 *corum, superistetebus* [6] *Chilpericum et Sigyberthum regem,*
domna Brunichildis nuscitur adquisisse, ita convenit, ut
Caturcus civitatem cum terminibus et cuncto populo suo
domna Brunichildes [7] *de presenti in sua potestate percipiet,*
reliquas vero civitates ex hac condicione superius nominatus
25 *domnus Guntchramnus, dum advivit, possedead* [8], *ita ut*
quandoquidem post eius transitum in dominacione domne
Brunichilde heredumque suorum com omni soliditate Deo
propicio revertantur, nec superstite domno Gunchramno [9]
neque ad domnam Brunechildem ‖ *neque a filio Childeberthi* Fol. 273 v°.
regi filiisque suis quolibet ingenio vel tempore repetantur.
30 *Simile modo* [10] *convenit, ut Silvanectis domnus Childebertus*
in integritate teneat, et quantum terciam domni Guntchramni
exinde debita competit, de terciam domni Childeberthi, que

---

1. *Corr.* soliditate. — 2. *Corr.* titulis. — 3. *Corr.* voluerint. — 4. *Corr.*
Lemovicas. — 5. *Corr.* morganigyba. — 6. *Corr.* superistitibus. — 7. *Corr.*
Brunichildis. — 8. *Corr.* possedeat. — 9. *Corr.* Guntchramno. — 10. *Corr.*
modi,

est in Rotbontinse[1], *dumni Gunthchramni partibus conpen-*
setur. Similiter convenit, ut secundum paccionis[2] *inter dom-*
num Gunthchramnum et boni memorię domnum Sigyberthum[3]
initas leudes illi, qui domnum Gunthchramnum post transi-
Col. 443. *tum domni* ‖ *Chlotharii sacramenta primitus prebuerunt,*　5
et, si postea convincuntur se in parte alia tradidisse, de locis
ubi cummanere videntur convenit ut debeant removeri. Simi-
liter et qui post transitum domni Chlotharii convincuntur
domnum[4] *Sygyberthum sacramenta primitus prebuisse et se in*
alia parte transtulerunt, modo simile removantur. Similiter　10
quicquid antefati regis eclesiabus[5] *aut fidelibus suis contu-*
lerunt aut adhuc conferre cum iusticiam Deo propiciante
Fol. 274. *voluerint, stabiliter conservetur.* ‖ *Et quitquit*[6] *unicuique*
fidelium in utriusque regno per legem et iusticiam redebetur,
nullum præiudicium paciatur, sed liceat res debetas posse-　15
dere; et si aliquit cuicumque per interregna sine culpa tul-
tum est, audiencia habita, restauretur. Et de id, quod per
munificencias precidencium regum unusquisque usque ꞇ̃ans-
itum gloriosi memoriæ domni Clothari regis possedit, cum
securitate possedead. Et quod exinde fidelibus personis abla-　20
tum est, de presenti recipiat. Et quia inter prefatus[7] *regis*
pura et simplex est in Dei nomen concordia inligata[8]*, con-*
venit, ut in utroque regno utrisque fidelibus, tam pro causis
puplicis[9] *quam privatis quicumque voluerit ambulare, per-*
vium nullis temporibus denegetur. Similiter convenit, ut nul-　25
lus alterius leudis nec sollicitet nec venientes excipiat. Quod
si forsitan pro aliqua admissione partem alteram crediderit
expetenda, iusta qualitatem culpa excusati reddantur. Hoc
etiam huic addi placuit pactione, ut, si qua pras[10] *presenti*
statuta sub quacumque calliditate tempore quocumque trans-　30
Col. 444. *cenderet, omnia benefaciat* ‖ *tam repromissa quam in pre-*
senti conlata amittat, et illi[11] *proficiat, qui inviolabiliter*
Fol. 274 v°. *omnia suprascripta servaverit* ‖ *et sit de sacramentorum obli-*
gacione in omnibus absoluta. His itaque omnibus definitis,

---

1. *Corr.* Rosontinse. — 2. *Corr.* pacciones. — 3. *Corr.* Sigiberthum. — 4.
Ms. dom̄. — 5. *Corr.* ecclesiabus. — 6. *Corr.* quitquid. — 7. *Corr.* prefatos.
— 8. *Corr.* conligata. — 9. *Corr.* publicis. — 10. *Sic, pro* pars. — 11. *Corr.* ille.

iurant partes per Dei omnipotentes[1] nomen et inseperabilem
Trinitatem vel divina omnia ac tremendum diem iudicii, se
omnia que superius scripta sunt abque[2] ullo dolo, malo vel
fraudis ingenio inviolabiliter servaturus[3]. Facta pacione
sub die IIII. kalendas decembris, anno XXVI. regnum domni
Guntchramni[4] regi, domni Childeberti[5] vero XII. anni.

(XXI.) Lectis igitur pacionibus[6], ait rex : Iudicio Dei
ferear[7], si de his quicquam transcendoro[8], que hic conte-
nentur[9]. Et conversus ad Filicem, qui tunc nobiscum legatus advenerat, ait : « Dic, o Filex[10], iam enim plenissime
conexuistis amicicias inter sororem meam Brunichildem et
inimicam Dei atque ominum Fredegundem ? » Quo negan-
ci[11], ego dixi : « Non dubitet rex, quia illæ amiciciæ inter-
easdem costodiuntur[12], que ante hos annus[13] plurimus[14] sunt
legati. ‖ Nam certe scias, quia odium, quod inter illas olim Fol. 275.
statum[15] est, adhuc pollulat, non arescit. Utinam tu, o rex
gloriosissime, minus cum eam caritatem haberes ! Nam, ut
sepe cognovimus, dignius eius legacionem quam nostram
excepis[16]. » Et ille : « Scias, inquid, sacerdus[17] Dei,
quia sic eius legacione suscipio, ut caritatem nepotis mei
Childeberthi regis non omittam. Nam ibi amicicias legare[18]
non possum, de qua saepius processerunt, qui mihi vitam
presentem auferrent. » Hæc eo dicente, Filex[10] ait : « Per-
venisse ad gloriam vestram credo, quod Richardus legacionem ad nepotem vestrum direxit, qui nepotem vestram
Chlodosuindam, filiam fratri vestri, ei in matrimonio pos-
tolaret. Sed ille absque vestro consilio nichil exinde promittere voluit. » Rex ait : « Non est optimum enim, ut illuc
neptes ‖ mea ambulet, quod soror sua est interfecta. Sed nec Col. 445.
illud racionabiliter conplacet, ut non ulciscatur mors neptis
meae Ingunde. » Filex[10] respondit : « Multum se exinde
excusare volunt aut sacramentis, aut quibuslibet aliis condi-

---

1. — *Corr.* omnipotentis. — 2. *Corr.* absque. — 3. *Corr.* servaturos. —
4. *Corr.* Gunthchramni. — 5. *Corr.* Childeberthi. — 6. *Corr.* paccionibus. —
7. *Corr.* feriar. — 8. *Corr.* transcendero. — 9. *Corr.* continentur. — 10. *Corr.*
Felix. — 11. *Corr.* neganti. — 12. *Corr.* custodiuntur. — 13. *Corr.* annos.
— 14. *Corr.* plurimos. — 15. *Corr.* statutum. — 16. *Corr.* excipes. — 17. *Corr.*
sacerdos. — 18. *Corr.* ligare.

Fol. 275 vº. cionibus iusseretis [1]; tantum vos consensum praebete, ‖ ut
ei Chlodosoinda, sicut postulat, disponsetur. » Rex ait :
« Si enim nepus meus implet, que in pactionibus conscribi
voluit, et ego de is [2] facio voluntatem eius. » Promittenti-
bus nobis eum omnia impleturum, adiecit Filex [3] : « Depre- 5
catur etiam pietatem vestram, ut ei solacium contra Langobardus [4] tribuatis, qualiter expulsi de Italia, pars illa, quam
genitor suus vindicavit vivens, ad eum revertatur, reliqua
vero pars per vestrum suumque solacium imperatoris dicionibus restituatur. » Respondit rex : « Non, inquid, pos- 10
sum in Italiam exercitum meum dirigere, ut ultro eos morti
tradam. Gravissimea [5] enim lues Italia nunc devastat. » Et
ego : « Indecastis [6] enim nepoti vestro, ut omni regni sui
episcopi in unum convenerent [7], quia multa sunt, que
debeant indegare [8]. Sed iusta consuctudinem canonum pla- 15
cebat gloriosissimo nepoti vestro, ut unusquisque metropolis cum provincialibus suis coniungeretur, et tunc, que
inracionabiliter in regione propria fiebant, sanccione sacerdotali emendarentur. Que enim causa extat, ut in unum ‖
Fol. 276. tanta multitudo conveniat ? Æclesiæ fides periculo ullo non 20
quatitur; heresis nova nun [9] surgit. Quæ erit ista necessitas, ut tanti debeant in unum coniungi domni sacerdotes ?»
Et ille [10] : « Sunt multa, » inquid, « quæ debeant discerni,
quæ iniuste gesta sunt, tam de incestis, quam de ipsis quæ
inter nos agantur causis. Sed præcipuæ illa Dei causa extat 25
omnibus [11] maior ut inquerere [12] debeatis, cur Pretextatus
episcopus gladio in æclesiæ fuerit interemtus. Sed et de
his, qui pro luxoriam curantur, debetis se [13] discussio, ut aut
victi sanctione sacerdotali debeant emendari, aut certe, si
innocentes inveniuntur, publice error criminis auferatur. » 30
Tunc iussit, ut in Kalendis mensis IIII. hæc sinodus prolon-
Col. 446. garetur. Et his dictis, ad hæclesiam [14] ‖ processimus; erat
henim [15] dies illa dominice resereccionis [16] solempnitas. Dic-

---

1. *Corr.* iusseritis. — 2. *Corr.* his. — 3. *Corr.* Felix. — 4. Langobardos.
— 5. *Corr.* gravissime. — 6. *Corr.* Indicastis. — 7. *Corr.* convenirent. — 8.
Corr. indicare. — 9. *Corr.* nunc. — 10. *Corr.* ille. — 11. *Corr.* in omnibus. —
12. *Corr.* inquirere. — 13. *Sic, pro* debet esse. — 14. *Corr.* æcclesiam. — 15.
Corr. enim. — 16. *Corr.* resurrectionis.

tis igitur missis, ad convivio nos adscivit, quod fuit nun [1]
minus oneratum in ferlocis [2] quam leticiæ opullentum. Semper enim rex de Deo, de ae[di]ficationem aeclæsiarum, de
defensionem pauperum sermonem habens, ‖ ridebat inter- Fol. 276 v°.
5 dum, spiritali iogo [3] delectans, addens etiam, unde et nos
aliquid leticiæ frueremur. Dicebat enim et hæc verba :
« Utinam mihi nepus meus promissa costodiad [4]. Omnia
enim que abeo eius sunt. Tamen si eum scandalizat illud,
quod legatus Chlothari nepotis mei suscipio, numquid
10 demens sum, ut non possim temperare inter eos, ne scandalum propagetur? Novi enim, eum magis incidere quam in
longius promulgare [5]. Dabo enim Chlothario, si eum nepote[m] meum esse cognovero, aut duas aut tres in parte aliqua civitatis, ut nec hic videatur exheredari de regno meo,
15 nec huic inquietudinem preparent, que iste reliquero. »
His et aliis locutus, dulci nus affectu fovens ac muneribus
onerans, discedere iobet [6], mandans, ut ea semper Childebertho regi insinuentur, qui vitae eius quomoda [7] fiant.

XXI. Ipsi [8] autem rex, ut sepe diximus, in elimosinis
20 magnus, in vigiliis atque ieiuniis prumptus erat. Nam tunc
ferebatur, Masiliam a luæ inguinarie valde vastare, et hunc
morbo usque ad Lugduninsim [9] vicum Octavum nomine fuisse
cæ‖leriter propalatum. Sed rex acsi bonus sacerdus provi- Fol. 277.
dens remedia, qua cicatrices peccatoris vulgi mederentur,
25 iussit omnem populum ad eclesiam convenire et rogacionis [10]
summa cum devocione celebrare; et nihil aliut in usum ves-
cendi nisi panem ordicacium cum aqua munda adsummi [11],
vigiliisque adesse intanter [12] omnes iobet [13]. Quod eo tempore
ita iestum est. Per triduum enim ipsius elimosinis largius
30 solito percurrentibus, ita de cuncto populo formidabat, ut
iam tunc non rex tantum, sed eciam [14] sacerdus [15] Domini
putaretur, totam spem suam in Domini miseracione trans-

---

1. *Corr.* non. — 2. *Corr.* fercolis. — 3. *Corr.* ioco. — 4. *Corr.* custodiat. —
5. *Corr.* promulgari. — 6. *Corr.* iubet. — 7. *Corr.* cummoda. — 8. *Corr.* Ipse.
— 9. *Corr.* Lugdunensem. — 10. *Corr.* rogaciones. — 11. *Corr.* adsumi. —
12. *Corr.* instanter. — 13. *Corr.* iubet. — 14. *Corr.* etiam. — 15. *Corr.* sacerdos.

Col. 447. fundens et in ipso iactans cogitaciones, que eis superve||nie-
bant, a quo eis [1] affectui tradi tota fidei integritate putabat.
Nam cælebre tunc a fidelibus ferebatur, quod mulier quidam, cuius filius quartano tibo [2] gravabatur et in strato
anxius [3] decubabat, accessit inter turbas populi usque ad [5]
tergum regis, abruptisque clam regalis indumenti [4] fimbriis,
Fol. 277 v°. in aqua posuit filioque bibendum || dedit; statimque, res-
tincta febre, sanatus est. Quod non abetur [5] a me dubium,
cum ego ipse sepius larvas inergia famulante nomen eius
invocante audierim ac criminum propriorum gesta, virtute [10]
ipsius decernente, fateri.

XXII. Nam superius diximus, Massiliensis urbis contagio
pessimo ægrota, quanta sustenuerit altius replecare [6] placuit. His enim diebus, Theodorus episcopus ad regem habie-
rat, quasi aliquid contra Nicetium patricium suggesturus. [15]
Sed cum a rege Chlideberto minime de hac causa fuisset
auditus, ad propria reddire disposuit. Interea navis ab Spania una cum negucio [7] solito ad portum eius adpulsa est,
qui huius morbi fumitem [8] secum nequiter deferebat. De
qua cum multi civium deversa [9] mercarentur, unam confes- [20]
tim domus, in quo octo anime erant, hoc contagio interfectis habitatoribus, relicta est vacua. Nec statem [10] hoc incendium lues per domus [11] spargitur totas; sed, interrupto certi
7 l. 278. temporis spacio, hec || velut in sagittem flammā accensa,
urbem totam morbi incendio conflagravit. Episcopus tamen [25]
urbis accessit ad locum et se infra basilice sancti Victoris
septe contenuit [12] cum paucis, qui tunc cum ipso remanse-
rant, ibique per totam urbis stragem orationibus ac vigiliis
vacans, Domini misericordia[m] exorabat, ut tamdem [13]
Col. 448. cessante interitu populo, liceret in pace quies||cere. Cessit [14] [30]
vero hec plaga valde minsibus [15] duobus; cumque iam securus
populus redisset ad urbem, iterum succidentem morbo, qui

---

1. *Corr.* eas. — 2. *Corr.* cibo. — 3. *Corr.* anexius. — 4. *Corr.* indumentis.
— 5. *Corr.* habetur. — 6. *Corr.* replicare. — 7. *Corr.* negocio. — 8. *Corr.*
fomitem. — 9. *Corr.* diversa. — 10. *Corr.* statim. — 11. *Corr.* domos. — 12.
Corr. continuit. — 13. *Corr.* tandem. — 14. *Corr.* Cesset. — 15. *Corr.* mensibus.

redieraent[1] sunt defuncti. Sed et multis vicibus deinceps ab
oc[2] interitu gravata est.

XXIII. Agericus vero Veredunensis episcopus, cum ex illo
diuturne amaritudinis felle graviter egrutaret[3], pro eo quod
5 Gunthramnus Boso, pro co[4] fideiussor exteterat[5], interfēc-
tus essit[6], vel etiam addita amaritudine, quod Bertefredus
infra oraturium domus eclesiastice fuerat interfectus ; et presertim cum ipsus[7] Gunthramni filius[8] secum retenens[9]
cotidie flerit[10], dicens : « In meo vos orio[11] orfani relicti
10 estis. » His || accensus, ut diximus, causis, felle amaritudine Fol. 278 v°.
adgravatus et maxime inedia cunsumtus[12], diem obiit, adpo-
situsque est in sepulcro. B..ciovaldus[13] quoque abba eius
pro episcopatum concurrit, sed nihil obtenuit[14]. Charime-
rem enim refrendarium cum consenso[15] civium regalis
15 decrevit auctoritas fieri sacerdotem, Buctiovaldo abbate postposito. Ferebant enim, hunc esse superbum, et ob hoc a
nonnullis Buccus [validus][16] vocitabatur. Obiit autem et
Licerius Arelatensis episcopus ; in cuius eclesia[17] Virgilius[18]
abba Agustidunensis, opitulante Siagrio epscopr[19], substi-
20 tutus est.

XXIV. Obiit autem et Diotherius Viuciensis episcopus ;
in cuius locum Pronimius subrogatus est. Hic autem Pronimius Biturge urbis incola fuit; sed nescio causa qua in
Septimaniam habiit ; ac post mortem Adthanaeldi regis a
25 Leovane, successore eius, magnifice est receptus aque[20] in
urbe Agatensi episcopus ordinatus est. Sed post mortem
Leuvanis cum Leviel||dus in illa heredice[21] pravitatis perfidia Col. 449.
crassaret[22], || et Ingundis, filia Sigiberti regis, cui supra Fol. 279.
meminimus, in Spaniam ad matrimunum[23] duceretur, audi-
30 vit Leuvieldus, quasi hic episcopus ei consilium dedisset. ut

1. *Corr.* redierant. — 2. *Corr.* hoc. — 3. *Corr.* egrotaret. — 4. *Corr.* quo.
— 5. *Corr.* extiterat. — 6. *Corr.* esset. — 7. *Corr.* ipsos. — 8. *Corr.* filios. —
9. *Corr.* retinens. — 10. *Corr.* fleret. — 11. *Corr.* odio. — 12. *Corr.* consumtus.
— 13. *Corr.* Ba, *post* Bucciolvaldus. — 14. *Corr.* obtinuit. — 15. *Corr.* consensu. — 16. *add. alt. manu.* — 17. *Corr.* ecclesia. — 18. *Corr.* Virigilius.
— 19. *Corr.* episcopo. — 20. *Corr.* adque. — 21. *Corr.* heretice. — 22. *Corr.*
crassaretur. — 23. *Corr.* matrimonum.

numquam se venenum heretice credulitatis deberit admiscere[1], et ob hoc semper molestus inuriarum laqueos intendebat, cousque[2] eum ab episcopato deiecerit. Cumque non inveniret, quibus eum mutipulis[3] possed innectere, ad extremum emisit, qui eum gladio deberet adpetere. Quod ille per [5] internuntius[4] cognuscens, relicta urbe Agatensis in Galleis[5] advenit, ibique a multis episcopis receptus ac muneratus, a Childebertum[6] regem pertransiit. Sicque patefactum loco, apud supradictam urbem potestatem pontificalem nono deiectiones[7] sue anno, rege largiente, suscepit. Brittani eo [10] anno graviter terraturium[8] Namneticum Redonicumque[9] prede subiecerunt, vindimiantes[10] vineas, culturas devastantis[11] ac populum vilarum[12] abducentes captivum, nihilque de promissis superioribus costodientes[13]; ac non solum non costodientes[13] promissa, verum etiam detrahentes regi- [15] bus nostris.

XXV. Igitur Hildebertus rex cum petentibus Langobardis sororem suam regi eorum esse coniugem, acceptis muneri- Fol. 279 vᵒ. bus, promississet, adventibus[14] Gothorum || legatis ipsam, eo quod gentem illam ad fidem catholicam conversam fuisse [20] cognoscerit[15], repromisit, ac legacionem ad imperatorem direcxit, ut, quod prius nun[16] fecerat, nunc contra Langobardorum gentem debellens[17], cum eius consilio eos ab Italia removerit[18]. Nihilominus exercitum suum ad regionem ipsam capiendam direxit. Commotis ducibus cum exercitum [25] Col. 450. illic abeuntibus, || confligat pariter. Sed nostris valde cæsis, multi prostrati, nonnulli capti, plurimi eciam per fugam lapsi, vix patrie reddierunt. Tantaque ibi fuit stragis[19] de Francorum exercitu, ut olim simile non recolatur.

XXVI. Anno quoque quarto decimo Childeberthi regis [30]

---

1. *Corr.* admisceri. — 2. *Corr.* quousque. — 3. *Corr.* mustipulis. — 4. *Corr.* internuntios. — 5. *Corr.* Galliis. — 6. *Corr.* ad Hildebertum. — 7. *Corr.* deiectionis. — 8. *Corr.* territurium. — 9. *Corr.* Rodonicumque. — 10. *Corr.* vindemiantes. — 11. *Corr.* devastantes. — 12. *Corr.* villarum. — 13. *Corr.* custodientes. — 14. *Corr.* advenientibus. — 15. *Corr.* cognosceret. — 16. *Corr.* non. — 17. *Corr.* debellans. — 18 *Corr.* removeret. — 19. *Corr.* strages.

Ingoberga regina, Chariberthi quondam relecta[1], migravit a seculo, mulier valde cauta ac vitæ relægiosae prædita, vigiliis et orationibus atque elimosinis non ignava. Quę, credo, per providentiam[2] Dei commonita ad me usque nuntios dirigens, ut in his, que de voluntate sua, id est pro animæ remedium, cogitabat, adiutur[3] exsisterem. || Sic Fol. 280. tamen, ut at[4] ipsam accedens, quę, consilio habito, fieri decernebat, scriptura conecterit[5]. Accessi, fateor; vidi hominem timentem Deum ; qui cum me benigne excipisset, notarium vocat, et abito, ut dixi, mecum consilio, quædam æclæsiæ Toronice vel basilicę sancti Martini, quedam Cænomannicæ æclesiæ diligavit[6]. Ac post paucus[7] mensis[9] subitania[9] egritudi[10] fatigata, migravit a seculo, multus[11] per catholicas liberus[12] derelinques[13], septuagisimo[14], ut arbitur[15], vite anno, relinquens filiam unicam, quam in Chancia regis cuiusdam [filius] matrimunio cupulavit[16].

XXVII. Amalo quoque dux, dum coniugem in alia villa pro exercenda vilitate dirigit, in amorem puellolæ[17] cuiusdam inienue ruit. Et facta nocte, crhapulatus[18] a vino, misit puerus[19], ut detraentes puellolam[20] eam toro[21] eius adscirent. Illa quoque repugnante et violenter in eius mansioue deducta, dum ea alapas cedunt, sanguinis unde ex narium meatibus decurrente perfundetur. Unde factum est, ut ipse quoque stratus ducis antedicti hoc rivo cruentaretur. || Quam et ipse pugnis, colapis aliisque ictibus verberatam Col. 451. ulnam suscepit, || et statim oppressus somno dormire cepit. Fol. 280 vᵃ. Ad illa, extensa manu trans capud viri, gladium repperit; quo evaginato, caput duces[22] ac vellud Iudith Olifernis ictu virili libravit. Illoque voces[23] emittente, concurrunt famuli. Quam cum interficere vellent, exclamavit, dicens : « Ne faciatis, queso. Ego enim peccavi, qui vim castitatem inferre

---

1. *Corr.* relicta. — 2. Pro *post corr.* — 3. *Corr.* adiutor. — 4. *Corr.* ad. — 5. *Corr.* conecteret. — 6. *Corr.* diligivit, *et post* deligivit. — 7. *Corr.* paucos. — 8. *Corr.* menses. — 9. *Corr.* subitanea. — 10. *Corr.* egritudo. — 11. *Corr.* multos. — 12. *Corr.* liberos. — 13. *Corr.* derelinquens. — 14. *Corr.* septuagesimo. — 15. *Corr.* arbitror. — 16. *Corr.* matrimonio copulavit. — 17. *Corr.* puellulæ. — 18. *Corr.* crhapolatus. — 19. *Corr.* pueros. — 20. *Corr.* puellulam. — 21. *Corr.* toro. — 22. *Corr.* ducis. — 23. *Corr.* vocis.

conatus sum. Nam hæc, qui pudicitiam studiit conservare,
omnino non periat[1]. » Hec[2] dicens, spiritum exalavit.
Cumque super eum familia coniuncta lamentaret[3], adiutorio
Dei eruta puella ad domum egreditur et per noctem Cave-
lonensim[4] urbem adiit, que est sita ab eo loco quassi milia 5
tregenta[5] quinque; ibique basilica sancti Marcelli ingressi,
regis prostrata pedibus, cuncta quę pertullerat pandit. Tunc
rex misericordissimus non solam ei vitam donavit, verum
eciam preceptionem tribui iussit, ut in verbo suo posita, a
nulo[6] umquam parentum defuncti illius in aliquo molestiam 10
pateretur. Verumtamen hoc, Deo prestante, cognovimus,
quod puellę castitas non est a dherepto‖re sævo nullatenus
violata.

Fol. 281.

XXVIII. Brunechildis quoque regina iussit fabricare ex
auro ac gemmis miræ magnitudinis clipium[7], ipsumque 15
cum duabus pateris lineis, quas vulgo baccenos vocant,
eisdemque similiter ex gemmis fabricatis et auro, in Spaniam
regi mittit; in qua re Ebreghyselum[8], qui sępe ad ipsam
regionem legationis gratia accesserat, direcxit. Quo abeunte,
nuntiatum est regi Guntchramno, dicente quodam, quia 20
Brunechildis regina ad filius[9] Gundovaldi munera dirigit.
Quod rex audiens, iussit costodias[10] arduas per vias regni
sui fieri, ita ut nullus penitus præteriret possit, qui non
discuteretur. Inquirebant etiam in ominum[11] vel vestimentis
vel caltiamen‖tis aut in aliquis rebus, si oculte[12] littere por- 25
tarentur. Ebregisilus[13] vero Parisius accedens cum speciebus, ab Ebrechario duce conprehensus, ad Guntchramnum
deducetur[14], dixitque ei rex : « Non sufficici, o infissime[15]
hominum, quod inpudico consilio ‖ Ballomerem illum, quem
Gundovaldum vocitatis, ad coniugium arcessistes[16], quem 30
manus mea subegit, qui voluit ditione sue regni nostri
superare potentiam; et nunc filiis eius munera mittetis[17],

Col. 452.

Fol. 281 vᵒ.

---

1. *Corr.* pereat. — 2. *Corr.* Hęc. — 3. *Corr.* lamentarent. — 4. *Corr.* Cavelo-
nensem. — 5. *Corr.* triginta. — 6. *Corr.* nullo. — 7. *Corr.* clipeum. — 8.
Corr. Ebreghysilum. — 9. *Corr.* filios. — 10. *Corr.* custodias. — 11. *Corr.*
hominum. — 12. *Corr.* occulte. — 13. *Corr.* Ebregiselus. — 14. *Corr.* deduci-
tur. — 15. *Corr.* infelicissime. — 16. *Corr.* arcessistis. — 17. *Corr.* mittitis.

ut ipsus [1] iterum in Galeis provocetis ad iugulandum ?
Ideoque nun accidis [2], quo volueris, sed morte morieris,
quia contraria est legatio tua genti nostrae [3]. » Illo quoque
recusante, non se his verbis esse communem, sed potius
5 ad Richaredem, qui Chlodosuendam [4], sororem Childeberthi regis, spunsare [5] debuerat, hec munera mitti. Crededit rex loquenti et demisit eum ; abiitque in itinere quo
directus fuit cum ipsis muneribus.

XXV[IIII]. Igitur Childebertus rex, invitante Sigimun [6]
10 Momotiacensis opidi sacerdotis, die paschę ad supradictam
chælebrari statuam [7] urbem. Graviter tunc Theudobertus,
filios [8] eius senior, gule adflictus tumore laboravit, sed
convaluit. Interea Childeberthus rex exercitum cummovit [9]
in Etaliam [10] ad debellandam Langobardorum gentem cum
15 isdem || pergere. Set Langobardi, his auditis, legatos cum Fol. 282.
muneribus mittunt, dicentes : « Sit amicitia inter nos, et non
periamus [11] ac dissolvamus certum dicione tuæ tributum ;
ac ubicunque necessarium contra inimicus [12] fuerit ferre
auxilium non pegibit [13]. » Hæc Childebertus rex, ad Gunt-
20 chramnum regem legatus [14] dirigit [15], que æa que ab his
offerebantur in eius auribus intimaret. Sed ille non obvius
de ac convenentia, consilium ad confirmandam pacem tribuit.
Childebertus vero rex iussit exercitum in loco resedere,
misitque legatos ad Lango||bardus [16], ut si hec que audiebant Col. 453.
25 confirmabant, exercitus reverteretur ad propria. Sed minime
est inpletum.

XXX. Childebertus vero rex discriptoris [17] in Pectavo,
invitante Maroveo episcopo, iussit abire, id est Florientia-
num maiorem domus regine et Romulfum palatii sui comi-
30 tem, ut scilicet populus censum, quem tempore patres [18]

---

1. *Corr.* ipsos. — 2. *Corr.* non accedis. — 3. *Ms.* noᵣ. — 4. *Corr.* Chlodosuindam. — 5. *Corr.* sponsare. — 6. *Corr.* Sigimundo. — 7. *Sic, pro* statuit.
— 8. *Corr.* filius. — 9. *Corr.* commovit in. — 10. *Corr.* Italiam. — 11. *Corr.*
pereamus. — 12. *Corr.* inimicos. — 13. *Corr.* pigebit. — 14. *Corr.* legatos. —
15. *Corr.* diriget. — 16. *Corr.* Langobardos. — 17. *Corr.* discriptores. — 18. *Corr.*
patris.

redderet, facta ratione innovata reddere deberet. Multi ex
his defuncti fuerant, et ob hoc viduis orfanisque ac debilibus
tribuit[1] pondus insiderat. Quod hi[2] discutientes per ordi-
Fol. 282 vᵒ. nem, relacxantes pauperes ac infirmus[3], || illos quos iusti-
ciæ condicio tributarius[4] dabat censo publico subdiderunt. 5
Et sic Thoronis sunt dilati. Sed cum populus tributariam func-
tionem infligere vellent, dicentes, quia librum pre manibus
haberent, qualiter sub anteriorum regum tempore dissol-
vissent, respondimus nos, dicentes : « Discriptam urbem
Thoronicam Chlothari regis tempore manifestum est, libri- 10
que illi ad regis præsenciam abierunt; sed, componctho
per timorem sancti Martini antestites regi, incensi sunt.
Post mortem vero Chlottari[5] regis Chariberto regi populus
hic sacramentum dedit; similiter etiam et ille cum iuramento promisit, ut legis consuetudinesque novas nun[6] 15
infligeret, set in illo, quo quondam sub patris dominationem
statu vixerat, in ipso hic eos deinceps retineret; neque
ullam novam ordinationem se inflicturum super eos, quod
pertinerit[7] ad espolium, spopondit. Gaiso vero comes eiusdem temporis, accepto capitulari, quem anteriores subscri- 20
Fol. 283. ptores fecisse cumme||moravimus, tributa cepit exegere[8].
Sed ab Eophronio episcopo pribitus[9], cum exacta pravitate
ad regis direxit presenciam, ostendens capitularium, in quo
tributa continebantur. Sed rex ingemiscens ac metuens
virtutem sancti Martini, ipsum incendium tradedit; aureus[10] 25
exactus basilice sancti Martini remisit, obtes(tes)tans, ut
Col. 454. nullus de popu||lo Thoronico ullum tributum publicum
redderit[11]. Post cuius obitum Sigybertus rex hanc urbem
tenuit nec ullius tributi pondus invexit. Sic et nunc quarto
decimo anno Childebertus post patris obitum regnans, nichil 30
exegit, nec ullo tributi onere hec urbs adgravata congemuit.
Nunc autem potestatis vestræ est, utrum censeatis tributum, ad[12] non ; sed vidite[13], ne aliquit nocæatis, sed contra

---

1. *Sic, pro* tributi. — 2. *Corr.* hii. — 3. *Corr.* infirmos. — 4. *Corr.* tributa-
rios. — 5. *Corr.* Chlottarii. — 6. *Corr.* non. — 7. *Corr.* pertineret. — 8. *Corr.*
exigere. — 9. *Corr.* prebitus. — 10. *Corr.* aureos. — 11. *Corr.* redderet. —
12. *Sic, pro* an. — 13. *Corr.* videte.

eius sacramentum ambulare disponetis[1]. » Hæc me dicente,
responderunt : « Ecce librum pre manibus habemus, in
quo census huic populo est inflictus. » Et ego aio : « Liber
hic a regis thesaurus[2] dilatus non est, nec umquam per
5 tot convaluit annus[3]. Non est mirum enim, si pro inmiciis[4]
horum civium in cuiuscumque domo reservatus est. Iudica-
vit enim Deus super eos, || qui pro spoliis civium nostrorum Fol. 283 v°.
hunc post tanti temporis transacto spacio transtulerunt.
Dum autem hec agerentur, Audini filius, qui librum ipsum
10 protulerat, ipsa die a febre correptus, die tercia expiravit.
Post hec nos transmissimus noncius[5] ad regem, ut quid de ac[6]
causa iuberit[7], mandata remitteret. Sed protinos[8] epistulam cum autoritate[9] miserunt; inde populus Thoronicus pro
reverenciam sancti Martini discriberetur. Quibus relictis,
15 statim viri, qui ad hec missi fuerant, ad patriam sunt
regressi.

XXXI. Gunthchramnus vero rex exercitum commovit in
Septimaniam. Austrovaldus autem dux prius Carcasonam
accedens, sacramenta susciperat ipsusque populus diccioni
20 subegerat regie. Rex autem ad reliquas civitatis[10] capiendas
Bosonem eum Antestio distinat. Qui accedens cum superb-
bia, dispecto Austrovaldo duce adque umdemnato, cur
Carcasonam absque eo ingredi presumsiset[11], ipse cum San-
thonices, Petrocoricis Burdegalensibusque, Agennensibus
25 etiam ac Tolosanis illuc direxit. Cumque in hac iatancia[12]
ferretur, et Gothis || hec nonciata[13] fuissent, paraverunt se Fol. 284.
in his dies[14]. Hic vero super fluvium par||volum, propinquum Col. 455.
ibi, castra ponit, epolis insedit, ebrietatibus incumbit, conviciis et blasfemeis Gothus[15] exagerans. Illique inruentes
30 super ipsus[16], repererunt epulantes inopinantesque. Tunc
hi dantes voces, exsurgunt contra eos. Ad ille paulolum resis-

---

1. *Corr.* disponitis. — 2. *Corr.* thesauros. — 3. *Corr.* annos. — 4. *Corr.*
inmicicis. — 5. *Corr.* transmisimus nuncios. — 6. *Corr.* hac. — 7. *Corr.*
iuberet. — 8. *Corr.* protinus. — 9. *Corr.* auctoritate. — 10. *Corr.* civitates.
— 11. *Corr.* presumpsisset. — 12. *Corr.* iactancia. — 13. *Corr.* nunciata. —
14. *Sic, pro* insidiis. — 15. *Corr.* blasfemiis Gothos. — 16. *Corr.* ipsos.

tentes, fugant[1] simulant. Prosequentibusqu(e)[2] istis, consur-
gunt qui preparati erant de insidiis, concludentesque eos
in medium, usque ad ternicionem ceciderunt. Qui autem
evadere potuerunt, vix, equite ascensu, per fugam delapsi[3]
sunt, omnem subpellectilem relinquentes in campi planiciæ, 5
nihilque secum de rebus propriis auferentes, [hoc pro magno
ducentes], si vel vite donarentur. Insequentes autem Gothi
res eorum omnes repperierunt diripieruntque, pedestris
omnes captivus[4] abducentes. Cecideruntque ibi quasi
quinque milia virorum; captivi autem amplius quam duo 10
milia habierunt; multi tamen ab his laxati, redierunt in
patriam.

XXXII. Commotus autem rex vias claudi per regnum
suum precepit, nec ullus de Childeberthi regno per [eius]
regni territurium peruuium possit habere, dicens, quia : 15
« Per niquiciam[5] eius, qui cum regi Hispaniæ foedus iniit,
exercitus cunruit[6] meus, et ut se non subdant urbis[7] ille
Fol. 284 v°. dicione meæ, eius ‖ hoc immissio facit. » Addita est eciam
huic causæ aliut amaretudinis incendium, quod Ildebertus[8]
rex filium suum senorem[9] Theodoberthum nominæ Sesonas 20
dirigere cogitabat; que res suspicionem fecerat Guntchramno rege, dicente eo quod, quia : « In hoc filium suum
nepus meus Sessonas dirigit, ut in Parisius ingredi faciat
regnumque meum auferre cupiat. » Quod numquam Childeberthus vel in cogitacione, si dici fas est, habere potuit. 25
Multa autem et in Brunichildem regina obpropria iactabat,
dicens eius consilio hec fieri, addens etiam quod Gundovaldi cundam[10] filium invitare[11] coniugio copulare vellit; unde
Col. 456 eciam, sy‖nodum episcoporum in kal. novembr. congregare
precepit. Multi quidem extremis partibus Galliarum ad hoc 30
conventum properates de via regressi sunt, pro eo quod
Bronichildis regina se ab hoc crimini[12] exuit sacramentis;

---

1. *Sic, pro* fugam. — 2. *Corr.* que. — 3. *Corr.* dilapsi. — 4. *Corr.* captivos.
— 5. *Corr.* nequitiam. — 6. *Corr.* conruit. — 7. *Corr.* urbes. — 8. *Corr.*
Hildebertus. — 9. *Corr.* seniorem. — 10. *Corr.* quandam. — 11. *Sic, pro* invitatum. — 12. *Corr.* crimine.

et sic viis iterum reseratis, pervium patificit[1] volentibus ad
regem Childeberthum accedere.

XXXIII. His diebus Ingytrudis, que monasterium in atrio
sancti Martini instituerat, ad regem quasi [filiam] accusatura
processit; in quo monasterium Berthefledis ||, filia quon- Fol. 285.
dam Chariberthi regis, resedebat. Set[2] ista egrediente, hac
in Cenomannico est regressa. Erat enim gula et somno
dedita et nullam de officio Dei curam habens. Negucium
vero Ingytrudis et filiæ eius altius repetendum puto. Igitur
ante eos[3] annos cum Ingitrudis monasterium puellarum
infra atrium sancti Martini, ut diximus, collocare cepissent,
filiæ sue mandata mittit, dicens : « Relinque virum tuum
[et veni], ut faciam te abbatissam gregi huic, quem congre-
gavi. » At illa, audito levitatis consilio, com viro Thoronus
advenit; ingressaque monasterio mater[4], dicebat viro :
« Regredere hinc et gubernare liberos nostros, nam ego non
revertar tecum. Non enim videbit regnum Dei coniugio
copulatus. » Illi[5] vero adveniens, nonciavit[6] mihi omnia,
que a coniuge audierat. Tunc ego accedentes[7] ad monasterium, canonum decreta Nicenum relegi, in quibus conte-
netur, quia : *Si quis reliquerit virum et torum*[8] *in quo bene
vixit spreverit, dicens quia non sit ei porcio in illa celestis
regni gloria, que fuerat coniugio copolatus, anathama sit.*
Quibus audistis[9], Berthegundis metuens, ne a sacerdotibus
Dei communione privaretur, egressa monasterio, rediit cum
viro suo. || Interpositus autem tribus vel quattuor annis, Fol. 285 v°.
iterum mandata mittit ad eam mater eius, deprecans eam
ad se accedere. Ad illea, honeratis navi||bus, tam de rebus Col. 457.
propriis quam viri sui, adsumptus secum uno filio, viro
absenti, Toronus est adpulsa. Sed cum a matre propter inpro-
bitatem vire[10] retenere non possit, scilicit[11] nec callumniam[12],
que eius dolo fabricata fuerat, exciperat[13], ad Berttramnuum,

---

1. *Corr.* patifecit. — 2. *Corr.* Sed. — 3. *Corr.* hos. — 4. *Sic, pro* matris. —
5. *Corr.* Ille. — 6. *Corr.* nunciavit. — 7. *Corr.* accedens. — 8. *Corr.* thorum.
— 9. *Corr.* auditis. — 10. *Corr.* viri. — 11. *Corr.* scilicet. — 12. *Corr.*
columniam. — 13. *Corr.* exciperit.

germanum eius, filium videlicit[1] suum, Burdegalinsis urbem episcupum[2] eam direxit. Prosequenti igitur vir[o] eius, dicebat quia : « Sine consilio parentum eam coniugio copolasti, non erit uxor tua. » Erant enim iam fere XXX anni, ex quo coniuncti pariter fuerant. Adiit enim vir eius plerumque [5] urbem Burdegalinsim, sed noluit eam episcopum restituere. Cum autem rex Guntthramnus ad Aurilianinsim[3] urbem, sicut in superiorem librum memoravimus, advenisset, ibi eum acrius hic vir inpugnare verbis coepit, dicens : « Abstullisti uxorem meam cum famulis eius. Et ecce, quod [10] sacerdotem non dicit, tu cum ancillis meis, et illa cum famulis tuis, dedecus adulterii perpetrasti. » Tunc furore commotus rex, adstrinsit episcopum, ut pulliceretur[4] eam

Fol. 286. reddere viro suo, dicens quia : « Parens mea hec est ; ‖ si quicquam mali exercuit in domum viri sui, ego ulciscar ; sin [15] alius[5], cor[6] boni deformitate redectatus[7] vir, coniux eius, aufertur? » Tunc Berthramnus episcopus pollicitus est, dicens : « Venit ad me, fateor, soror[8] mea post multorum annorum curricula, quam pro caritatis ac desiderii studio tenui mecum, ut libuit. Nunc autem recessit a me ; requirat [20] nunc eam revocetque quo voluerit, me obvium non habebit. » Et hec dicens, misit clam nuncius[9] ad eam, mandans, ut, veste mutata ac penetentiam[10] accepta, in basilica sancti Martini expeterit[11]. Quod facere non distulit. Venitqui[12] vir eius cum multi[13] insequenti[14] viris, ut eam ex ipso [25] loco sancto eiecerit[15]. Erat enim in veste relegiosa, adserens se accipisse penitenciam ; sed virum siqui dixpexit. Interea defunto aput[16] Burdigallinsim urbem Berthramno episcopo, hec ad se reversa, ait : « Vae mihi, que audivi

Col. 458 consilio matris meæ inique. Ecce frater meus obiit ; ‖ ecce [30] a viro derelicta sum, a filiis separata ; et quo ibo infilex[17], vel quid faciam? » Tunc, habito consilium, Pectavum pergit ;

---

1. *Corr.* videlicet. — 2. *Corr.* episcopum. — 3. *Corr.* Aurilianensem. — 4. *Corr.* polliceretur. — 5. *Corr.* aliut. — 6. *Corr.* cur. — 7. *Corr.* redactus. — 8. *Corr.* sorore. — 9. *Corr.* nuncios. — 10. *Corr.* penitentiam. — 11. *Corr.* expeteret. — 12. *Corr.* Venitque. — 13. *Corr.* multis. — 14. *Corr.* insequentis. — 15. *Corr.* eieceret. — 16. *Corr.* defuncto apud. — 17. infelix.

voluitque eam mater retenere [1] secum, || sed penitus non Fol. 286 v°.
potuit. Ex hoc inimicicia orta, dum sepius regis presenciam
adeunt, et hec res patres defensare cupiens, hæ [2] viri;
Bertegundis donacionem Berthechramno germani sui osten-
5 dit, dicens quia : « Hæ et hec germanus meus mihi
contullit [3]. Sed mater eius [non] admittens donacionem,
omnia sibi vindicare cupiens, misit, que [4] æius fractam
domum eius, omnes res illius cum hac donacionem diripie-
runt; unde se ipsam genetrix reddedit conprobatam, cum
10 de rebus ipsis in sequenti filie quedam repetendi districta
ristituit [5]. Sed cum ego vel frater noster Maroveus episcopus
acceptis regalibus aepistulis, ut eas pacificare deberemus,
Berthegundis advenit Thoronis [6] in iudicio quoque accedens,
coegimus eam, in quantum potuimus, rationem sequi; mater
15 vero eius flecti non potuit. Tunc accense felle, ad regem
abiit, quasi filiam exhereditatura de facultate paterna; hac
in presenciam regis exponens causasque filiæ absente,
iudicatum est ei, ut, quartam partem filiæ restitutam, tres
cum nepotibus suis, quos de filio uno habebat, reciperat.
20 In qua causa Theutherius presbiter, qui nupir [7] ex refren-
dario || Sigyberthi regis conversus presbiteri [8] honorem Fol. 287.
accepit, accessit, ut hac [9] devisionem [10] iuxta regis imperium
celeb[r]aret. Set [11] resistente filia nec divisio facta, nec scandalum resedatum est.

25 XXXIIII. Rigundis vero, filia Chilperici, cum sepius
matri calumnias inferret, diceritque [12] se essę dominam,
genetricemque suam servitio redeberit [13], et multis eam et
crebro conviciis [14] lacesserit [15], ac [16] interdum pugnis se ala-
pisque cederent, ait ad eam mater : « Quid mihi molesta es,
30 filia? Ecce res patris tui, que pænes me habentur, accipe
et utere, ut liberes. » Et ingressa in registo [17], riseravit [18]

---

1. *Corr.* retinere. — 2. *Corr.* hæc. — 3. *Corr.* contulit. — 4. *Sic, pro* qui. —
5. *Corr.* restituit. — 6. *Corr.* Thoronus. — 7. *Corr.* nuper. — 8. *Corr.* presbiterii. — 9. *Corr.* hanc. — 10. *Corr.* divisionem. — 11. *Corr.* Sed. — 12. *Corr.* dice-
retque. — 13. *Corr.* redeberet. — 14. *Corr.* cunviciis. — 15. *Corr.* lacessere.
— 16. *Corr.* hac. — 17. regis domo. — 18. *Corr.* reseravit.

arcam monilibus ornamentisque preciosis refertam. De
quacumqui[1] diutissime res deversas[2] extra||hens filiae
adstanti porregerit[3], ait ad eam : « Iam enim lassata sum ;
inmitito[4], inquid, manum et eiece quod inveneris. »
Cumque illa, inmisso brachio, res de archa abstraheret,
adprehensa mater operturio arche, super cervicem eius
inlisit. Quod cum fortitudinem premeret, adque gulam axis
inferior ita adterreret, ut etiam oculi ad crepandum parati
essent, exclamavit una puellarum, qui erat intrinsecus, ||
voce magna dicens : « Curritte, quesu, curritte ; ecce
domina mea graviter a genetricae sua suggillatur. » Et
rumpentes cellolam, qui coram foribus eorum prestulaban-
tur adventum, erutam ab imminente interitu puellam addu-
xerant foris. Post ista vero inter easdem inimiciciæ vehemencius pullulantes[5], et non de alia causa maximæ, nisi quia
Rigundis adulteria sequebantur[6], semper cum eisdem rixe
et caedæs erant.

XXXV. Beretrudis vero moriens filiam suam heredem
instituit, relinquens quepiam vel monasteriis puellarum,
que ipsa instituerat, vel eclesiis sive basilicis confessorum
sanctorum. Sed Waddo, cui in superiore libro meminimus,
querebatur a genero eius equos suus[7] fuisse dereptus[8] ;
cogitansque accedere ad villam eius unam, quam reliquerat filiæ suæ, que infra Pectavu... terminum erat, dicens :
« Hic a regno alterius veniens, diripuit equos meus[9], et
ego auferam villam eius. » Interea mandatum mittit agenti,
ut se adveniente omnia que erant || ad expensam eius neces-
saria prepararet. Quod illi audiens, coniunctis secum omnibus ex domo illa, se ad bellum preparat, dicens : « Nisi
moriar, non ingredietur Wado[10] in domum domni mei. »
Audiens autem uxor Waddone, ad preparatum scilicit[11]
belli instaurari contra virum suum, ait ad eum : « Ne asces-

seris[1] illuc, care coniux; morieris enim, si abieris, et ego
cou filiis miser ero. » Et iniacta manu, voluit eum rete-
nire[2], dicente preteria[3] tom[4] filio : « Si habieris, pa‖ter, Col. 460.
moriemur, et relinquens genetricem meam viduam orfanus-
5 que[5] germanus[6]. Sed cum hec verba penitus retenire non
potuissent, furore accensus contra filium et timidum eum
mollemque exclamans, proiecta securi penę cerebro eius
inlisit. Sed ille in parte excessus, ictum ferientes evasit.
Ascensis denique equitibus, abierunt, mandans iterum
10 acturi, ut, domum scopis mandatam[7], straculis scamna
operieret. Sed illi parvi pendens mandatum eius, con tur-
bis, ut diximus, virorum ac mulierum ante foris domum
stetit, operiens adventum huius. Qui veniens, statim
ingressus domum, ait : « Cum[8] non sunt ‖ scamna hec Fol. 288 v°.
15 operta stragulis, aut domus scopis mundata? » Et elevans
manum cum sic[a], caput hominis liberavit,·ceciditque et
mortuus est. Quod cernens filius hominis mortui, et missa
ex adverso lanceam, contra Wadonem dirigit[9]; cuius
media alvum ictu penetrans, a tergo egressa falarica, ruens
20 ad terram, advenientem multitudinem[10], qui collecta fuerat,
lapidibus obrui cepit. Tunc quidam de his qui venerant
com eo inter imbres saxeos ascendentes, coopertum sago,
ac populo mitigato, heiulante filium eius, eumque super
equum levans, adhuc viventem domui reduxit. Sed proti-
25 nos[11] sub lacrimis uxoris ac filiorum spiritum exalavit.
Expleta igitur tam infilicem vitam, filius eius ad regem
habiit resque eius obtenuit[12].

XXXVI. Igitur anno quo supra Childebertos[13] rex morabatur cum coniuge et mater sua infra terminum urbis qua
30 Strateburgum vocant. Tunc viri forciores, qui[14] erant in urbe
Sessonicas sibi[15] Meldensi, venerant ad eum, dicentes : « Da
nobis unum de filiis tuis, ut serviamus ei, scilicit[16] ut de

---

1. *Corr.* accesseris. — 2. *Corr.* retinere. — 3. *Corr.* preterea. — 4. *Corr.*
tum. — 5. *Corr.* orfanosque. — 6. *Corr.* germanos. — 7. *Corr.* mundatam —
8. *Corr.* Cur. — 9. *Corr.* diriget. — 10. *Corr.* adveniente multitudine. — 11.
Corr. protinus. — 12. *Corr.* obtinuit. — 13. *Corr.* Childebertus. — 14. *Ms.* q;
— 15. *Sic, pro* sive. — 16. *Corr.* scilicet.

progeniae tua pignus retinentes nobiscum, facilius ressis-
tentes[1] inimicis, terminus[2] urbis tue defensare studea-
mus. » Ad ille gavissus[3] noncio[4], Theodoberthum, suum
senio‖rem filium, illuc dirigendum distinat. Cui cumitibus[5],
dumestices[6], maioribus ‖ adque nutriciis vel omnibus qui
ad exercendum servicium regale erant necessarii, delegatis,
mense sexto huius anni direxit eum iuxta voluntatem virorum, qui eum a rege flagitaverant transmittendum. Susce-
pitque eum populus gaudens ac deprecans, ut vitam eius
patrisque sui aevo prolixiori pietas divina concederet.

XXXVII. Erat enim aput[7] urbem Sessionas his diebus
Ductighissilus episcopus, qui propter nimiam, ut ferunt,
putacioni quarto instante anno sensem[8] perdiderat. Adserebat enim multi civium, quod hoc etiam ei maleficiis accessisset per missionem archidiaconi, quem ab onore[9] reppu-
lerat, in tantum ut infra muros urbis hanc amenciam magis
haberit[10]; si vero de civitate fuisset egressus, agebat commodius. Cumque rex supradictum ab urbem venisset, et hi
melius agere, non permittebatur ingressus urbem propter
regem, qui advenerat. Et licit[11] esset vorax cibi hac veni[12]
extra modum, quam sacerdotalem cautillam[13] dicit, tamen
nullum[14] de eo adulteriam quispiam est locutus. Verumtamen
in sequenti cum aput[15] Sauriciacum villam episcuporum
sinodus adgregata fuuset[16], iussum est, ut licerit[17] ei ingredi
urbem suam.

XXXVIII. Cum autem Faileuba regina Childeberti regis,
partu ‖ editu mox extinto[18], egrutaret[19], adtigit aures eius
sermo, quod quidam vel contra eam vel contra Brunichildem regina agere conarentur. Cumque confortata ab incommodo, ad regis presenciam accessiset, omnia tam ei quam
matri eius que audierat reseravit. Verba autem huiuscemodi

---

1. *Corr.* resistentes. — 2. *Corr.* terminos. — 3. *Corr.* gavisus. — 4. *Corr.*
nuncio. — 5. *Corr.* comitibus. — 6. *Corr.* domesticis. — 7. *Corr.* apud. — 8.
Corr. sensum. — 9. *Corr.* honore. — 10. *Corr.* haberet. — 11. *Corr.* licet. —
12. *Corr.* vini. — 13. *Corr.* cautellam. — 14. *Corr.* nullam. — 15. *Corr.* apud.
— 16. *Sic, pro* fuisset. — 17. *Corr.* liceret. — 18. *Corr.* extincto. — 19. *Corr.*
egrotaret.

erant, quod scilicet Septimini[1], nutrix infantum eius, consilio suadere vellet regi, ut, eiectam matrem coniugemque
relictam, aliam sortiretur uxorem; et hic cum eodem que-
cumque vellent vel actagerunt[2] vel precibus obti||nerent. Col. 462.
5 Quod si hoc rex nollet adquiescere que suadebat, ipsum maleficiis interempto, elevatis filiis eius in regno, repulsa nichi-
lominis matrem eorum et aviam, ipsi regerent regnum. Huius
enim consilii socius pronunciant esse Sumnegysilum[3]
comitem stabuli et Gallomagnum referendarium adque
10 Dructulfum, qui ad solacium Septiminæ[4] ad nutriendum
regis parvulus[5] fuerat datus. Denique corripiuntur hi duo,
Septimina[1] videlicet et Dructulfus. Nec mora, extensi
inter stipitis cum væcmencius[6] cederentur, profititur[7]
Septimina virum suum Iovium maleficiis interfecisse ob
15 amorem Dructulfi, ipsumque secum scorto miscere[8]. || De Fol. 290.
his, que supra diximus, causis pariter confitentur et
memoratus[9] viros in hoc consilio habitus indicat. Nec
mora inquiruntur et ipsi; set[10] consciencia[11] accesserunt,
(e) latebram infra eclesiarum septa petiere. Ad quos rex
20 ipse procedens, ait : « Egrediemini in iudicio, ut cognoscamus de his que vobis obiciuntur, si vera sunt an falsa.
Nam, ego ut opinur[12], in hec eclesia fuga delapsi non fuise-
tis, nisi vos consciencia[11] terruisset. Verumtamen promissionem habitote di[13] vita, etiamsi culpabilis[14] inveniamini.
25 Christiani enim summus[15]; nefas est enim vel criminosus[16]
ab eclesia eductus puniri. » Tunc educti foris, cum rege
venerunt ad iudicium; discussisque reclamabant, dicentes,
quia : « Septimina cum Dructulfo hoc nobis consiliom[17]
patefecit. Sed nos exsecrantes ac fugientes, numquam con-
30 sentire voluemus[18] hoc scelus. » Et rex : « Si, inquid,
vos nullam conivenciam[19] prebuisetis[20], nostris auribus
utique intulissetis. Verumne ergo est, vos in hec causa pre-

---

1. *Corr.* Septimana. — 2. *Sic, pro* actu agerent. — 3. *Corr.* Sunnegysilum.
— 4. *Corr.* Septimanæ. — 5. *Corr.* parvulos. — 6. *Corr.* væhemencius. —
7. *Corr.* profitetur. — 8. *Corr.* misceri. — 9. *Corr.* memoratos. — 10. *Corr.*
sed. — 11. *Corr.* conscientia. — 12. *Corr.* opinor. — 13. *Corr.* de. — 14. *Corr.*
culpabiles. — 15. *Corr.* sumus. — 16. *Corr.* criminosos. — 17. *Corr.* consilium. — 18. *Corr.* voluimus. — 19. *Corr.* conveniciam. — 20. *Corr.* prebuis-
setis.

buisse consensum, cum hoc nostre scienciæ oculi voluistis? » Et statim eiecti foris, iterum eclesiam[1] petierunt. Septimina vero cum Droctulfo vehementer cæsa ac cauteriis accensis in facie vulnerata, ablatis hominibus que habebat, Marilegium villa deducitur, ut scilicet || trahens molam, his qui in genicio erant || posite, per dies singulus[2] farinas ad victus necessaria prepararet. Dructulfus enim, incisis capillis et auribus ad vineam excolendam delegaverunt; post dies paucus[3] fuga delabitur. Inquisitusque ab iactori, [iterum ad regem deducitur; ibique multum cesus,] iterum ad vineam, quam reliquerat, distinatur[4]. At vero Suntnegysilus et Gallomagnus privati a rebus quas a fisco meruerant, in exilio retruduntur. Sed venientibus legatis, inter quos episcopi erant, a rege Guntchramno et petentibus pro his, ab exilio revocantur; quibus nihil aliut est relictum, nisi quod habere proprium videbantur.

XXXVIIII. In monasterio vero Pectavinse, insidiante diabulo in corde Chrodeildis, qui se Chariberti quondam regis filiam adserebat, ortu[5] scandalo, ipsa quoque quasi de parentibus confisa regibus, exacta sacramenta sanctimonialibus, ut, iniectis in abbatissam Leuboveram criminibus, eam monasterium deiecta, ipsam substituerant principalem, egressa est cum XL. aut(em) amplius puellis et consubrinam[6] suam Basinam, filiam Chilperici, dicens quia : « Vado ad parentes meus[7] regis[8], ut eis cumtumeliam[9] nostram innotiscere[10] valeam, quia non ut filiæ regum, set[11] ut malarum ancillarum || genite in hoc loco humiliamur. » Infilex[12] ac facilis non recordans, in qua se humilitate beata Radegundis, que hoc instituit monasterium, exhibebat. Egresso ergo ab eo, Thoronus[13] advenit, dataque nobis salutacione, ait : « Deprecur[14], sancte sacerdotes[15], ut has puellas, quæ in magne humilitate ab abatissa Pectavinse

---

redacte sunt, costodire[1] digneris ac cibum prebere, donec
ego eam ad reges parentes nostros exponamusque eis que
patimur et r[e]vertar. » Quibus ego aio : « Si abbatissa deli-
quit aut canonicam regula in aliquo pretermisit, accedamus
5 ad fratrem nostrum Maroveum episcopum et coniuncti argua-
mus eam ; emendatisque negociis, restituamini in monasterio vestro, ne dispergatur luxo‖ria, quod sanctæ Radegundis Col. 464.
ieiuniis et oracionibus crebris elymosinisque frequentibus
adgregavit. » Et illa respondit : « Nequaquam, sed a[2] reges
10 ivimus[3]. » Et ego : « Quare racioni[4] ressistitis? Ob qua
rem sacerdotale monitum non auditis? Vereor, ne coniunctis sacerdotis eclesiarum[5] vos a cummunionem[6] removeant. »
Sic enim et antecessores in epistulam, que a beatam Radegundem inicio huius congregaciones[7] scripserunt, habetur
15 insertum. ‖ Cuius exemplaria huic leccione inseri placuit. Fol. 291 v°.

(XL) *EXEMPLAR EPISTOLÆ. Domine beatissimæ et in Christo
ecclesiæ filie Radegunde, Efronius, Pretextatus, Germanus,
Felix, Domicianus, Victurius et Domnolus episcopi. Solicita
sunt iugiter circa genus umanum [8] inminsam [9] Divinitates [10]*
20 *provi[sura vemedia, nec ab assi]duetate[11] beneficiorum suorum
quoqumque [12] loco vel tempore videntur aliquando seiuncta,
cum pius rerum arbiter tales in hereditate [13] cultura ecclesiasticę personas ubique dissiminat [14], quibus agrhum eius
intenta operatione fidei rastro colentibus ad filicem centini [15]*
25 *numero redditum divina temperiae Christi seges valeat perve-
nire. Tantum igitur benignitatis eius se passim despensatio
profutura defundit, ut illum nosquam [16] denegit [17], quod pro-
desse multis agnuscit [18]; quarum personarum exemlplo sanc-
tissimo, cum iudicaturus [19] advenerit, habeat in plurimis quod
30 coronetur. Itaque cum ipso catholice relegiones exortu cepissent Galicanis in finibus venerande fidei primordia respirare,*

---

1. *Corr.* custodire. — 2. *Corr.* se ad. — 3. *Corr.* ibimus. — 4. *Corr.* Qua
e racione. — 5. *Corr.* ecclesiarum. — 6. *Corr.* communionem. — 7. *Corr.*
congregacionis. — 8. *Corr.* humanum. — 9. *Corr.* inmensam. — 10. *Corr.*
Divinitatis. — 11. *Ms.* proviductate, *corr.* providuitate. — 12. *Corr.* quocumque. — 13. *Corr.* hereditate. — 14. *Corr.* disseminat. — 15. *Corr.* centeni. —
16. *Corr.* nusquam. — 17. *Corr.* deneget. — 18. *Corr.* agnoscit. — 19. *Corr.*
iudicaturos.

et adhuc ad paucorum notitia tunc ineffabilia pervenissent
Trinitates[1] dominice sacramenta; ne quid huic minus adqui-
rere, quam in urbes circuli, predicantibus apos‖tolis obte-
nere[2], beatum Martinum peregrina de sterpe[3] ad inlumi-
nationem patriæ dignatus est dirigere, misericordiam con-
solenti. Qui licet apostolorum temppore non fuerit, tamen
apostolorum gratiam non efugit[4]; nam quod defuit ordine
suppletum est in mercede, quoniam ‖ sequens gradus illi nihil
subtrait, qui meritis antecellit[5]. Huius quoque, reverentis-
sima filia, in vobis congratulamur reddiviva surgere super-
næ dilectiones[6] exempla propitiatione divina; nam, decli-
nante temppore[7] seculi vetustate, vestris sensus certaminę
fides revirescit in flore; et quod veterno debuerat[8] algore
senecte, tandem ferventes animæ rursus incalescat ardore.
Sed cum pene eadem venerites[9] ex parte, que beatum Marti-
num huc dedicimus[10] accessisse, non est mirum, si illum
imitare videaris in opere, quem tibi ducem crededimus iti-
neris extetisse; ut cuius es secuta vestigia, filici[11] voto com-
pleasset exempla, et beatissimum virum in tantum tibi
facias socium, in quantum partem refuges[12] habere de
mundo. Cuius openiones[13] radio premigante, ita redis ‖
audientium pectora cælesti folgoræ[14] suffusa, [ut][15] passim
provocati puellarum animi, divini ignis scentella[16] succensi,
rapti festinant avide in caritatem Christi fontem vestri pec-
toris inrigari, et relectis parentibus te sibi magis elegant[17]
quam matrem; facit gratia, non natura. Igitur huius studii
vota videntes, gratias clementiæ supernę referemus[18], qui
voluntates hominum suæ facit voluntate conecti; quoniam
confidemus[19], qua[20] aput[21] vos iubet collige[22] s[uo] volunt
amplexu servare. Et qui asdam[23] cunperimus Dwinitatem
propitia, de nostris terreturiis[24] ad institucionem vestre
regulę desiderabiliter convolasse, inspicientes etiam vestre[25]

Fol. 292.   Col. 465.   Fol. 292 v° vacat.   Fol. 293.

---

1. *Corr.* Trinitatis. — 2. *Corr.* obtinere. — 3. *Corr.* stirpe. — 4. *Corr.* effugit. — 5. *Corr.* antecellet. — 6. *Corr.* dilectionis. — 7. *Corr.* tempore. — 8. *Corr.* tebuerat, *pro* tepuerat. — 9. *Corr.* veneretis. — 10. *Corr.* didicimus. — 11. *Corr.* felici. — 12. *Corr.* refugis. — 13. *Corr.* opiniones. — 14. *Corr.* fulgoræ. — 15. *Additum.* — 16. *Corr.* scintilla. — 17. *Corr.* eligant. — 18. *Corr.* referimus. — 19. *Corr.* confidimus. — 20. *Corr.* quas. — 21. *Corr.* apud. — 22. *Corr.* collegi. — 23. *Corr.* hasdam. — 24. *Corr.* territuriis. — 25. *Corr.* vestrę.

pectictionis epistolam libenter a nobis exceptam, o[1] Christo
auctore et remediatore firmamus, ut, licet omnes ęqualiter
que ibi conveniunt in Dei caritate mansure debeant inveola-
biliter[2] costodire[3], quod videntur libentissimo animo susce-
pisse, quoniam contaminare non decet Christo fides, cælo
5 *teste promessa[4], ubi non leve scælus est, templum Dei,*
quod abssit, pullui, ut ab eo posset, ira succendente, disperdi;
tamen specialiter definimus, si quasi quod dictum est, de Fol. 293 v°.
locis sacerdotaliter nostre ‖ gubernacione, Domino provi-
dente, commissis, et Pectavine civitate vestrum mo‖nasterio Col. 466.
10 *meruerit sociari secundum beate memoriæ domno Cæsarii*
Erelatensis[5] episcopi constituta, nulli sit ulterius discædendi
licentia, que, sicut conteneret[6] regula, voluntate propria
videtur ingressa; ne unius turpi dedecore ducantur in
crimine, quod apud omnes emicat in honore. Et ideo sicut[7]
15 *avertat Deus, aliqua insane mentis inlicitatione succensa, a[8]*
tanti oproprii[9] maculam precipitare suam voluerit discipli-
nam, gloriam et coronam, ut inimici consilio, sicut Eva
eiectam de paradiso, per qualemcumque locum de claustris
ipsius monastirii, imo[10] de cęli regno exire pertullerit, mer-
20 *genda et concolcanda[11] vili platearum in luto; separata a*
cummunione[12] nostra, diri anathematis vulnere feriatur; ita
ut, si fortassis, Christo relecto[13], homine volueret[14] nubere,
diabulo[15] captivante, solum ipsa que refugit, sed etiam ille,
qui ei coniunctus est, turpis adulter et potius sacrilecus[16]
25 *quam maritus; vel quisquis, ut hoc fierit[17], veninum[18] magis ‖*
quam consilio minestravit[19], simile ultione, sicut de illa dic- Fol. 294.
tum est, cæleste iuditio, nobis obtantibus, percelatur[20],
donec, seperationem facta, per conpetentem exegrandi cri-
minis penitendam a loquo quuo[21] egressa fuerat recipi
30 *meruerat et adnecti. Adiciente se iam[22], ut eorum[23], qui nobis*
quandoque successuri sunt sacerdotes, similis comdempnatio-

---

1. *Corr.* a. — 2. *Corr.* inviolabiliter. — 3. *Corr.* custodire. — 4. *Corr.* promissa. — 5. *Corr.* Arelatensis. — 6. *Corr.* conteneret. — 7. *Sic, pro* si, quod.
— 8. *Corr.* ad. — 9. *Corr.* obprobrii. — 10. *Corr.* immo. — 11. *Corr.* con-
culcanda. — 12. *Corr.* communione. — 13. *Corr.* relicto. — 14. *Corr.* voluerit.
— 15. *Corr.* diabolo. — 16. *Corr.* sacrilegus. — 17. *Corr.* fieret. — 18. *Corr.*
venenum. — 19. *Corr.* ministravit. — 20. *Corr.* precellatur. — 21. *Corr.* que.
— 22. *Sic, pro* Adicientes etiam. — 23. *Sic e corr.*

nis[1] teneantur adstrecti[2] reatum; sicut non credimus,
aliquid ipsi voluerit aliter, quam nostra diliberatio[3] conte-
nit[4], relaxare, noverint se nobiscum, eterno definiente
iudice, causaturus[5], quia communis est salutis instructio,
sicut Christo promittitur inveolabiliter[6] observetur. Quod 5
nostra determinationes[7] decretom[8] pro firmitates institui
(tu), proprię manus subscriptione credidimus roborandum,
perpetualiter a nobis Christo auspicę servaturum.

Lecta igitur hæc epistola, Chrodeeldes[9] dixit : « Numquam nos ulla retenebit[10] mora, nisi ad reges, quos 10
parentes nostros esse novimus, accedamus. » Venerant enim
pedestri iteneri[11] a Pectavo, nec ullius ęquitis habuerant
beneficium, || unde anille et satis exiguę erant. Sed nec vic-
tus alimonia ullam eis in viam quisquam prebuerat.
Accesserunt enim ad urbem nostram dię prima minsis 15
primi; erant enim pluvie mag||ne, sed et viæ dissolute
erant a nimia inmensitate aquarum.

XL. Detraebant[12] enim et de episcopo, dicentes, quia
illius dolo et hæc turbate, in nonasterium[13] fuerat derelectum;
sed matheriam huius scandali alicujus placuit memorari. 20
Tempore Chlothari[14] regis, eum beata Radegundis hoc
monasterium instituisset, semper subiecta et oboediens
cum omni congregatione sua anterioribus fuit episcopus[15].
Tempore vero Sigiberty, postquam Maroveus epescopatum
urbis adeptus est, acceptis epistolis Sigyberty regis, pro 25
fide ac devotione Radegundis beata in partibus orientis
clericus[16] destinat pro dominicę cruces[17] ligno ac sanctorum
apostolorum ceterorumque martyrum reliquiis. Qui euntes
detullerunt æc[18] pignora. Quibus delatis, petiit regina
episcopum, [ut] cum honore debito grandique psallentium 30
in monastherium locarentur[19]. Sed ille dispitiens suggescio-

---

1. *Corr.* comdempnationes. — 2. *Corr.* adstricti. — 3. *Corr.* deliberatio. —
4. *Corr.* continet. — 5. *Corr.* causaturos. — 6. *Corr.* inviolabiliter. — 7. *Corr.*
determinationis. — 8. *Corr.* decretum. — 9. *Corr.* Chrodchildis. — 10. *Corr.*
retinebit. — 11. *Corr.* itineri. — 12. *Corr.* detrahebant. — 13. *Sic, pro* monasterium. — 14. *Corr.* Clotharii. — 15. *Corr.* episcopis. — 16. *Corr.* clericos.
— 17. *Corr.* crucis. — 18. *Corr.* hæc. — 19. *Corr.* collocarentur.

nem[1] eius, [ascensis equis, villae se contulit. Tunc] regina
iteratis ad regem Sigibertum direxit, deprecans, ut ingunc-
tione[2] sua quicumque ex episcopis hæc pignora cum illo
quod decebat honorem votumque eius exposcebat, in mona-
5 sterium collocaret. Ad oc[3] enim opus || beatus Eufonius[4] Fol. 295.
urbis Thoronicę episcopus iniungitur. Qui cum clericis
suis Pectavo accedens, cum grandi psallentium et cereorum
micantium ac timiamathis apparatu sancta pignora, absente
loci episcopo, in monasterium detulit. Post hec, cum pon-
10 teficis[5] sui sepius graciam quereret, nec possit adipisci,
necessitate commota, cum abatissa[6] sua, quam instituerat,
Arelatensem urbem expetunt. De qua regulam sancti
Cæsarii aque[7] Cæsarię beatæ susceptam, reges[8] se tui-
tione munierunt, || scilicit[9] quia in illum, qui pastor esse Col. 468.
15 debuerat, nullam curam defensiones suæ potuerunt repperire. Ex oc[10] scandalum de die in die propagatum, tempus
migrationis beate Radegundis advenit. Qua migrante, iterum petiit abbatissa sub sacerdotis sui potestate dilegere[11].
Quod ille cum primum respuere voluissed, consilio suorum
20 promiset[12], se patrem earum, sicut dignum erat, fieri et,
ubi necessitas fuisset, suam prebere defensionem. Unde
factum est, ut habiens ad Childebertum regem preceptio-
nem elicerit[13] ut ei hoc monasteriom[14], || sicot[15] reliquas Fol. 295 v°.
parochias[16], regulariter liceat gobernare[17]. Set[18], nescio
25 quid, credo aduc[19] in eius animus resedisset, ut he[20]
puellæ adserunt, quod moverunt scandalum. His vero
intendentibus, ut at reges, sicot[15] diximus, presæntiam
properarent, dedimus eis consilium, dicentes : « Intende-
tis[21] contra rationem, et nullo modo vobis ea series inseri
30 potest, quhi blasphemium arceat. Sed, sicot[15] diximus,
rationem prætermittetis nec salubre consilium vultis accipere, vel hoc conicite in animas vestras, ut, preterito

---

1. *Corr.* suggestionem. — 2. *Corr.* iniunctione. — 3. *Corr.* hoc. — 4. *Corr.*
Eufronius. — 5. *Corr.* pontifices. — 6. *Corr.* abbatissa. — 7. *Corr.* adque. —
8. *Corr.* regis. — 9. *Corr.* scilicet. — 10. *Corr.* hoc. — 11. *Corr.* diligere. —
12. *Corr.* promisit. — 13. *Corr.* elicerit. — 14. *Corr.* monasterium. — 15. *Corr.*
sicut. — 16. *Corr.* parrochias. — 17. *Corr.* gubernare. — 18. *Corr.* Sed. —
19. *Corr.* adhuc. — 20. *Corr.* hec. — 21. *Corr.* Intenditis.

hiberni uius [1] tempore, qui in hoc verno [2] accessit, cum
aurae cummodiores [3] fuerint, quod ducit voluntas pergere
valeatis.» Quo consilio aptę suscipientes, subsequente estate,
relictis Thoronis ceteris ac commendatis consobrinæ suae
Chrodieldes [4] sanctæmonialibus, ad regem Gunthchramnum   5
accessit. A quo suscepta ac muneribus honorata, Thoronis
est regressa, Costantinam, filiam Burgolino, in monastherio
Agusthidenensim [5] relicta, expectans episcopos, qui a rege
Fol. 296. fuerant iussi advenire ad causam ‖ ipsarum cum abatissa [6]
discutere. Multe tamen ex his adversis circumventi, matri-   10
monio copolate sunt, priusquam hęc agere grederetur [7].
Cumque prestulantes [8] atventum [9] nulum [10] episcopum
advenire senserunt. Pectavum regressi sunt et se infra
Col. 469. basilica sancti Helarii tutaverunt, con‖gregatis secum furi-
bus, homicidis, adulteriis [11] omniumque criminum reis,   15
stabilientes se ad bellum atque dicentes, quia : « Reginę
sumus, nec prius in monasterio nostro ingrediemor [12], nisi
abatissa [13] eiecietur foras. » Erat ibi tunc reclausa quedam [14],
que [15] ante paucus annus [16] per murum se deiciens, ad
basilicam sancti Elarii confugit, multa in abatissam [17] cri-   20
mina evomens, que [18] tamen falsa cognovimus. Sed postquam
in monastyrium per eum locum, unde se precipitaverit,
funibus est adtracta, petiit, ut se in cellolam [19] secretam
recluderet, dicens, quia : « Multum peccavi in Domino et
domine meæ Radegunde, que illis diebus subprestes erat;   25
volo me, » ait, « ab hac frequentia congregaciones totius
Fol. 296 v°. admovere et pænitentiam pro neglectis ‖ meis agere. Scio
enim, quia misericors est Dominus et remittit confitentibus
se peccata. » Et ingressa est in cellolam. Cum autem hoc
scandalum cummotus fuisset, et Crhodehildis a Guntchramno   30
rege regressa esset, hec, disrupto nocturnis horis osteo [20]
cellole [21], · egressa est a monasterium et ad Chrodeildem

---

1. *Corr.* hiberniius. — 2. *Add.* tempore. — 3. *Corr.* commodiores. — 4. *Corr.*
Chrodehildis. — 5. *Corr.* Agusthidunensi. — 6. *Corr.* abbatissa. — 7. *Corr.* a
rege regrederetur. — 8. *Corr.* prestolantes. — 9. *Corr.* adventum. — 10. *Corr.*
nullum. — 11. *Corr.* adulteros. — 12. *Corr.* ingrediemur. — 13. *Corr.* abbatissa. — 14. *Corr.* quędam. — 15. *Corr.* quę. — 16. *Corr.* paucos annos. —
17. *Corr.* abbatissam. — 18. *Corr.* quę. — 19. *Corr.* cellulam. — 20. *Corr.*
ostio. — 21. *Corr.* cellolę.

abiit, multa, sicot[1] prius fecerat, crimina de abbatissa pro-
rumpens.

XLI. Dum autem hec agerentur, Gundegysilū[2] Burdigalensis episcopus adiunctis secum Nicasium Ecolisinen-
5 sem et Safarium Petrocorium ac ipso Maruveo Pectavensi
episcopum, eo quod uius urbis metropolis esset, ad basilicam sancti Elari advenit, arguens as[3] puellas et in monasterio reducere cupiens. Sed cum ille obstinatius reluctarent,
et hic cum reliquis iuxta epistolam superius nominatam
10 eis excomunionem indicerent, exsurgens turba murionem
prefatorum, tanta eos in ipsa sancti Helari basilica cede
mactavit, ut conruentes ipavimento[4] episcopis, vix consur-
gere possint; sed et diaconi || et reliqui clerici sanguine Fol. 297.
perfusi, cum effractis capi||tibus basilicam sunt egressi. Tam Col. 470.
15 inmensus enem[5] eos, ut credo, diabulo[6] cooperante, pavor
obsederat, ut egredientes a loco sancto nec sibi vale dicentes, unusquisque per viam, quam adrepere potuit, repedaret.
Adfuit huic calamitate et Desiderius diaconus Siagri Agusti-
duninsis episcopi[7], qui, non inquisito Clenni flumines[8] vado,
20 quo primo[9] litus attigit, est ingressus, ac[10], [n]ante [equite],
ripę ulteriores campo evectus est. Ex hoc Crodiheldis[11]
ordinatores elegit, villas monasterii pervadit, et quoscumque de monastherio aripere[12] potuissit[13], plagis ac cedibus
adfectos suum servicio subiugabat, minans, ut, si monaste-
25 rium [posset] ingredi, abbatissam de muro proiectam terra
deiecerit[14]. Quod cum Childeberto rege nuntiatum fuisset,
statim directa auctoritat[e], precipit[15] Maconi com.[16], ut hec
repremere omni intentione [de]beret[17]. Gundegessilus[18]
autem, cum has a communione suspensas cum ceteris, ut
30 diximus, reliquissit episcopis, epistolam ex [s]uo fratrumqui
presentium nomine conscripsit ad sacerdotes illus[19], qui

---

1. *Corr.* sicut. — 2. *Corr.* Gundegysilus. — 3. *Corr.* has. — 4. *Corr.* in
pavimento. — 5. *Corr.* enim. — 6. *Corr.* diabolo. — 7. *Corr.* episcopus. —
8. *Corr.* fluminis. — 9. *Corr.* primum. — 10. *Corr.* hac. — 11. *Corr.* Crodihil-
dis. — 12. *Corr.* arripere. — 13. *Corr.* potuisset. — 14. *Corr.* deieceret. —
15. *Corr.* precepit — 16. *Corr.* comite. — 17. *Corr.* deberet. — 18. *Corr.*
Gundegisilus. — 19. *Corr.* illos.

tunc cum rege Guntchramno fuerant atgregati. A quibus hec
rescripta suscepit : ||

Fol. 297 v°. *EXEMPLAR REESCRIPTI. Dominis semper suis atque apos-*
tolicis sede digissimis [1] *Gundegysilo, Nicasio et Safario,* 5
Aetherios, Syacrius, Aunacharius, Etsicyus, Agroecula,
Urbitus, Felix, Veranus, item Felix et Berthechramnus
episcopi. Litteras vestras beatitudinis quantum, referante
nuntio, de vestra sospitate gavisi, excipimus, tantum de
iniuriam, quam vos pretullisse signastes [2], *non modicum*
erore [3] *adstringuemur* [4], *dum et regula transcenditur, et* 10
nulla reverentia re[le]giones servatur. Sed quia indegastis [5]
monacas [6], *quę* [7] *de monastherio bona* [8] *memoriæ Radigundi* [9],
intigante [10] *diabulo* [11], *fuerunt degressę, nullam a vobis adquie-*
Col. 471. *verant correctionem au||dire nec intra monastherii sui septa,*
de qua egressae fuerant voluissent reverti; insuper basilicam 15
sancti Helarii per cedes vestras vestrorumque iniuriam
intullisse; quapropter ipsas a communionis gratiæ vise [12]
fuistis suspendere ac per hoc nostram exinde mediocritatem
elegistis consulere; igitur, quia optime [13] *vos novimus statuta*
canonum percurrisse ac riculę [14] *plenitudinem continere, ut,* 20
Fol. 298. *qui in talibus excessibus || videntur depraehendi, nun* [15] *solum*
excummunicacionem [16], *verum eciam* [17] *penitentiæ satisfac-*
cionem [18] *debeant coerceri; adeo reddentes cum venerationes*
cultum summę aviditatis dilectionis instinctum, indgamus [19]
ea que defenistis concordanter vestræ sententię consentire, 25
quoadusque in sinodale concilio kalendis novembribus pariter
positi, debeamus consilio pare [20] *tractare, qualiter talium*
temiretas [21] *frenum districtionis possit accipere, ut deinceps*
nulli libeat sub hunc lapsum, faciente iactantia, similia per-
petrare. Attamen [22], *quia nos sua dictione domus Paulus* 30
apostolus indesinenter videtur movere [23], *ut oportune inpor-*

---

1. *Corr.* dignissimis. — 2. *Corr.* signastis. — 3. *Corr.* errore. — 4. *Corr.*
adstringimur. — 5. *Corr.* indicastis. — 6. *Corr.* monachos. — 7. *Corr.* quę. —
8. *Corr.* bonae. — 9. *Corr.* Radegundi. — 10. *Corr.* instigante. — 11. *Corr.*
diabolo. — 12. *Corr.* visę. — 13. *Corr.* optimę. — 14. *Sic, pro* regulae. —
15. *Corr.* non. — 16. *Corr.* excommunicacionem. — 17. *Corr.* etiam. —
18. *Corr.* satisfactionem. — 19. *Corr.* indecamus. — 20. *Corr.* pariter. —
21. *Corr.* temeritas. — 22. *Corr.* Ad tamen. — 23. I. Tim. IV, 2 et 8.

tune[1] *debeamus quoscumque excidentes sidola predicatione corregere, et pietatem protestatur ad omnia utilem esse, adeo suggerimus, ut adhuc et oratione assidua Domini misericordiam deprecemini, ut ipse spiritu conpunctionis ipsas infla-*
5 *mare dignetur, ut id quod per dilectum vise sunt contracxisse digna satisfaccione peneteant, ut in monasterio sub vestra predicatione animas,* || *que quodam modo perierunt,* Fol. 298 v.
propitio Christi revertantur, ut ille, qui unam humeris inlatam ovem errantem ad ovilem reduxit, et de istarum trans-
10 *gressionem quasi adquesitum gregem cumgaudere dignetur. Hoc specialius postolantes, ut pro nobis intercessionem vestrarum suffragia indesinenter, ut confidemus*[2], *tribuatis. Peculiares*[3] *vester Ætherius peccator salutare presumo. Cliens vester Issichyus reverenter audeo salutare. Amatur*[4]
15 *vester Siagrius reverenter saluto. Cultor vester Urbecus peccator famulanter saluto. Veneratur*[5] *vester Veranus episcopus reverenter saluto. Famulus vester Filex*[6] *salutare presumo. Umiles*[7] *vester atque* || *amatur*[8] *Felix audeo salutare.* Col. 472.
Humiles atque oboediens vester Berthramnus episcopus salu-
20 *tare presumo.*

XLII. Sed et abatissa[9] recitavit epistolam, quam beata Radegundes episcopis, qui suo tempore erant, direge[10] voluit. Cuius nunc iterum ipsa abatissa[11] exemplaria ad vicinarum urbium sacerdotes direcxit[12]. Cuius hec est exem-
25 plar : ||

EXEMPLAR EPISTULE[13]. *Dominis sanctis et apostolica sede* Fol. 299.
dignissimis in Christo patribus episcopis Radegundis Pectavum. Congrue provisionis tunc roborabiliter ad effectum tendit exordium, cum generalibus patris, medicis ac pastoribus
30 *utilis*[14] *sibi cummissa causa auribus traditur, cuius sensibus*

---

1. *Corr.* oportunę inportunę. — 2. *Corr.* confidimus. — 3. *Corr.* Peculiaris.
— 4. *Corr.* Amator. — 5. *Corr.* Venerator. — 6. *Corr.* Felix. — 7. *Corr.* Humilis. — 8. *Corr.* amator. — 9. *Corr.* abbatissa. — 10. *Corr.* diregere. —
11. *Corr.* abbatissa. — 12. *Corr.* direxit. — 13. *Corr.* epistolę. — 14. *Sic, pro* ovilis.

cummendatur; quorum participacio de caritate, consïlium de potestate, suffragium de oratione ministrare poterit interventum. Et quoniam olim vinculis laicalibus absoluta, divina providente [et] inspirante clemencia[1], ad re[le]giones normam visa sum voluntarię duce Christo translata, ac prone mentis 5
studio cogitans eciam[2] de aliarum profectibus, ut, anuente Domino, mea desideria efficirentur reliquis profutura, instituente adque remunerante precellentissimo domno regi Chlothario, monasterium puellarum Pectave urbe constitui, conditumque, quantum mihi munificencia regalis est largita, 10
facta donatione, dotavi; insuper congregacionem[3] per me, Christo prestante, collecta, regulam, sub qua sancta Cesaria deguit, quam sollicitudo beati Cessari antestites[4] Arelatinsis[5] ex institucione sanctorum patrum convenienter collegit, accivi[6]. Cui, consencientibus beatissimis vel uius[7] 15
civitates[8] vel reliquis pontificibus, eleccione etiam nostre congregaciones[9], domnam et sororem meam Agnitem, ||

ol. 299 v°. *quam ab ineunte ætate loco filiæ colui et edoxi, abbatissam[10] institui, ac me post Deum eius ordinatione regulariter oboedituram conmisi. Cuique, furmam[11] apostolicam obser-* 20
vantes, tam ego quam sorores de terrena substantia que possederi videbamur, factis cartis, tradedimus[12], metu Annaniae

Col. 473. *et Sa||firę in monasterio positę nihil proprium reservantes. Set[13] quoniam incerta sunt humane condicciones[14] momenta vel tempora, quippe mundo in fine currente, cun aliqui magis* 25
propriae quam divine cupiant voluntate servire, zelo ducta Dei, hanc suggessiones[15] meę paginam [m]ere[to][16] apostolatus vestrę in Christo nomen superaestes[17] porrego vel devota. Et quia presens non valui, quassi[18] vestris provoluta vistigiis[19], epistulę[20] vicariaetate prosternor, coniurans per Patrem et 30
Filium et Spiritum sanctum ac diem tremendi iudicii, sic representatus vos, non tyrannus obpugnet, sed legitimus rex

---

1. *Corr.* clementia. — 2. *Corr.* etiam. — 3. *Corr.* congregationem. — 4. *Corr.* antestitis. — 5. *Corr.* Arelatensis. — 6. *Corr.* adscivi. — 7. *Corr.* huius. — 8. *Corr.* civitates. — 9. *Corr.* congregacionis. — 10. *Ms.* abbats *abbr.* — 11. *Corr.* formam. — 12. *Corr.* tradidimus. — 13. *Corr.* Sed. — 14. *Corr.* condiccionis. — 15. *Corr.* suggestiones. — 16. *Corr.* paginam e. — 17. *Corr.* suprestes. — 18. *Corr.* quasi. — 19. *Corr.* vestigiis. — 20. *Corr.* epistolę.

coronet, ut, se [1] casu post meum obitum, si quecumque per-
sona, vel loci eiusdem pontifex, seu potestas principes [2], vel
aliquis, quod nec fieri credimus, congregacionem [3] vel suasu
malivolo vel inpulsu iudiciario praeturbare timtaverit [4], aut
regulam frangere, seu abbatissam alteram quam sororem
meam Agnitem, quam beatissimi Germani presen‖tibus suis Fol. 300.
fratribus benediccio consecravit, aut ipsa congregacio, quod
fieri non potest, habita murmoracione, mutare contenderit,
vel quasdam dominaciones in monasterio vel rebus monaste-
10 *rii quecumque persona vel pontifex loci, preter quas anteces-*
sores episcopi [5] aut alii, me superstete, habuerunt, novo previle-
gio [6] quecumque affectare voluerit, aut extra regulam exinde
egredi quis timtaverit [4], seu de rebus, quas in me precellen-
tissimus domnus Chlotharius vel precellentissimi domni regis,
15 *filii sui, contullerunt, et ego eius preceptiones permissum*
monasterio tradedi possedendum, et per auctoritatem precel-
lentissimorum dominorum regum Chariberthi, Gunthramni,
Chilperici et Sigiberthi com sacramenti interposicione et sua-
rum manuum subscriptionibus obtenui confirmare ; aut ex is,
20 *que alii pro animarum suarum remedio vel sororis ibidem*
de rebus propriis contullerunt, aliquis princeps aut pontifex
aut potens aut de sororibus cuius libet persone aut si [7] minuere
aut sibimet ad proprietatem revocare sacrilego voto contende-
rit, ita vestra sanctitatem successorem‖que vestrorum post Col. 474.
25 *Deum pro mea supplicatione et Christi voluntate incurrat, ut,*
sicot [8] predones et spoliatores pauperum extra graciam ves-
tram habeantur, numquam de nostra regula ‖ vel de rebus Fol. 300 v°.
monasterii, obsistentibus vobis, inminuere valead aliquid aut
mutare. Hoc etiam deprecans, ut, cum Deus predictam dom-
30 *nam sororem nostram Agnitem de seculo migrare voluerit,*
illa in loco eius abbatissa de nostra congregatione debeat
ordinare, que Deo et ipsi placuerit, costodiens regulam, et
nihil de preposito sanctitatis minuat ; nam numquam propria
aut cuiuscumque voluntas percipitat. Quod, sicot [8] absit, con-

---

1. *Corr.* si. — 2. *Corr.* principis. — 3. *Corr.* congregationem. — 4. *Corr.*
temtaverit. — 5. *Ms.* opis *abbr.* — 6. *Corr.* privilegio. — 7. *Sic, pro* ausi. —
8. *Corr.* sicut.

tra Dei mandatum et auctoritatem regum aliquis de supra-
scriptis condicionibus vobis coram Domino et sanctis eius pre-
cabiliter conmendatis agere aut de persona aut substantiam
minuendam voluerit, aut memorate sorore mea Agnite abba-
tisse[1] molestias aliquas inferre timtaverit, Dei et sancte Cru- 5
cis et beate Mariae incurrat iudicium, et beatus confessores
Helarium et Martinum, quibus post Deum sorores meas tra-
dedi defendendas, ipsus abeant contradictores et persequi-
tores[2]. Te quoque, beati[3] pontifex, successoresque vestros,
quos patrones in causa Dei diligenter adscisco, si, quod absit, 10
exteterit[4] qui contra hec[5] aliquid mollire timtaverit[6], pro
repellendum et confutando Dei hoste non pigeat ad regem,
quem eo tempore locus iste respexerit, vel ad Pectavam civi-
tatem pro re vobis ante Dominum commendatam percrurire[7]
et contra aliorum iniustitia exequitores[8] et defensores iusti- 15
ciae[9] labore vitale[10] nefas ullo modo suis ammitti temporibus

Fol. 301. *rex patiatur cat‖holicos, ne convelle permittant, quod Dei et*
mea et regum ipsorum voluntate firmatum est. Simul etiam
principes, quos Deus pro gubernationem populi post descces-
sum[11] meum superesse precipe[rit], coniuro per Regem, cuius 20
nun[12] erat fines[13], et ad cuius nutum regna consistunt, qui
eis donavit ipsum vivere vel regnare, ut monasterium, quod
ex permisso et solatio dominorum patres vel aviorum cons-

Col. 475. *trucsisse[14] visa sum et ordinasse regulariter vel do‖tasse, sub*
sua tuicione vel sermone una cum Agne abbatissa iubeant 25
gobernare[15], et a nullo neque sepe dictam abbatissam nostram
neque aliquid ad nostrum monasterium pertenentem molestare
aut inquietare vel exinde imminui aut aliquid mutare permit-
tat; sed magis [pro][16] Dei intuitu una cum domnis episcopis
ipse, me subplicante coram redimptorem[17] gentium, sicot[18] 30
eis commendo, defensare iubeat et munire; ut, in cuius onore
Dei famulas protegunt, cum defensore pauperum et spunso[19]

---

1. *Ms.* abbts *abbr.* — 2. *Corr.* persequutores. — 3. *Corr.* beate. — 4. *Corr.* extiterit. — 5. *Corr.* hec. — 6. *Corr.* temtaverit. — 7. *Corr.* percurrere. — 8. *Corr.* executores. — 9. *Corr.* iusticie. — 10. *Corr.* vitali. — 11. *Corr.* discessum. — 12. *Corr.* non. — 13. *Corr.* finis. — 14. *Corr.* construcxisse. — 15. *Corr.* gubernare. — 16. *Add. alt. manu.* — 17. *Corr.* redemptorem. — 18. *Corr.* sicut. — 19. *Corr.* sponso.

virginum perpetualiter æterno socientur in regno. Illo[1] quo-
que vos sanctus pontificis et precellentissimus[2] domnos regis[3]
et universum populum christianum coniuro, per fidem catho-
licam, in qua baptizati estes, ut in basilica, quam in sancte
5 *Maria domicae genetrices[4] honore cepimus edificare, ubi*
etiam multe[5] sorores nostre[6] condite[7] sunt in requie, sive
perfecta sive inperfecta, cume[8] Deus de hac luce migrare
perceperit, corpusculum meum ibi debeat sepellire[9]. Quod si
quis aliud inde voluerit aut fieri timptaverit, obtenente cruce
10 *Christi et beate Maria, divinam ulcionem[10] incurrat, et, vobes[11]*
intercurrentibus, in lo[12] ipsius basilice ‖ merear cum sorem[13] Fol. 301 vᵒ.
congregacionem obtenire[14] loculum sepulture. Et ut hæc sup-
plicatio mea, quam manu propria sub[scrips]i[15], ut in univer-
sales eclesie[16] harchevo servetur, effusis cum lacrimis depre-
15 *cor, quatinus[17], si contra inprobus aliquos necessitas exerit, ut*
vestra defensione soror mea Agnis[18] abbatissa vel congrega-
tio eius, quo succurri sibi poposcerent, vestra[19] misericordiæ
pia consolacio opem pastoralem solicitudine subminestrent,
nec de me distitutas se proclamænt, quibus Deus presidium
20 *vestre gratiæ preparavit. Illod[20] vobis in omnibus ante ocu-*
lus[21] revocantes, per ipsum, qui de cruce gloriosam virgi-
nem, suam genetricem, beati Iohanni apostulo commendavit,
ut, qualiter ab illo conpletum est Domini de mandato, sic sit
apod vos indigna et humilis dominis meis æclesie patribus ‖ et Col. 476
25 *viris apostolicis quod commendo; quod cum dignanter serva-*
veritis deposito, meretis participes, cuius impletis mandatum
apostolicum, dignare paretis[22] exemplum.

XLIII. Post hec Maroveos episcopus, cum diversa inpro-
peria ab his audiret, Porcarium abbatem basilicæ beati
30 Helari ad Gundegisilum episcopum vel relicu[23] provincialis
eius distinat, ut, data communione puellis, ad audientiam

---

1. *Corr.* Illos. — 2. *Corr.* pontifices et precellentissimos. — 3. *Corr.* reges.
— 4. *Corr.* genetricis. — 5. *Corr.* multę. — 6. *Corr.* nostrę. — 7. *Corr.* conditę.
— 8. *Corr.* cum me. — 9. *Corr.* sepelire. — 10. *Corr.* ultionem. — 11. *Corr.*
vobis. — 12. *Corr.* loco. — 13. *Corr.* sororem. — 14. *Corr.* obtenere. — 15.
Ms. subi *abbr.* — 16. *Corr.* ecclesie. — 17. *Corr.* quatenus. — 18. *Corr.*
Agnes. — 19. *Corr.* vestrae. — 20. *Corr.* Illud. — 21. *Corr.* oculos. — 22. *Sic*
pro digne reparetis. 23. *Corr.* relicos.

veniendi licentiam indulgere dignarentur. Sed nequaquam potuit obteneri[1]. Childebertus autem rex, cum assiduas de utraquæ parte, monasterii scilicet vel puellarum, quæ egresse fuerant, molestias pateretur[2], ‖ Tehutharium pres·biterum ad dirimandas querimonias[3], que inter easdem agebantur, distinat. Qui, provocatis Chrodiheldem cum reliquis puellis ad audientiam, diexerunt[4] : « Non venimus, quia communione suspense sumus. Si reconciliare merimur[5], tunc ad audientiam venire nun[6] defferimus. » Hec audiens ille, ad episcopus[7] abiit. Cumque cum his de hac causa locutus fuissed[8], nullum efectum[9] obtenire[10] potuit de communionem earum; et sic ad urbem Pectavem regerssus[11] est. Puellæ vero separate ab invicem, alie a parentes, aliæ ad domus[12] proprias, nonnullę in his monasteriis, in quibus prius fuerant, sunt regresse, quia hiemen validum simul posite[13] propter penuriam ligni tollerare nun[14] poterant. Pauci tamen cum Chrodeelde[15] et Basena(ne) remanserunt. Erant enim tunc et inter eas magna discordia, pro eo quod alii se preponere cupiebat[16].

XLIIII. Eo anno post clausum pasche tam inminsa[17] cum grandine [pluvia] fuit, ut infra duarum aut trium orarum[18] spacium etiam per minores valleum[19] meatus ingentia currere flumina viderentur. Arbores in autumno floruerunt, et poma, sicot[20] prius dederant, ędiderunt. Mense nono rosę apparuerunt. Flumina vero ultra modum excreverunt, ita ut excidentes[21] litoribus loca, quæ numquam contingere consuetæ fuærant, operirent, non minimum de sacionibus ‖ inferentes damnum.

---

1. *Corr.* obtenire. — 2. *Corr.* patiretur. — 3. *Corr.* cerimonias. — 4. *Corr.* dixerunt. — 5. *Corr.* meremur. — 6. *Corr.* non. — 7. *Corr.* episcopos. — 8. *Corr.* fuisset. — 9. *Corr.* effectum. — 10. *Sic. Corr.* obtinere. — 11. *Sic.* — 12. *Corr.* domos. — 13. *Corr.* positę. — 14. *Corr.* non. — 15. *Corr.* Chrodehilde. — 16. *Corr.* cupiebant. — 17. *Corr.* immensa. — 18. *Corr.* horarum. — 19. *Corr.* vallium. — 20. *Corr.* sicut. — 21. *Corr.* excedentes.

EXPLICIT LIBER NONUS. ‖

---

1. *Corr.* legatorum. — 2. *Corr.* limitem. — 3. *Corr.* Ghundonis.

---

1. *Corr.* Anthiocenae. — 2. *Corr.* obitu. — 3. *Sic, pro* Ragnimodi ac Sulpici episcoporum. — 4. *Corr.* Lemovicini.

IN NOMINE DOMINI NOSTRI IESU CHRISTI
INCIPIT LIBER DECIMUS. ||

I. Anno igitur quinto decimo Childeberthi regis diaconos [1] noster ab urbę Roma sanctorum cum pigneribus veniens, sic retulit, quod anno superiore, mense nono, tanta inundacio Tibris fluvius Romam urbem obtexerit [2], ut ædes antiquae deruerent, horrea etiam ecclesiae subversa sint, in quibus nonnulla milia modiorum tritici periere. Multitudo etiam serpencium cum magno dracone in modo trabis validae per huius fluvii alveum in mare descendit; sed suffocatę bestiae inter salsos maris turbidi fluctus [3] et litori eiectae sunt. Subsecuta est de vestigio cladis, quam inguinariam vocant. Nam medio mense XI. adveniens, primum omnium iuxta illud, quod in Ezechihel propheta legitur [4] : *A sanctoario* [5] *meo incipitę*, Pelagium papam perculit [et sine mora extinxit]. Quo defuncto, magna strages populi de hoc morbo facta est. || Sed quia ęclesia Dei sine rectorem esse non poterat, Gregorium diaconum plebs omnes elegit. Hic enim de senatoribus primis, ab adulescencia devotus Deo, in rebus propriis sex in Sicilia monasteria congregavit, septimum infra urbis Romae muros instituit; quibus tantum diligans terrarum cupiam [6], quantum ad victum || cotidianum prębendum sufficeret, reliqua vindedit cum omne presidio domus ac pauperibus erogavit; et qui ante syrico contextus ac gemmis migantibus solitus erat per urbem procedere trabeatus, nunc vili contextus vestitu, ad altaris dominici ministerium consecratur, septimusque levita ad adiutorium papæ adsciscitur. Tantaque ei abstine(ne)ncia [7] in cibis, vigilancia in oracionibus, strenuetas in ieiuniis erat, ut,

---

1. *Corr.* diaconus. — 2. *Corr.* obtexerat. — 3. *Corr.* fluctos. — 4. *Ezech*, 9, 6. — 5. *Corr.* sanctuario. — 6. *Corr.* copiam. — 7. *Corr.* abstinenentia.

infirmato stomacho, vix consistere possit. Litteris grammate-
cis[1] dealeticisque[2] ac rethoricis ita est insti[tu]tus, ut nulli
in Urbe ipsa putaretur esse secundus; hoc apicem adtencius‖

Col. 481. fugire timptans, ne, quod prius abicerat, rursum ei in seculo
de adepto honore iactancia que iam[3] subriperit. Unde factum
est, ut epistolam ad imperatorem Mauricium dirigeret, cuius
filium ex lavacro sancto susciperat, coniurans et multa prece
deposcens, ne umquam consensum præberet populis, ut
hunc huius honoris gloria sublimaret. Sed præfectus urbis
Romæ Germanus eius anticipavit nuncium[4], et conprehen- 10
sum, disruptis epistolis, consensum quod populus fecerat
imperatore direxit. Ad ille gratias Deo agens pro amicicia[5]

Fol. 305. diaconi, quod reperisset locum honoris eius, data ‖ preceptione, ipsum iussit institui. Cumque in hoc restaret, ut
benediceretur, et lues populum devastaret, verbum ad ple- 15
bem pro agenda penitentia in hoc modo exhorsus est :

[*PRAEFATIO GREGORII PAPAE AD PLEBEM*[6].] *Oportet, fratres
dilectissimi, ut flagella Dei, que metuere ventura debuemus*[7],
saltim presentia et experta timeamus. Conversionis[8] *nobis
aditum dolor aperiat, et cordis nostri duriciam ipsam* 20
quam patimur poena dessolvat[9], *ut enim profetae teste
predictum est*[10] : « *Pervenit gladius usque ad animam.* » *Ecce
etenim cuncta plebs cælestis iræ mugrone*[11] *percutitur, et
repentina singuli cede vastantur; nec langor mortem preve-
nit, sed langoris moras, ut cernitis, mors precurrit. Per-* 25
*cussus quisque ante rapitur, antequam ad lamenta pæniten-
tiae convertatur. Pensate ergo, qualis a conspectu districti
iudicis pervenit, cui non vacat flere quod fecit. Habitatores
quique non ex parte subtrahuntur, sed pariter currunt;
domus vacuae relinquentur, filiorum funera parentes aspi-* 30
*ciunt, et sui eos ad interitum heredes precedunt. Unusquisque
ergo nostrum ad pænitentiæ lamenta confugiat, dum flere ante*

---

1. *Corr.* grammaticis. — 2. *Corr.* dialecticisque. — 3. *Sic, pro* quedam. —
4. *Corr.* nuntium. — 5. *Corr.* amicitia. — 6. *Add. altera manu.* — 7. *Corr.*
debuimus. — 8. *Corr.* Conversiones. — 9. *Corr.* dissolvat. — 10. *Ierem.*, 4, 10.
— 11. *e alia manu.*

percussionem vacat. Revocemus ante oculos mentis quicquid
errando commisimus; || et quod nequiter egimus flendo punia- Fol. 305 v°.
mus. « Prçveniamus faciem eius in confessionem[1], » et sicut
propheta ammonet[2] : « Levemus corda nostra cum mani-
5 bus ad Deüm. » Ad Deum quippe corda cum manibus lçvare
est || orationis[3] nostrç studium cum merito bonae operationis Col. 482.
eregere[4]. Dat profecto, dat tremore nostrae fiduciam, qui
per propheta clamat[5] : « Nolo mortem peccatoris, sed ut
convertatur et vivat. » Nullus autem de iniquitatem suarum
10 inmanitate disperat; veternosas namque Ninnivitarum[6]
culpas triduana pænitentia abstersit[7], et conversus latro
vitae prçmia etiam in ipsa sententia suae mortis emeruit[8].
Mutimus[9] igitur corda et presumamus nos iam percepisse
quod petimus. Cicius ad precem iudex flectitur, si a pravitate
15 sua petitur[10] corregatur[11]. Imminante[12] ergo tantç animadver-
sio(o)nis gladio, nos inportunis flectibus insistamus. Ea nam,
que ingrata esse hominibus inportunitas solet, iudicio veritatis placet, quia pius ac misericors Deus vult a se precibus
veniam exigi, qui quantum meremur non vult irasci. Hic
20 etenim per psalmista dicit[13] : « Invoca me in die tribulationis
tuae, et eripiam te; et magnificabis me. » Ipse ergo sibi
testes[14] est, qu(i)a invocantibus miserere desiderat, qui ammo-
net, ut invocetur. Proinde, || fratres karissimi, contrito corde Fol. 306.
et correctis operibus, ab ipso feriae quartae diluculo septi-
25 farmis letaniae iuxta distributionem inferius designatam
devota a lacrimas mentç veniamus, ut districtus iudex cum
culpas nostras nos punire considerat, ipsa sententia propositç
dampnationis parcat. Clerus igitur egrediator[15] ab ecclesia
sanctorum martyrum Cosme et Damiani cum presbyteris
30 regionis sextæ. Omnes vero abbatis[16] cum monachis suis ab
ecclesia sanctorum martyrum Protasi et Gervasi cum presbyteris et regionis quartæ. Omnes abbatissae cum congrega-
tionibus suis egrediantur ab eclesia martyrum sanctorum

---

1. *Ps.* 94, 2. — 2. *Ierem.*, 3, 41. — 3. *Corr.* orationes. — 4. *Corr.* erigere. —
— 5. *Ezech.*, 33, 11. — 6. *Corr.* Ninivetarum. — 7. *Cf. Ion.*, 3. — 8. *Cf. Luc.*,
23. — 9. *Corr.* Mutemus. — 10. *Corr.* petitor. — 11. *Corr.* corrigatur. —
12. *Corr.* Imminente. — 13. *Ps.* 49, 15. — 14. *Corr.* testis. — 15. *Corr.* egre-
diatur. — 16. *Corr.* abbates.

Marcellini et Petri cum presbyteris regionis primae. Omnes infantes ab ecclesia sanctorum marthyrum Iohannis et Pauli [cum presbyteris] regionis secundae. Omnes vero laici ab eclesia sancti protomartyris Stephani cum presbiteris regionis septimae. Omnes mulieres viduae ab ecclesia sanctæ 5 *Eufemiae cum presbyteris regionis quintae. Omnes autem* Col. 483. *mulieres coniugatę egrediantur ab ecclesia sancti || martyris Clementis cum presbyteris regionis terciae, ut de singulis ecclesiis exeuntes cum precibus ac lacrimis, ad beatę Mariae semper virginis genetricis domini nostri Ihesu Christi basili-* 10 *cam congregemur, ut ibi diutius cum fletu ac gemitu Domino supplicantes, peccatorum nostrorum veniam promerire*[1] *valeamus.*

Fol. 306 v°.   Hęc eo dicente, con||gregatis clericorum catervis, psallere iussit per triduum ac deprecare Domini misericordiam. De ora quoque tercia veniebant utrique chori psallentium ad 15 ecclesiam, clamantes per plateas urbis *Kyri ęleison*. Asserebat autem diaconus noster, qui aderat, in unius hora spacium, dum vocis plebs[2] ad Dominum subplicationis emisit, octoaginta homines in terram conruisse et spiritum exalasse. Sed non distitit dandos[3] predicare populo, ne ab 20 oratione cessarent. Ab hoc etiam diaconos[4] noster reliquias sanctorum, ut diximus, sumpsit, dum adhuc in diaconato dirigeret. Cumque latibula[5] fugae prepararet, capitur, trahitur et ad beati Petri apostoli basilica deducitur, ibique ad pontificalis gratia officium consecrator[6], papa Urbis datus 25 est. Sed nec distetit[7] diaconos[8] noster, nisi ad episcopatum eius de Porto rediret et, qualiter ordinatus fuerit, pręsenti contemplatione susciperet.

II. Grippo autem ab imperatore Mauricio rediens, hæc nuntiavit, quod anno superiore, cum, adepto navigio, cum 30 Fol. 307. sociis suis Africæ portum adtigisset, Cartaginem || magnam ingressi sunt. Ubi dum morarentur, iussionem opperientes

---

1. *Corr.* promerere. — 2. *Corr.* plebis. — 3. *Sic, pro* sacerdos. — 4. *Corr.* diaconus. — 5. *Corr.* latibola. — 6. *Corr.* consecraur. — 7. *Corr.* distitit. — 8. *Corr.* diaconus.

prefecti qui aderat[1], qualiter imperatoris presentiam adire
deberent, unus puerorum, Evante scilicet, qui cum eodem
abierat, direptam speciem de manu cuiusdam negotiatoris
metato detullit. Quem ille prosecutos[2] cuius res erant, reddi
sibi rem propriam flagitabat. Sed isto deferente, cum de
die in diem hoc || iurgium in manus[3] propagaretur, quadam   Col. 484.
die negotiator puerum illum in platea repperit, adprehensumque vestimento eius, tenere cepit, dicens, quia : « Non
a me laxaberis, priusquam res, quas violenter deripuisti,
meae ditione[4] restituas. » Ad ille excutere se de eius manibus conatos[5], non dubitabit erepto gladio hominem truci-
dare, et statim ad metatum regressus est nec aperuit socies[6]
que gesta fuerant. Erant enim ibi tunc, ut diximus, legati
Bodegisilos[7] filius Mommolini[8] Sessionici, et Evantius,
filius Dinami Arelatensis, et hic Grippo genere Francos, que
elevantes de epolo[9], sopore se dederant pro quiete. Quod
cum seniori urbis nonciata[10] fuissent que puer horum gesserat, collectis militibus vel omni populo armis circumdato,
ad metato eorum dirigit[11]. || Ad ille inopinantes experge-   Fol. 307 v°.
facti, obstupiscunt[12], cernentes hęc quę gerebantur. Tunc
ille qui prior erat exclamabat, dicens : « Arma deponite et
ad nos egredimini, ut cognoscamus pacifice, qualiter homicidium factum est. » Hæc illi audientes, timorem perterriti,
adhuc ignorantes quę gesta fuerant, fidem expedunt, ut
securi sine armis egrederentur. Iuraverunt homines illi, quod
custodire inpacientia non permisit. Sed mox egrediente
Bodigysilo gladio percuciunt, similiter et Evancium. Quibus
ante ostium metatus prostratis, Grippo, adrepta arma, cum
pueris, qui secum erant, processit ad eos, dicens : « Que
gesta fuissent nos ignoramus, et eciam socii iteneris[13] mei,
qui ad ipperatorem directi fuerant, gladio sunt prostrati.
Iudicabit Deus iniuriam nostram et mortem illorum de inte-
rito[14] vestro, quia nos innocentes et in pace venientes taliter

---

1. *Corr.* aderant. — 2. *Corr.* prosecutus. — 3. *Corr.* maius. — 4. *Corr. alt.*
manu. — 5. *Corr.* conatus. — 6. *Corr.* sociis. — 7. *Corr.* Bodegisilus. —
8. *Corr.* Mummolini. — 9. *Corr.* epulo. — 10. *Corr.* nunciata. — 11. *Corr.*
diriget. — 12. *Corr.* obstupescunt. — 13. *Corr.* itineris. — 14. *Corr.* interitu.

trucidatis. Nec ultra erit pax inter regis [1] nostros imperato-
remque vestrum. Nos enim pro pace venimus et pro adiutorio rei publicæ inperciendo. Testem hodie invoco Deum,
quia vestra excitavit noxa, ut non || custo||diator [2] inter prin-
cipes pax promissa. » Hæc et huiuscemodi Gripponi verba 5
proferenti, soluto Cartaginensis belli procincto, regressus
est unusquisque ad propria. Prefectus vero ad Gripponem
accedens, mulcere cepit animos [3] eius de his quę gesta fuerant, ordinans qualiter ad presentiam imperatoris accederet. Qui veniens, narrata legatione pro que [4] directus fue- 10
rat, exitum sociorum exposuit. Qua de causa imperator et
sic valde molestos [5], polli[ci]tus [6] est ulcisci mortem eorum,
iuxta id quod Childeberthi regis iudicio promulgaret. Tunc
ab imperatore muneratus, cum pace regressus est.

III. Haec a Grippone Childebertho regi relata, confestim 15
exercitum in Italia commovere iubet ac vigenti [7] ducis [8] ad
Langobardorum gentem debellandam diriget; quorum
nomina non putavi lectioni ex ordine necessarium inserenda.
Audovaldus dux cum Vinthrione, cummodo Campaniae
populo, cum ad Mittensem urbem, qui ei in itenere sita erat, 20
accessisset, tantas predas tantaque homicidia ac cedes perpetravit, ut ostem propriae regione putaretur inferre. Sed et
alii quoque || duces similiter cum fallangis suis fecere, ita ut
regionem propriam aut populum commanentem adficirent [9],
quam quidam victoriae de inimica gente patrarent. Adpro- 25
pinquantes autem ad terminum Italiae, Audovaldus cum sex
ducibus dextram petiit adque ad Mediolanensem urbem
advenit; ibique eminus in campestria castra posuerunt. Olo
autem dux ad Bilicionem huius urbis ca||strum, in campis
situm Caninis, inportune accedens, iaculo sub papilla sau- 30
ciatus, cecidit et mortuus est. Hii autem cum egressi fuissent in preda, ut aliquit victus adquirerent, a Langobardis
inruentibus passim per loca prosternabantur. Erat autem esta-

---

1. *Corr.* reges. — 2. *Corr.* custodiatur. — 3. *Corr.* animus. — 4. *Corr.* qua.
— 5. *Corr.* molestus. — 6. *Corr.* pollicitus. — 7. *Corr.* viginti. — 8. duces.
— 9. *Corr.* adficerent.

gnum[1] quodam in ipso Mediolanensis urbis territurio, quod
Ceresium vocitant, ex quo parvos[2] quidem fluvius, sed pro-
fundus, egreditur. Super huius laci litus Langobardus[3] resedere audierant. Ad quod cum adpropinquassent, priusquam
flumen, quod diximus, transirent, litore illo unos[4] Langobardorum stans, lurica protectos[5] et galea, contum manu
gestans, vocem dedit contra Francorum exercitum, dicens :
« Hodie apparebit, cui Divinitus obtenere victoriam prȩs-
tit. » Unde intellegi datur ‖ hoc signum sibi Langobardi Fol. 309.
preparavisse[6]. Tunc pauci transeuntes, contra Langobar-
dum hunc decertantes, prostraverunt eum; et ecce omnis
exercitus Langobardorum in fugam versus prȩteriit. Hii
quoque transeuntes flumen, nullum de his repperiunt, nisi
tantum recognuscentes[7] apparatum[8] castrorum, ubi vel
focus habuerunt vel tenturia fixerunt. Cumque nullum de his
deprȩhendissent, ad castra sua regressi sunt; ibique ad eos
imperatoris ligati venerunt, nunciantes exercitum adesse in
solacio eorum, dicentcsquȩ, quia : « Post triduum cum eisdem venimus, et hoc vobis erit signum : cum videritis vellae
huius, que in montes id[9] est, domus[10] incendia concremare
et fumum incendii ad cȩlos usque sustolli, noveritis ‖ nos Col. 487.
cum exercito[11], quem pollicimus, adesse. » Sed expectantes
iuxta placitum dies sex, nullum ven‹sse ex his contemplati
sunt. Chedinus autem cum tredicem[12] ducibus lȩvam Italiae
ingressus est, quinque castella coepit, quibus etiam sacramenta exegit. Morbos etiam desenteriae graviter exercitum
adficiebat, eo quod aeris incongruae insuitique his hominibus essent, ex quo plerique interierunt. Commoto autem
vento et data pluvia, cum paulisper ‖ refregiscere[13] aer cȩpit, Fol. 309 v°.
in infirmitate salubritatem contulit. Quid plura? Per tres
fere menses Italiam pervagans, cum nihil proficerent neque
se de inimicis ulcisci possent, eo quod se in locis commu-
nissint firmissimis, neque regem capere, de quo ulcio fieret,

---

1. *Corr.* stagnum. — 2. *Corr.* parvus. — 2. *Corr.* Langobardos. — 4. *Corr.*
unus. — 5. *Corr.* protectus. — 6. *Corr.* preparasse. — 7. *Corr.* recognoscentes.
— 8. *Corr.* apparatum. — 9. *Sic, pro* sita. — 10. *Corr.* domos. — 11. *Corr.*
exercitu. — 12. *Corr.* tredecim. — 13. *Corr.* refrigiscere.

qui se infra Ticinensis munierat muros; infirmatos, ut diximus, aerum intemperantię exercitus ac fame adtritus, redire ad propria distinavit, subdens etiam illud, accepta sacramenta, regis dictionibus, quod pater eius prius habuerat, de quibus locis et captivos et alias adduxcre prędas. Et sic regredientes, ita fame conficiebantur, ut prius et arma et vestimenta ad coemendum victum demerent, quam locum genitale contingerent. Ad Aptacharius Langobardorum rex legationem ad Gunthchramnum regem cum huiuscemodi verba direxit : « Nos piissimi[1] rex, subiectae adque fidelis vobis gentique vestrę, sicut patribus vestris fuimus, esse desideramus; nec discedimus a sacramento, quod pręcessoris[2] nostri vestris decessoribus iuraverunt. Nunc autem desistentiae persecutione nostra, et sit nobis pax vestra et concordia, ut, ubi necessarium fuerit, contra inimicos ‖ auxilium præbeamus, ut, vestra scilicet nostraque gente salvata, ac nos pacificos cognuscentes[3], terreantur magis adversarii, qui in circuitu obstrepunt, quam de nostra discordia gratulentur. » Pacifice[4] hæc ‖ Guntchramnus rex verba suscepit, misitque eos ad nepotem suum Childebertum regem. Dum autem, hæc narrata, in loco commorarentur, venerunt alii, qui mortuum Aptharium regem nuntiantes, Paulumque in locum eius substititum, eiusmodi verba, quę supra diximus, deferentes. Sed Childebertus rex placitum cum ei(u)sdem ponens, ut, quid ei in posterum conveniret, eu nunciaret[5], eos abscedere iussit.

IIII. Mauricius autem Chartaginensis illos, qui legatos Childeberthi regis anno superiori interimerant[6], vinctus[7] manibus cathenisque oneratos, ad eius dirigit presentiam, .XII. scil̄ ̄et numero viros, sub ea videlicet condicione, ut, si eo interficere vellit[8], haberet licenciam[9]; sin autem ad redemendum laxaret, CCC. pro unoquoque acceptis aureis, quiescerit[10]; sicque ut quod vellit[9] elegerit, quo faci-

---

lius, subito[1] scandalo, nulla occansio inter ipsos inimiciciae[2]
oreretur. Sed rex Childeberthus differens homines vinctos
accepere[3], ait ‖ : « Incertum apud nos habetur, utrum hii Fol. 310 v°.
sint homicidæ illi, quos adducetis[4], an alii, et fortasses
5 servi cuiuscumque habentur, cum nostri bene ingenui generatione fuerint, qui apud vos fuerunt interempti. » Presertim et Grippo adstabat, qui eo tempore legatos cum eisdem
fuerit missus qui interfecti sunt; ac dicebat, quia : « Prefectus urbis illius cum collectis duobus aut tribus hominum
10 millibus[5] inruit super nos, interimitque socius meus[6]; in
quo excidio et ego ipse interieram, si me viriliter defendere
nequevissem. Accedens autem ad locum, homines agnoscere
potero; de quibus, si imperator vester, ut dicitis, nostro
cum domino pace custodire deliberat, ulcionem[7] exegere[8]
15 debet. » Et sic dato rex placito, ut post eos ad imperatorem dirigeret, ipsos abscidere iubet. ‖

V. His autem diebus Chuppa, qui quondam comes stabuli Col. 489.
Chilperici regis fuerat, inrupto Toronice urbis termino,
pecora reliquasque res, quasi predam exercens, deripere[9]
20 voluit. Sed cum hoc incolæ presensissent, collecta multitudine, eum sequi ceperunt. Excussaque preda, duos ex pueris
eius interfectis, hic nudus aufugit, aliis duobus pueris
captis; quibus vinctis, ad Childeberthum regem transmi-
serunt; quos ‖ ille in carcerem coniti iubens, interrogari Fol. 311.
25 precipit, cuius auxilium Chuppa fuisset ereptus, ut ab is[10]
non conprehenderetur qui sequebantur. Responderunt hoc
Animodi vicarii dolo, qui pagum illum iudicaria[11] regebat
potestate, fuisse. Protinusque rex, directis litteris, comitem
urbis iubet, ut eum vinctum in presentia regis dirigerit[12];
30 quod si resistere conaretur, vi oppressum etiam interficeret,
se[13] principis gratiam cupiebat atquerere[14]. Sed ille non
resistens, datis fideiussoribus, quod iussus est abiit, reper-

---

1. *Sic, pro* sopito. — 2. inimicitiae. — 3. *Corr.* accipere. — 4. *Corr.* addu-
citis. — 5. *Corr.* milibus. — 6. *Corr.* socios meos. — 7. *Corr.* ultionem. —
8. *Corr.* exigere. — 9. *Corr.* diripere. — 10. *Corr.* his. — 11. *Corr.* iudiciaria.
— 12. *Corr.* dirigeret. — 13. *Sic, pro* si. — 14. *Corr.* atquirere.

tumque Flavianum domesticum, causatus cum sotio, nec
noxialis inventus, pacificatus cum eodem, redire ad propria iussus est, datis tamen domestico illi munera prius.
Ipsi quoque Chuppa, iterum commotis quibusdam de suis,
filiam Badigysili quondam Cænomanensis episcopi diripire 5
in matrimonio voluit. Inruens autem nocte cum coneo [1]
sociorum in villam Maroialiusi, ut voluntatem suam expliret [2],
presensit eum dolumque eius Magatrudis matrisfamilias,
genetrix scilicet puellę; egressaque cum famulis contra
eum, vi reppullit, cæsis plerisque ex illis; unde non sine 10
pudore discessum est. ||

Fol. 311 v°.   VI. Apud Arvernus vero vincti carcæris nocte, nutu Dei
disruptis vinculis reseratisque aditibus custodiae, egressi,
eclesiam ingressi sunt. Quibus cum Eulalius comes onera
Col. 490.   catinarum [3] || adiussissit, ut super eos posita, extemplo ceu 15
vitrum fragile comminuta sunt ; et sic, obtenente Avito pon-
tificæ, eruti, propriae sunt redditi liber(t)ati.

VII. In supradicta urbe Childebertus rex omnem tributum tam eclesiis quam monasteriis vel reliquis clericis, qui
ad eclesiam [4] pertenere [5] videbantur, aut quicumque æclesiae [6] 20
officium excolebat, larga piętate concessit. Multum enim
iam exactoris [7] huius tributi expoliati aerant [8], eo quod per
longum tempus et succedentum generationis [9], ac divisis in
multis partibus ipsis possesionibus, colligi vix poterat hoc
tributum ; [quod hic, Deo inspirante, ita] [10] precipit emen- 25
dare, ut, quod super hoc fisco debuetur [11], nec exactore
damna percuterent, nec æclesie [12] cultorem tarditas de ofi-
tio [13] aliqa [14] revocaret.

VIII. In confinio vero termini Arverni, Gabalitani atque
Fol. 312.   Ruteni, || sinodus episcoporum facta est contra Tetradiam, 30

---

1. *Corr.* cuneo. — 2. *Corr.* expleret. — 3. *Corr.* catenarum. — 4. *Corr.*
ecclesiam. — 5. *Corr.* pertinere. — 6. *Corr.* æcclesiae. — 7. *Corr.* exactores.
— 8. *Corr.* erant. — 9. *Corr.* generationes. — 10. *Add. in margine, manu
coaeva.* — 11. *Corr.* debetur. — 12. *Corr.* æcclesie. — 13. *Corr.* offitio. —
14. *Sic, e corr.*

relictam quondam Desiderii, eo quod repiteret[1] ad eam
Eulalius comus[2] res, quas ab eo fugiens secuo[3] tullisset[4].
Sed harc causa, vel qualiter Eulalium reliquerit, vel quemadmodum ad Desiderium fugiret, altius memorandam
putavi. Eulalius autem, ut iuvenilis ętas[5] habet, agebat
quempiam inrationabiliter; unde factum est, ut a matri
sepius increpitus, haberet in ea odium quam amare
debuerat. Denique cum in oraturi[6] oratione frequenter in-
cumberet et nocturnas vigilias persep[e][7], dormientibus
famulis, in oratione cum lacrimis expleret, in cilitio, quo
orabat, suggillata repperitur. Sed nescentibus cunctis,
ques[8] hęc fecisset, crimen tamen parritidii refertur ad
filium. Hæc cum Cautinus episcopus Arverni urbis conperisset, eum a communione subvet[9]. Convenientibus autem
civibus ‖ cum sacerdote ad festivitate beati martiris Iuliani, Col. 491.
ad pedis episcopi Eulalius ille prosternitur, querens se inau-
ditum a commonione remotum. Tunc episcopus permisit
eum cum ceteris missarum expectare sollemnia. Verum ubi
ad cummunicandum[10] ventum est, et Eulalius ad altarium
accessit, ait episcopus : « Rumor populi parricidam ‖ te Fol. 312 v°.
proclamant esse. Ego vero utrum perpetraveris hoc sęculos[11]
an non, ignoro; idcirco in Dei hoc et de beati martiris
Iuliani statuo iuditium. Tu viro[12], si idoneus es ut adseris,
accede prop(r)ius et sume tibi eucharistiae particulam adque
inpone ore[13] tuo. Erit enim Deus respector constientie
tue[14]. » Ad ille, accepta eucharistia, communicans abscessit.
Habebat enim uxorem Tetradiam nobilem ex matre, patrem
inferiore. Sed cum in domo suo[15] vir ancillarum concubito[16]
misceretur, coniugem neclege[17] coepit, et cum ab scortum
reverteretur, gravissimis eam plagis sepius adfitiebat. Sed
et pro multis sceleribus debita nonnulla contraxerat, in qua
ornamenta et aurum uxoris saepissimæ evertebat. Denique

---

1. *Corr.* repeteret. — 2. *Corr.* comes. — 3. *Corr.* secum. — 4. *Corr.* tulisset.
— 5. *Corr.* ętates *pro* etas se. — 6. *Corr.* oraturio. — 7. *Corr.* per sopore. —
8. *Corr.* quis. — 9. *Corr.* submovet. — 10. *Corr.* communicandum. — 11. *Sic,*
pro scelus. — 12. *Corr.* vero. — 13. *Corr.* ori. — 14. *Corr.* constientię tuę. —
15. *Corr.* sua. — 16. *Corr.* concubitu. — 17. *Corr.* neclegere.

inter has angustias mulier collogata [1], cum honorem omnem,
quem in domo viri habuerat, perdissit, et ille abisset ad
regem, hęc a Viro — sic enim erat nomen hominis — mariti
sui nepote, concupiscitur [2], scilicet ut, quia ille perdederat [3]
coniugem, huius matrimonio iungeritur. Viros [4] autem 5
timens inimitias [5] avunculi, mulierem Desiderio duci(t) transmissit [6], vidilicet ut succidente temp(l)ore copolaretur [7] ei.

Fol. 313. Que omnem substantiam viri sui ‖ tam in auro quam in
argento vel vestimentis, et qua movere poterant, cum
seniore filio secum sustulit, relicto in domo alium iuniorem. 10
Rediens viro Eulalius ex itinere [8], conperit que accesserant.
Sed cum, mitigato dolore, paululum quievisset, super
Virum nepotem suum inruit (que in) eum inter arta vallium

Col. 492. Arvernorum interimet. Audiens autem ‖ Desiderius, qui et
ipse uxorem nuper perdederat [9], quod scilicet viros inter- 15
fectus [10] fuisset, coniugio suo Tetradiam sotiavit. Eulalius
viro [11] puellam de monasterio Lugdunense diripuit eamque
accepit. Sed concubinae eius inistigante, ut quidam adserunt, invidia, malefitiis sensum eius oppilaverunt. Post
multum viro [11] tempore Eulalius Emerium, huius puellae 20
consubrinum, clam atpaetiit occiditque. Similiter Socratium,
fratrem socerę suae, quem pater ex concubina habuerit,
interemit. Et alia multa mala fecit, que narrari perlongum
est. Iohannis, filius eius, qui cum sua discesserat genetrice,
a domo Desiderii delapsus, Avernum venit. Cumque iam 25
Innocentius episcopatum Rutini Urbis ambiss(a)et, mandatum
ei mittit Eulalius, ut res, que ipsi in huius civitatis territurio debibantur [12] per huius auxilium recepere [13] possit [14].

Fol. 313 v°. Sed Innocentius ait : ‖ « Si de filiis tuis unum accipio,
quem clericum factum in solatio meo raeteneam, faceam [15] 30
que precaris. » Ad ille transmissit puerum Iohannem
nomine, recepitque res suas. Suscepto quoque Innocentius
episcopus puero, totundit comam capitis eius deditque

---

1. *Corr.* collocata. — 2. *Corr.* concupescitur. — 3. *Corr.* perdiderat. — 4.
Corr. Virus. — 5. *Corr.* inimititias. — 6. *Corr.* transmisit. — 7. *Corr.* copu-
laretur. — 8. *Corr.* itinere. — 9. *Corr.* perdiderat. — 10. *Corr.* interfectos.
11. *Corr.* vero. — 12. *Corr.* debebantur. — 13. *Corr.* recipere. — 14. *Corr.*
posset. — 15. *Corr.* faciam.

eum archidiaconum eclesiae[1] suae. Que tanta abstenencia
se subdedit, ut prortico[2] ordium sumeret, pro vino aquam
hauriret et pro equo asinum utiraetur, vestimenta vilissima
habens. Igitur coniuncti, ut diximus, sacerdotes et viri
5 magnifice in confinium supradictarum urbium, Taetradia
ab Agyno representatur, adque Eulalius contra eam causaturus accessit. Cumque raes, quas de aeius, habiens ad
Desiderium, domo abstulerat, inquereret, iudicatum est
Tetradiae, ut quadrupla satisfactione ablata restituerat,
10 filiosque[3], quos [de] Desiderio conceperat, incestos habere;
illud aetiam ordinantes, ut, si haec, que Eulalio est iussa,
desolveret, accedendi in Arverno licentiam preberetur,
raesque suas, que ei ex paterna successione ‖ obveneraut, Col. 493.
absque calomnia[4] frueraetur. Quod ita factum est. ‖

15 · VIII. Dum hec ageretur, et Britanni[5] circa urbes Nam- Fol. 314.
naeticam utique et Redonicam valde sevirent. Gunthramnus
rex exercitum contra eos conmovere iussit; in quorum
capite Beppolenum et Ebracharium duces diriget. Sed
Ebracharius suspectus, quod si[6] victoria Beppollino patrare-
20 tur, ipse docatum eius adquereret, inimiticias cum eodem
conectit, ac per viam totam se blasphemiis, convitiis atque
maledictionibus lacesunt[7]. Verum per via, qua abierunt[8],
incendia, homitidia, spolia ac multa scelera egerunt. Interea
venerunt ad Vitinoniam amnim, quo transmisse, ad Huldam
25 fluvium pervenerunt; ibique dissepatis[9] vicinitatis[10] casis,
pontes desuper statuunt, sicque exercitus omnes transivit.
Coniunctus enim fuerat eo tempore Beppoleno presbiter
quidam, dicens : « Si secutus fueris me, ego te usque
Warrocum ducam ac Britanus[11] in unum collectus[12] tibi
30 ostendam. » Fredegundis autem cum audisset, quod in hoc
procincto Beppolenus haberet, quia et iam ex anteriore
tempore invisu ‹ erat, Baiocassinus Saxonis[13], iuxta ritum

---

1. *Corr.* ecclesiae. — 2. *Sic, pro* pro tritico. — 3. *Corr.* filiusque. — 4. *Corr.*
calumnia. — 5. *Corr.* Brittani. — 6. *Corr.* se. — 7. *Corr.* lacescunt. — 8. *Corr.*
habierunt. — 9. *Corr.* dissipatis. — 10. *Corr.* vicini civitatis. — 11. *Corr.*
Brittanos. — 12. *Corr.* collectos. —13. *Corr.* Saxones.

Britannorum [1] tunsos atque coltu [2] vestimenti conpositus,
in solatium Warroci habere precepit. Adveniente autem
Fol. 314 v°. Beppoleno ‖ cum his qui cum eo sequi voluerunt, certamen
iniit, multoque [3] per bidu[u]m de Britanis [4] ac Saxonibus
suprascriptis interimit [5]. Recesserat enim ab eo Ebracharius cum maiori manu, nec ad eum accedere voluit, donec
interemptum audiret. Die autem tertia, cum iam qui cum
eo erant interfecerentur, a(u)tque ipse sautiatus lantia repu-
gnaret, inruentebus [6] super eum Warro cum supradictis,
interfecrint [7] eum. Incluserat enim eos inter anguntias 10
viarum atque paludes, in quibus magis luto necti quam
gladio trucidati sunt. Ebracharius viro [8] usque veniens [9]
urbem accessit. Miserat enim ad eum obviam episcopus
Fol. 494. Regalis clericos suos cum ‖ crucibus et psallentium, qui eos
usque ad urbem deduxerunt. Ferebant etiam quidam eo 15
tempore, quod Warrocus insulis fugere [10] cupiens cum navibus oneratis auro argentoque vel reliquis rebus eius, cum
alta maris coepisset, commoto vento, demersis navibus,
raes quas inposuerat perdedissent; tamen ad Aebracharium
veniens, pacem petiit obsedesque cum multis muneribus 20
tradedit, promitens [11] se numquam contra utilitatem Gunthramni regis esse venturum. Quo recedente, et Regalis episcopus cum clericis et paginsibus urbis suae similia sacramenta dedit, dicens, quia : « Nihil nos dominis nostris
regibus culpabeltis [12] sumus nec umquam contra utilitatem 25
eorum superbi extetimus, sed in captivitate Britannorum [13]
positi, gravi iugo subditi sumus. » Pace igitur celebrata
inter Warrocum et Ebracharium, dixit Warrocus : « Disce-
Fol. 315. dite nunc et renuntiate, ‖ quia omnia que iusserit rex sponte
implire curabo ; quod ut plenius credere debeatis, nepote 30
meo obsedem tribuam. » Et itaque ecit [14], cessatumque est
a bello. Verum tamen multitudo magna, sicut de regali
exercitum, ita et de Britanis cæsa est. Egrediente autem

---

1. *Corr.* Brittanorum. — 2. *Corr.* culu. — 3. *Corr.* multosque. — 4. *Corr.*
Brittanis. — 5. *Corr.* interemit. — 6. *Corr.* inruentibus. — 7. *Corr.* interfecerent. — 8. *Corr.* vero. — 9. *Sic, pro* Venetus. — 10. *Corr.* fugire. — 11. *Corr.*
promittens. — 12. *Corr.* culpabiles. — 13. *Corr.* Brittanorum. — 14. *Corr.*
egit, *pro* ita fecit.

exercitu a Britaniis[1], ac transeuntibus omnem[2] robustoris[3], inferires[4] et pauperis[5], qui cum his erant, transire simul non potuerunt. Cumque in litus illud Vitinonæ amnis restitissent, Warrocus, oblitus sacramenti atque obsidum quos dederat, misit Canaonem filium suum cum exercitu, adprehensisque viris, quos in litore illo repperierat, vinculis abligat, resistentes interfecit, nonnullis, qui cum caballis turrentem[6] transmeare voluerunt, ab ipsius torrentis impetu in mari deiectis. Demersi[7] sunt postea multi a coniuie Warroci cum cereis et tabulis quasi liberi, et ad propria sunt regressi. Exercitus viro ipsius, qui prius transierat, metueus per viam illam qua venerat regredi, ne forte mala queque ecerat[8] pateretur, ad Andigavam urbem dirigit[9], Meduane turrentis ex‖petens pontem. Sed parvaque prius Col. 495. transiit [manus] ad ipsum, quem prefati sumus, pontem spoliati, cesi et ad omnem deducus sunt redacti. Fertur onicum[10] viro transeuntes, predas agentes, multos expoliaverunt; inopinantes enim repperierant incolas loci. Multi tamen de hoc exercitu a Gunthramno regem accesserunt, dicentes, quia Ebracharius [dux ac Wiliacharius] comus[11], accepta pecunia [a] Warrocum, exercitum perire fecissent. Q:[12] de causa Ebracharius presentatus, multum conviciis actus a rege, a presentia eius discedere iussus est, ‖ Wilia- Fol. 315 r°. chario comes per fugas latitante.

25 X. Anno igitur quinto decimo Hildeberti[13] regis, qui est Gunthramni VIIII. atque XX., dum ipse Gunthramnus rex per Vosagum silvam venactionem exerceret, vestigia occisi buvali deprehendit. Cumque custodem silve arthius distringeret, quis hec in regale silva gerere presumsissit[14], Cundonem[15] cubilarium regis prodidit. Quo hec[16] loquente, iussit eum adprehendi et Cavillonum cunpactum in vincolis dutiumque[17] uterque in presentia regis intenderent, et

---

1. *Corr.* Brittaniis. — 2. *Sic, pro* amnem. — 3. *Corr.* robustiores. — 4. *Corr.* inferiores. — 5. *Corr.* pauperes. — 6. *Corr.* torrentem. — 7. *Sic, pro* dimissi. — 8. *Corr.* egerat. — 9. *Corr.* diriget. — 10. *Sic, pro* Per Toronicum. — 11. *Corr.* comes. — 12. *Sic, pro* Qua. — 13. *Corr.* Childeberti. — 14. *Corr.* presumsisset. — 15. *Corr.* Gundonem. — 16. *Corr.* hec. — 17. *Corr.* duci. Cumque.

Cundo[1] diceret numquam a se haec presumpta que opiti-
bantur[2], rex campum deiudicat. Tunc cubicularius ille, dato
nepote pro se, qui hoc certamen adire[t], in campum uterque
steterunt; iactaque puer ille lantias[3] super custodem silve,
pedem eius transfiget ; moxque resubinus ruit. Puer viro[4], 5
extracto cultro, qui de cingulo dependebat, dum collum
ruentis incedere timptat[5], cultro sautiati ventre transfodi-
tur. Cecideruntque ambo et mortui sunt. Quod videns
Cundo[1], ad basilicam sancti Marcelli fugam iniit. Adclamante viro[4] rege ut conprehinderetur[6], priusquam limen(s) 10
sanctum adtingerit[7], conprehinsus est, vinctusque ad stipitem, lapidibus est obrutus. Multum se ex hoc deinceps
rex penitens ut sic eum ira precipitem reddedisset, ut pro
parvole causte[8] noxiaque fidilemque virum necessarium
tam celleriter[9] interemissit[10].
                                                                    15

XI. Chlotharius vero, Chilperici quondam regis filius,
Col. 496. graviter ‖ egrotavit, et in tantum disperatus est habitus, ut
rege Gunthramno obitus eius fuisset nuntiatos[11]. Unde fac-
Fol. 316. tum est ut egrediens de Cavillonno, ‖ quasi Parisius accidere
cupiens, usque ad terminos Senonicae urbis accederet. Sed 20
cum audisset convaluisse puerum, de itinere est regressus.
Sed cum eum Fredegundis, mater eius, disperatum vidisset,
multum pecuniæ ad basilicam sancti Martini vovit, et sic
puer melius visus est. Sed et Warrocum nuntius dirigit[12],
ut quid adhuc captivi in Brittanniis[13] de exercito Gun- 25
thramni regis retenebantur pro huius vita absolverentur.
Quod ita Warocus[14] implevit. Unde manifestatum est huius
mulieris conludio et Beppolenum interfectum et exercitum
fuisse conlisum.

XII. Ingytrudis vero relegiosa[15], que, ut in superioribus 30
libris exposuimus, in atrio Sancti Martini puellarum monas-

---

1. *Corr.* Gundo. — 2. *Sic, pro* obiciebantur. — 3. *Corr.* lancea. — 4. *Corr.*
vero. — 5. *Corr.* temptat. — 6. *Corr.* ut [a]dprehinderetur. — 7. *Corr.* adtingeret. — 8. *Corr.* cause. — 9. *Corr.* celeriter. — 10. *Corr.* interemisset. —
11. *Corr.* nuntiatus. — 12. *Corr.* dirigct. — 13. *Corr.* Britanniis. — 14. *Corr.*
Warrocus. — 15. *Corr.* religiosa.

terio collocavit, cum egrotare coepisset, neptem suam
abbatissam instituit, unde reliqua congregatio murmoravit;
sed, nobis increpantibus, cessavit a iurgio. Hæc viro [1] cum
filia discordiam tenens, pro eo quod raes [2] suas ei abstuli-
5 rat [3], obtestavitque, ut neque in monasterio quod instituit,
neque super sepulcrum eius permitteretur orare. Que
octuaginsimo, ut opinnor [4], anno vitæ obiit, sepulta est
septimo Idus mensis primi. Sed veniens filia eius Bertegundis Toronus, cum non fuisset excepta, ad Hildeberthum
10 regem habiit, postulans ut ei licerit in loco matris sue ||
monasterium regere. Rex vero oblitus iuditii, quod matri Fol. 316 v°
eius fecerat, huic aliam preceptione manus suae roboratam
subscriptione largitus est, hæc contenente, ut ræs eius,
quas mater vel pater eius habuerant, suo dominio subiu-
15 garit [5], et quicquid monasterio Ingytrudis reliquerat, aufre-
tur [6]. Cum quo precepto venies [7], ita cuncta subppelecti-
lem [8] monasterii abstulit, ut nihil infra preter vacuos relin-
querit pariaetis [9], colligen[s] secum diversorum criminum
reos, quod in seditionibus preparatus, qui, si quid erat de
20 villabus reliquis, quod devoti dederant, fructum aufer-
rent. Tantaque ibi || mala gessit, quod vix ex ordine poterunt Col. 497.
narrare. Hec viro [1], acceptis his rebus quas diximus, in
Pectavum rediit, multa in abatissam [10] crimina evomens
falsa, que parens aeius proxima habebatur.

25 XIII. His autem diebus extetit [11] quidam de presbiteris
nostris Sadduceç malignitatis infectus veneno, dicens non
esse futuram resurrectionem. Cumque nos eam sacris literis [12] predictam et apostolice traditione autoritatem [13] muns-
tratam [14] adfirmaremus rem [15]: « Manifestum est hoc [16] celi-
30 bri [17] ferri, sed certi non sumus utrum sit an non; presertim cum Dominus iratus primo homini, quem manu sacra

---

1. *Corr.* vero. — 2. *Corr.* res. — 3. *Corr.* abstulerat. — 4. *Corr.* opinor. —
5. *Corr.* subiugaret. — 6. *Corr.* auferetur. — 7. *Corr.* veniens. — 8. *Corr.*
subpellectilem. — 9. *Corr.* pariaetes. — 10. *Corr.* abbatissam. — 11. *Corr.*
extitit. — 12. *Corr.* litteris. — 13. *Corr.* auctoritatem. — 14. *Corr.* monstra-
tam. — 15. *Corr.* rem; *al. manus add.* respondit. — 16. *Corr.* hac. — 17.
Corr. celebri.

plasmaverat, dixerit[1] : *In sudore vultus vesceris panem tuum, donec revertaris[2] in terram, de qua sumtus es; quia pulvis es, et in pulverem reverteris.* Quid ad haec re[s]ponde-bitis, qui resurrectionem futuram predicatis, cum in pulve-

Fol. 317. rem redacturum ‖ hominem resurgere iterius[3] Divinitatis non promittat ? » Cui ego : « Quid de hac causa vel ipsius Domini et Redemptoris nostri vel patrum precessorum verba loquantur, nullum catholicorum nescire reor. Nam in Genesi, cum patris obirent, aiebat Dominus[4] : *Tu autem congregaberis ad populum tuum. Sepultus in senectute bona.* Et ad Caïn dicitur, quia :[5] *Vox sanguinis fratris tui clamat ad me dae terra.* Unde liquido apparrit[6] vivere animas post egressum corporis atque resurrectionem futuram intentis vultibus prestulare[7]. Sed et de Iob scriptum est, quia resurrectus[8] est in resurrectionem mortuorum. Et propheta David, licet ex persona Domini, tamen resurrec-tionem previdens, ait[9] : *Numquid qui dormit non aditiet, ut resurgat?* Hoc est, qui mortis somno opprimitur non est venturus in resurrectionem ? Et Esaias, quod de sepulcris resurrecturi sunt mortui, docet. Sed et Zehel[10] prophaeta[11], cum ossa arida obtecta cute[12], nervis soledata[13], venis inflecta, flante spiritu animata, reformatum hominem enar-raret, manifestissime resurrectionem futuram edocuit. Sed et illud manifestum fuit resurrectionis inditium, quod Eli-sei ossa tangens, extinctum cadaver virtutis effectu revixe-

Col. 498. rit; quod ipsius Domini, ‖ qui est primogenitus mortuorum, resurrectionem manifestavit, qui morte mortem intulit et de sepulcro vitam mortuis reformavit. » Ad haec presbiter : « Quod Dominus in adsumpto hominem mortuus fuerit ac resurrexit, non ambigio; illud tamen, quod reliqui resur-gunt mortui, non admitto. » Et ego : « Et que fuit neces-sitas Filio Dei de celo discendere, carnem adsumere, mor-

Fol. 317 v°. tem adire, ‖ inferna penetrare, nisi ut hominem, quem plas-

---

1. *Gen.* 3, 19. — 2. *Corr.* reverteris. — 3. *Corr.* verius. — 4. *Gen.* 25, 8. — 5. *Gen.* 4, 10. — 6. *Corr.* apparet. — 7. *Corr.* prestolare. — 8. *Corr.* resurrec-turus. — 9. *Ps.* 40, 9. — 10. *Corr.* Zechiel, *pro* Ezechiel. — 11. *Cf. Ezech.* 37, 6 *et sqq.* — 12. *Corr.* cutis. — 13. *Corr.* solidata.

maverat, non permaneret in mortem perpetuam derelinqui?
Sed et iustorum animæ, que usque passionem eius infernali
ergastulo tenebantur inclusæ, eo veniente laxate sunt. Nam
discendens ad inferos, dum tenebras nova luce perfudit,
5 animas eorum secum, ne hoc exitu amplius cruciarentur,
eduxit iuxta illud : *Et in sepulcra eius resurgunt mortui.* »
Et praesbiter ait : « Numquid possunt ossa in favilla redacta
iterum animari et hominem viventem proferre ? » Et ego
respondi : « Nos credimus, quia, quamlibet in pulvere reda-
10 gatur[1] homo et aquis ac terre venti violenti inpegu dispergatur, non sit difficile Deo hec ad vitam resustitare. » Presbiter respondit : « Hic maxime vos errare puto, ut adse-
rire[2] verbis lenibus tymptitis[3] acerrimam seductionem, ut
dicatis, a bestiis ramptum, aquis inmersum, pistium fauci-
15 bus devoratum, in stercore redactum et per secretum deges-
tionis eiectum, aut aquis labentibus deiectum, aut terra
conputriscente[4] abolitum, aut[5] resurrectione venturum. » Ad
haec ego respondi : « Oblivione apud te traditum est, ut
opinnor[6], quid Iohannis euangelista super pectus domini-
20 cum recumbens a[c] diveni[7] misterii archana rimans in Apo-
calipsin dicat[8] : *Tunc,* inquid, *reddet mare mortuos suos.*
Unde manifestum est, quia, quicquid humani corporis piscis
absorbuit, alis rapuit, bestia deglutivit, a Domino coniunc-
tum in resurrectionem reparandum erit, quia non erit ei
25 difficile perdita reparare, qui ex nihilo non nata creavit; sed
ita hec in integritate solida sicui prīs[9] fuerat, reparabit, ut
corpus, || quod fuit in mundo, aut penam iuxta eritum[10] Fol. 318.
serat[11] aut gloriam. Si enim ipse Dominus in Euangelio
ait[12], || quia : *Filius hominis veniet in gloriam Patris sui* Col. 499.
30 *cum angelis suis, ut reddat unicuique secundum opera sua.*
Set[13] et Marta, cum de resurrectione presenti fratris Lazari
dubitaret, ait[14] : *Scio, quia resurget in resurrectionem in
novissima die.* Cui Dominus ait[15] : *Ego sum resurrectio, via*

---

1. *Corr.* redigatur. — 2. *Corr.* adserere. — 3. *Corr* tymptetis. — 4. *Corr.*
conputrescente. — 5. *Sic, pro* ad. — 6. *Corr.* opinor. — 7. *Corr.* divini. — 8.
Apoc. 20, 13. — 9. *Sic, pro* sicut prius. — 10. *Corr.* meritum. — 11. *Corr.* sum-
serat. — 12. *Math.* 16, 27. — 13. *Corr.* sed. — 14. *Ioann.* 11, 24. — 15. *Ioann.*
11, 25.

et veritas et vita. » Ad hæc presbiter : « Quomodo autem in
psalmo dicitur, quia[1] : *Non resurgunt impii in iuditio ?* » Et
ego respondi : « Non resurgunt, [ut iudicent, sed resur-
gunt], ut iudicentur. Nec enim sedire[2] cum impiis Iudex
potest, causas suorum redditurus actuum. » Et illé : [5]
« Dominus, inquid, in Euangelio dixit[3] : *Qui non crede-*
derit, iam iudicatus est ; utique, quia peribit resurrectione.»
Et ego respondi : « Iudicatus est enim, ut ab[4] supplicium
eternum perveniat, quia non credidit unigenitum Filium
Dei; tamen resurrecturus in corpore, ut ipsum supplitium, [10]
in quo peccavit in corpore, patiatur. Nec enim potest iuditium fieri, nisi prius resurgant mortui; quia, sicut illos, qui
defuncti sunt sancti, cælum, ut credimus, retinet, de quorum sepulcris saepius virtus illa procedit, ut de his ceci
inluminentur, claudi gressum recipiant, lebrosi[5] mundæn- [15]
tur[6], et aliis sanitatum benefitia infirmis petentibus tribuan-
tur; ita credimus et peccatoris[7] in illo infernali carcere
usque ad iudicium retineri[8]. » Et presbiter ait : « In psalmo
autem legimus[9] : *Spiritus pertransiit ab homine, et non*
erit; et non cognuscet amplius locum suum. » Ego dixi : [20]
« Hoc est, quod ipse Dominus per parabulam ad divitem,
qui flammis tarteris crutiabatur, dicebat[10] : *Recepisti tu bona*
in vita tua, similiter et Lazarus ‖ *mala.* Non autem cognovit divis[11] ille purporas suas et bisso nec dilicias convivii,
quas ei vel aer vel terra vel mare protulerat; sicut nec Lazarus [25]
vulnera aut putredines[12], quas iaccens ante æius ianuas per-
ferebat, vel cum hic in sinu Abrahæ requiesceret, illi[13] autem
cruciaretur in flammis ». Presbiter dixit : « In alio psalmo
legimus, quia[14] : *Exiet spiritus eorum et revertentur in ter-*
ram suam, in illa die peribunt omnes cogitationes eorum. » [30]
Ad hec ego : « Bene ais[15]; quia, cum egressus fuerit ab
homine spiritus, et iacuerit corpus mortuum, non cogitat de
is qui in mundo relinquit[16], acsi verbi causa dicas : Non

Fol. 318 v°.

---

1. *Ps.* 1, 5. — 2. *Corr.* sedere. — 3. *Ioann.* 3, 18. — 4. *Sic, pro* ad. — 5. *Corr.*
librosi. — 6. *Corr.* mundentur — 7. *Corr.* peccatores. — 8. *Corr.* reteneri. —
— 9. *Ps.* 102, 16. — 10. *Luc.* 16, 25. — 11. *Corr.* dives. — 12. *erasum et si*
corr. — 13. *Corr.* ille. — 14. *Ps.* 145, 4. — 15. *Corr.* agis. — 16. *Corr.* reliquit.

cogitat aedificari, plantare, agrum ex‖colere; non cogitat Col. 500.
congregare aurum, argentum vel reliquas divitias mundi.
Periit enim hec cogitatio a corpore mortuo, quia non est
spiritus in eo. Sed quid tu de resurrectione dubitas, quam
5 Paulus apostolus, in quo ipse, ut ait, Christus loquebatur,
evidenter expremit, dicens[1] : *Cumsepulti enim sumus
Christo per baptismum in mortem, ut, sicut ille mortuus est
et resurrexit, ita et nos in novitate vitae ambulemus.* Et iterum[2] : *Omnes quidem resurgimus, sed non omnes inmutabi-
10 mur*[3]. *Canit*[4] *enim tuba, et mortui resurgunt incorrupti, et
nos inmutabimur.* Et iterum[5] : *Stilla autem ab stilla*[6] *defret
in claritatem, sic et resurrectio mortuorum.* Item illic[7] :
Seminatur in corruptionem, surgit in incorruptionem et reliqua. Item illic[8] : *Omnes nos representare oportet ante tri-
15 bunal Christi, ut referat unusquisque propria corporis sui,
prout gessit, sive bonum sive malum.* A Thesalocensis[9]
autem evidentissime futuram resurrectionem designat,
dicens[10] : *Nolo vos ignorare de dor‖mientibus, ut non contris-* Fol. 319.
*timini, sicut ceteri, qui spem non habent. Si enim credimus
20 quod Ihesus mortuos*[11] *est et resurrexit, ita et Deus eos qui
dormierunt per Ihesum adducit cum eo. Hoc enim vobis dicimus in verbo Domini, quia nos, qui vivimus, qui re[si]dui
sumus, in adventum Domini non preveniemus eos qui dormierunt. Quoniam ipse Dominus in iussu et in voce archan-
25 geli et in tuba Dei discendit de cecelo*[12], *et mortui, qui in
Christo sunt, resurgent primi; deinde nos, qui vivimus, qui
relinquemur*[13], *simul rapiemur cum illis in nubibus obviam
Domino in aera, et sic semper cum Domino aerimus. Itaque
consolamini invicem in verbis istis.* Plurima sunt enim de
30 his testimonia, que hanc causam adfirmant. Sed tu, ignoro
quid ambigas de resurrectione, quam sancti expectant pro
merito, quam peccatores metuunt pro reatu. Hanc enim
resurrectionem et illa que cernimus elimenta demun-

---

1. *Rom.* 6, 4. — 2. I. *Cor.* 15, 51. — 3. *Ms.* inmutabit, *abbr.* — 4. *Corr.* canet.
— 5. I. *Cor.* 15, 41. — 6. *Corr.* stella. — 7. I. *Cor.* 15, 42. — 8. II. *Cor.* 5, 10.
— 9. *Corr.* Thesalocenses. — 10. *Thess.* 4, 12–18. — 11. *Corr.* mortuus. —
12. *Corr.* celo. — 13. *Corr.* relinquimur.

strant[1], id est dum arboris in [e]state foliis tectae, hieme
veniente nudantur; succedente viro[2] verno, quasi resurgen-
tes, in illud quod prius fuerunt foliorum tegmine vestiun-
tur. Hęc ostendunt et illa que iaceuntur semina terris; que
commendata sultis, [si] fuerint mortua, cum multiplici 5
fructu resurgunt, sicut ait Paulus apostolus[3] : *Stulte tu,*

Col. 501. *quod seminas non vivificatur, nisi prius moria‖tur.* Quae
omnia ad fidem resurrectiones[4] mundo manifesta sunt. Si
enim resurrectio futura non est, quid proderit iustis bene

Fol. 319 v°. agere, quid nocebit peccatoribus ‖ male ? Decedant ergo 10
cuncti in voluptatibus suis et faciet unusque que placue-
rant, si iuditium futurum non erit. Vel illud, improbe, non
formidas, quid ipse Dominus beatis apostolis ait[5] : *Cum*
venerit, inquid, *Filius hominis in sedem mai[e]statis sue,*
congregabuntur ante eum omnes, et separavit eos ab invi- 15
cem, sicut pastor segregat agnus[6] *hab haedis*[7] *et statuit oves*
quidem a dexteram, hedos autem ad sinistram. Et his dicit :
Venite, benedicti, percipite regnum; illis autem : Discedite a
me, operarii iniquitatis. Atque, ut ipsa Scriptura docet[8],
ibunt hii in supplitium aeternum, iusti autem in vitam aeter- 20
nam. Puta(n)sne erit resurrectio mortuorum aut iuditium
operum, quando ista faciet Dominus ? Respondeat ergo tibi
Paulus apostolus, sicut aliis incredulus[9], dicens[10] : *Si Chris-*
tus non resurrexit, inanis est predicatio nostra, inanis est et
fides vestra. Ad hæc contristatus presbiter, a conspectu 25
nostro discedens, pollicitus est credere resurrectionem
iuxta seriem Scriptura(ra)rum sanctarum, quam supra
memoravimus.

XIIII. Erat autem tunc temporis Teudulfus diaconus urbis
Parisiacæ, qui sibi videba(ba)tur in aliquo sciolus, qui 30
sepius de ac causa altergationis movebat. Hic autem de
Parisius abscedens, Andegavo venit et si[11] Audioveo episcopo

Fol. 320. subdidit propter antiquam amicitiam, quam simul ‖ Pari-

---

1. *Corr.* demonstrant. — 2. *Corr.* vero. — 3. I. *Cor.* 15, 36. — 4. *Corr.*
resurrectionis. — 5. *Matth.* 25, 31 *et sq.* — 6. *Corr.* agnos. — 7. *Corr.* haedes
— 8. *Matth.* 25, 46. — 9. *Corr.* incredulos. — 10. I. *Cor.* 15, 14. — 11. *Sic, pro*
se.

sius commorantes habuerant; unde et a Ragnimodo Parisiace urbis episcopo sepius excommunicatus est, curam de eclesiam suam, in qua diaconus ordinatus fuerat, redire defferret. Hic tanta familiaritate cum prefacto Andecave
5 urbis episcopo adeserat, ut non se possit[1] ab eius inportunitate discutere, pro eo quod bonis moribus et affectu pio erat. Factum est autem, ut edificarit[2] super murus[3] urbis solarium, de quo, ceno eppolo perficicto[4], discendens, manum super diaconus[5] ‖ sustentabat, qui in tantum erat grapula- Col. 502.
10 tus a vino, ut vix vel fingere gressum valeret, puerumque, qui preibat cum lumine, nescio quid commotus, pugno cervicem ferit. Quo inpulso, hic cum se contenire non possit, cum ipso impetu de muro precipitatis, sudariumque episcopi, quod balteo dependebat, adripiens; cum pene dilapsus
15 fuerat, nisi pedis episcopi abba velociter amplectisset. Qui ruens super lapidem, confractis ossibus et cratere pectoris, sanguinem cum felle disrupto evomens, episcopus[6] exalavit. Erat enim et vino deditus et in adulteriis desolutus.

XV. Cum autem scandalum, quod, serente diabulo, in
20 monasterio Pectavense ortum, in ampliore cotidie iniquitate consurgerit[7], et Chrodehildis, adgrega‖tis sibi, ut supra Fol. 320 vᵒ. diximus, homicidis, malefecis, adulteris, fugitivis vel reliquorum criminum reis, in sedictione parata resederet, iussit eos, ut inruentis[8] nocte mona erium, abbatissam foris
25 extraherent. Ad illa, tumultum sentiens veniente, ad sanctæ crucis arcam si[9] portare poposcit — gravabatur enim dolore humores podagrici, — scilicet ut vel eius foveritur[10] auxilio. Et dicet[11], ubi ingressi viri, cereo accenso, cum armis huc illucque vagarentur per monasterium, inquerentes eam,
30 introeuntes in oraturium, repperierunt iacentem super humum ante arcam sanctae crucis. Tunc hunus acerbior ceteris, qui ad hoc scelus patrandum adgressus fuerat, ut

---

1. *Corr.* posset. — 2. *Corr.* edificaret. — 3. *Corr.* muros. — 4. *Sic, pro* perfuncto. — 5. *Corr.* diaconos. — 6. *Sic, pro* spiritum. — 7. *Corr.* consurgeret. — 8. *Corr.* inruentes. — 9. *Sic, pro* se. — 10. *Corr.* foveretur. — 11. *Sic, pro* licet.

abbatissam gladio dividerit[1], ab alio, ut credo divina providentia cooperante, cultro percutitur. Profluente viro[2] sanguine. solo decubans, votum, quod leve conceperat[3] animo, non explevit. Interea Iustina preposita cum aliis sororibus pallam altaris, quod erat ante crucem dominicam, exstincto 5 cereo, abbatissam operit. Sed venientes cum evaginatis gladiis ac lanceis, scissa veste et pene sanctimunialium manibus laniatis, adprehensam prepositam pro abbatissa, quia tenebre aerant, excussis lantiamanibus[4], a capite soluta

Col. 503. cesariae, || detrahunt et usque basilicam sancti Elari inter 10
Fol. 321. manus deferunt custodie || mancipandam; adpropinquantesque basilice, coelo[5] modico albiscente, ubi cognoverunt non esse abbatissam, mox ad monasterium redire puellam precipiunt. Revertentesque, abbatissam adprehendunt, extrahunt ut[6] in costodia[7] iuxta sanctæ Helari basilicam, in 15 locum ubi Basena maetatum habebat, retrudunt, possitis ad ustium[8] custodibus ne quis ullum captive prebiret auxilium. Exinde nocte subobscura adgressi monasterium, cum nullo fulgore accensi luminis potirentur[9], extracta prumtuario cupa, que olim pice linita sicca remanseret, in ignem 20 inieciunt, factumque farum magnam de huius incendio, cuncta monasterii supellectilem rapuerunt, hoc tantum quod ferre non poterant relinquentes. Hec autem gesta sunt ante septem dies pascæ. Cumque episcopus hec omnia graviter ferret nec valaeret seditionem diabolicam mitigare, 25 misit ad Chrodeldem[10], dicens : « Relinque abbatissam, ut in his diebus in hoc carcere non reteneatur; alioquin non celebrabo pascha Domini, neque baptismum in hac urbe ullus casticuminus[11] obtenebit, nisi abbatissa a vinculo quo tenitur[12] iubeatur absolvi. Quod si nec sic volueritis, collectis 30 civibus, auferam eam. » Hec eo dicente, statim Chrodieldis[13] percussoris deputat, dicens : « Si eam volenter[14] quis offerre timptaverit[15], statym eam gladio percutite. » Adfuit

---

1. *Corr.* divideret. — 2. *Corr.* vero. — 3. *Corr.* conciperat. — 4. *Sic*, *pro* linteaminibus. — 5. *Corr.* caelo. — 6. *Sic, pro* et. — 7. *Corr.* custodia. — 8. *Corr.* ostium. — 9. *Corr.* puterentur. — 10. *Corr.* Chrodeheldem. — 11. *Corr.* caticuminos. — 12. *Corr.* tenetur. — 13. *Corr.* Chrodihildis. — 14. *Corr.* violenter. — 15. *Corr.* temptaverit.

enim diebus illis || Flavianus, nuper domesticus ordinatus; Fol. 321 v°.
cuius ope abbatissa sancti Elari ingressa basilica absol-
vitur. Inter haec ad sepulcrum sanctæ Radegundis homicidia perpaetrantur, et ante ipsam beatae crucis archam
5 quidam per seditionem truncati sunt. Cumque hic furor,
superveniente die, per Chrodiedes[1] superbiam augerętur,
et assiduae cædaes vel relique plage, quas supra memoravimus, a seditionariis perpaetrarentur, atque ita haec iactantia tumuissaet[2], ut consubrinam suam Basinam altiore
10 coturno dispiciret, illa penetentiam[3] agere coepit, dicens :
« Erravi sequendo Chrodieldis[1] iactantia. Et ecce dispectui
habior ab eadem et abatissae meae contumax exsisto. »
Et || conversa, humiliavit se coram habatissam[4], expectens[5] Col. 504.
pacem eius; fueruntque pariter uno animo aedemque[6]
15 voluntatem. Denique, orto igitur scandalum, pueri qui cum
abbatissa erant, dum seditione, quam Chrodeildis[7] scola
commovet, resisterent, puerum Basinae percutiunt, qui
cecidit et mortuos est. At illi post abbatissam at[8] basilicam
confessoris confugiunt, et ob hoc Basina, relicta abbatissa[9],
20 discessit; sed pueris iterum per fugam lapsis, in pace, quam
prius habuerant, redierunt. Postea viro[10] multi inter has
scolas inimititia orte sunt; vel quis umquam tantas plagas
tantasque strages vel tanta mala verbis poterit explicare ubi
vix preteriit dies sine homicidio, || ora sine iurgio vel Fol. 322.
25 momentum aliquod sine flaetu? Haec autem Hildebertus
rex audiens, legationem ad Gunthramno regem direxit, ut
scilicet episcopi coniuncti de viroque[11] regno, hec que gerebantur sanctione canonicę emendarent. Ob hanc causam
Hildebertus rex mediocritatis nostre personam cum Bere-
30 giselum Agripinensim et ipsum urbis Pectave Marovium[12]
episcopum iussit adesse; Gunthramno[13] viro[10] rex Gundi-
gisilum[14] Burdigalensem cum provintialibus suis, eo quod
ipse metropolis huic urbi esset. Sed nos resultare cepimus,

---

1. *Corr.* Chrodihildis. — 2. *Corr.* tumuisset. — 3. *Corr.* penitentiam. —
4. *Corr.* abatissam. — 5. *Corr.* expectans. — 6. *Corr.* eademque. — 7. Chrodehildis. — 8. *Corr.* ad. — 9. *Ms.* abbas, *abbr.* — 10. *Corr.* vero. — 11. *Sic, pro*
utroque. — 12. *Corr.* Maroveum. — 13. *Corr.* Gunthramnus. — 14. *Corr.*
Gundegisilum.

dicentes, quia[1] : « Non accedimus ad hunc locum, nisi séva seditio, que per Chrodeheldem surrexit, iudices districtione prematur. » Pro ac[1] causam Maccone tunc temporis comiti prolata preceptio est, [in qua][2] iubebatur, hanc seditionem, si resisterent, vi oppremeret. Hęc audiens Chrodieldis[3], sicarius istus cum armis ante ustium[4] oriturii[5] adstare iubet, ut scilicet repugnantes contra iudicem, si vim vellit[6] inferre pariter resultarent. Unde necessarium fuit huic comiti illúc cum arma procedere et quosdam caesos vectibus, nonnullus telis transfixus et agrius resultantes gladiorum ictibus adfectus obpremere. Quod cum Chrodeeldis[7] cerneret, accepta cruce dominica, cuius prius virtutem dispexerat, in obviam egreditur, dicens : « Nolite super me, queso, vim inferre, que sum regina, filia regis ‖ regisque alterius consubrina ; nolite facere, ne quando ve‖niat tempus, et ulciscar a vobis[8]. » Sed vulgus parvi pendens que ab ea decibantur[9], inruens, ut diximus, supra os resultantes, vinctus[10] a(d) monasterium extraxerunt, ac ad stipites extensos, gravissime cæsos, aliis cesariem, aliis manibus, nonnullis auribus naribusque decesis, seditio (de)depressa quievit. Tunc resedentes sacerdotes qui aderant super tribunal ecclesiae, adfuit Chrodeheldis[7] multa in abbatissa iactans convitia cum criminibus, adserens eam virum habere in monasterium, qui indutus vestimenta muliebria pro femina haberetur, cum esset vir manifestisime declaratus, atque ipsi abbatissa famulaturetur assidue, indicans eum digito : « En ipsum. » Qui cum in veste, ut diximus, muliebri coram omnibus adstetisset, dixit se nihil opus posse virile agere, ideo quesivi[11] hoc indumentum mutasse. Abbatissam viro nonnisi tantum nomine nossit[12], seque eam numquam vidisse neque cum eadem colloquium habuisse professus est, presertim cum hic amplius quam quadraginta ab urbe Pectava milibus degeret. Igitur abbatissa de iste criminae non

Fol. 322 v°.
Col. 505.

---

1. *Corr.* hanc. — 2. *Add. alia manu.* — 3. *Corr.* Chrodibildis. — 4. *Corr.* ostium. — 5. *Corr.* oraturii. — 6. *Corr.* vellet. — 7. *Corr.* Chrodehildis. — 8. *Corr.* ulciscar vobis. — 9. *Corr.* decebantur. — 10. *Corr.* vinctos. — 11. *Sic, pro* ideoque sibi. — 12. *Corr.* nosset.

convincens, adiecit : « Que enim sanctitas in hac abbatissa
versatur, que viros eunucos facit et sicum habi||tare impe- Fol. 323.
riali ordine precepit? » Interrogata abbatissa, si[1] de hac
ratione nihil scire respondit. Interea cum haec nomen
5 pueri eunuchi protulisset, adfuit Reovalis archiater, dicens :
« Puer iste, parvulus cum esset et infirmaretur in femore,
disperatus coepit habere ; mater quoque eius sanctam Radegundem adivit, ut ei aliquod studium iuberet impendi. Ad
illa, me vocato, iussit, si possem, aliquid adiuvarem. Tunc
10 ego, sicut quondam apud orbem[2] Constantinopolitanam
medicus agere conspexeram, incisis testiculis, puerum
genetricem iste[3] restitui ; nam nihil de ac causa scire
cognovi ». Sed cum nec de ac re abbatissam potuissit[4]
culpabilis repperire, alias cepit Chrodieldis[5] calomnias
15 sevis inferre, quarum adsertionis[6] || responsionisque[7], quia Col. 506.
in iuditium quod contra easdem scriptum est habentur
insertæ, ipsius magis exemplaria lectionem libuit indi[8].

*EXEMPLAR IUDITII. Dominis gloriosisimis regibus episcopi
qui adfuerunt. Propitia Divinitate, piis atque catholicis*
20 *populo datis principibus, quibus concessa est regio, rectis-*
sime suas causas patifecit[9] relegio, intellegens, sacrosancto
participante Spiritu, eorum qui dominantur se sautiari et
constabiliri decreto. Et quia ex iussione potestatis vestre,
cum ad Pectavam civitatem pro condictionibus monasterii
25 *sancte recordationis Radegundis convenimus, || ut altercatio-* Fol. 323 v°.
nis[10] inter abbatissam eiusdem monasterii vel monachas, que
de ipso grege non salubri deliberatione progresse sunt, ipsis
disceptantibus, agnuscere[11] deberimus[12] : evocatis partibus,
interrogata Hrudieldis[13] vel Basina, quare tam audacter con-
30 *tra suam regulam, foribus monasterii confractis, discesse-*
rant, et ac hoccasione congregatio[14] adunata disscessa[15] sit;
quae respondentis professe sunt, famis, nudatis, insuper et

---

1. *Sic, pro* se. — 2. *Corr.* urbem. — 3. *Corr.* genetricem isti, *pro* genetrici
maestae. — 4. *Corr.* potuisset. — 5. *Corr.* Chrodihildis. — 6. *Corr.* adsertio-
nes. — 7. *Corr.* responsionesque. — 8. *Corr.* indicare. — 9. *Corr.* patefecit. —
10. *Corr.* altercationes. — 11. *Corr.* agnoscere. — 12. *Corr.* deberemus. —
13. *Corr.* Hrodihildis. — 14. *Corr.* congregatione. — 15. *Corr.* discessa.

cedis se iam non ferre periculum; adicientes etiam, eo quod deversi eorum in balneo lavarent incongrue, ad tabulam ipsa luserit, atque seculares [1] cum abbatissam reficerent, etiam et spunsalia [2] in monasterio facta sint; de palla olosirica vestimenta nepte suae temerariae fecit; foliola aurea, que fuerant in gyro palla, inconsulte sustulerit et ad collum nepte sue facinorose suspenderet; vitam de auro exornatam idem nepte suae superflue fecerit, barbaturias intus eo quod celebraverit. Interrogantis abbatissę, quid ad hec responderet, dixit, de fame quod conqueruntur, secundum quod temporis penuria permitterit [3], numquam ipsae nimiam aegestatem pertulerent. De vestimento viro [4] dixit, si quis earum arcellolas scrutaretur, amplius eas habere [quam] necessitas inde

Col. 507. *gęrit. De balneo viro ‖ quod opponitur, rętulit hoc factum diebus Quadraginsime, et pro calcis amaritudinem, ne lavantibus nocerit [5] novitas ipsius fabri, iussissae domnam Rade*

Fol. 324. *gundi, et servientes ‖ monasterii publice hoc usitarent, donec omnes odor nocendi disciderel [6]. Quod per Quadraginsimam usque Penticosten [7] in usu famulis fuerit. Ad haec Chrodieldis [8] respondit : « Et postea per tempora multi similiter laverunt. » Retullit abbatissa, se nec probare quod discerent [9] et se nescire sit [10] factum sit; sed adhuc inculpans easdem, vel si ipse vidissent, cur abbatissa non prodirent [11]. De tabula vero respondit, etsi luvisset viventem domna Radegunde, se [12] minus culpa respiceret, tamen nec in regula per scripturam proibere nec in canonibus retullit [13]. Sed ad iussionem episcoporum repromisit, cervice se inflaxa per penitentia quicquid iuberentur expleret. De conviviis etiam ait se nullam novam fecisse consuetudinem, nisi sicut actum est sub domna Radegunde, se christianis fidelibus euglogias obtulisse, nec sibi conprobare cum illis ullatenus conuriasse [14]. De sponsalibus quoque ait, coram pontifice, clero vel senioribus pro nepte sua orfanola arras accepisse;*

---

1. *Corr.* secularis. — 2. *Corr.* sponsalia. — 3. *Corr.* permitteret. — 4. *Corr.* vero. — 5. *Corr.* noceret. — 6. *Corr.* discederet. — 7. *Corr.* Pentecosten. — 8. *Corr.* Chrodihildis. — 9. *Corr.* dicerent. — 10. *Corr.* si. — 11. *Corr.* proderent. — 12. *Sic, pro* si. — 13. *Corr.* retulit. — 14. *Corr.* coniuriasse.

et tamen, si hec culpa sit, veniam se coram cunctis pedire[1]
professa est; tamen nec tunc convivium in monasterio fece-
rit. De palla quod repotareut[2], *protullit*[3] *monacham nobi-*
lem, que ei majortem olosiricum, quem de parentibus [detu-
lit], muneris causa concesserit, et inde partem abscidisset,
unde quod vellit et faceret; de reliquo viro[4] *quantum opor-*
tunum fuit, ad ornatum altaris pallam condigne concedide-
rit[5] *et de illa incisura que palle superfuit, purpora neptæ*
suae ‖ in tonica posuerit; quam ibi dedisse dixit, quo monas- Fol. 324 v°
terio profuit. Que per omnia donatrix Didimia confirmavit.
De foliolis aureis et vita[6] *auro exornatam Macconem famu-*
lum vestrum presentem testem adibuit, eo quod per manum
eius ab sponso puelle predictae nepte suae XX. solidus[7] *acce-*
pit, unde oc[8] *publice fecerit, nec de rem monasterii ‖ quic-* Col. 50ε
quam ibi permixtum sit. Interrogata Chrodieldis[9] *cum*
Basina, si forsitan aliquid abbatissa, quod absit, adulterii
reputarent, sive quid homicidium vel maleficii fecerit, aut
crimen capitale, quod percutiretur[10], *et dicerent. Respon-*
dentes protulerunt, non habire se aliquid, nisi per haec que
dixerint eam ista fecisse contra regulam proclamarent. Ad
extremum pro peccatis, quia claustra disrupta sunt, et mise-
ris liguit sine disciplina abbatissae sue quod vellent commit-
tere per tot mensum spatia, quas credibamus[11] *innocentes*
monachas, nobis protulerunt prignantes. Quibus per ordi-
nem discussis nec invento crimine, quod abbatissam deice-
rit, de levioribus causis paterna commummitione[12] *contestati*
sumus, ut hec nullatinus[13] *deinceps pro reprehensione rep-*
pertiret. Tunc nobis percontantibus[14] *causam adversae par-*
tes, que magiora crimina conmiserint, id est que predicatio-
nem sui sacerdotis intra monasterium, ne foras prociderent[15],
dispexerint, pontifice conculato[16] *et in summo contemptu in*
monasterio relicto, confractis seris ‖ et ianuis, inrito facto, Fol. 325.
discesserunt et ad suum peccatum aliæ tracte transgressi

---

1. *Corr.* petere. — 2. *Corr.* reputarent. — 3. *Corr.* protulit. — 4. *Corr.* vero.
— 5. *Corr.* condederit. — 6. *Corr.* villa. — 7. *Corr.* solidos. — 8. *Corr.* hoc.
— 9. *Corr.* Chrodihildis. — 10. *Corr.* percuteretur. — 11. *Corr.* credebamus.
— 12. *Corr.* commonitioue. — 13. *Corr.* nullatenus. — 14. *Corr.* percuntantibus.
— 15. *Corr.* procederent. — 16. *Corr.* conculcato.

*sunt. Insuper et cum Gundegysilus pontifex cum suis pro-
vintialibus pro ipsa causa commonitus, per preceptionem
regum Pectavis accessisent et ad audientia eas ad monasterium convocarent, dispecta communicione, ipsis occurrenti-
bus ad beati Elarii confessoris basilicam, quo ipsae commo-
rabantur, accedentes, ut condecit pastorum solicitudine[1],
dum commonerentur, facta seditione, fustebus[2] tam pontifices quam ministros adfecirent[3] et intra basilica fuderunt
sanguine levitarum. De ex iussione domnorum principum,
cum vir venerabilis Teutharius presbiter in causa directus
fuerit, et statutum fuisset, quando iuditium fierit[4], non
expectatum tempore, monasterium seditiosissime, accensi
in curte cupis, vectibus ac securibus confractis postitiis, igne
accenso, intra septa cæsis et vulneratis monachabus in ipsis*

Col. 509. *oraturiis, spoliato monasterio, denudate et || discissa capillis
abbatissa, graviter ad ridiculum ducta et tracta per com-
pita et in loco retrusa : etsi non legata, nec libera. Superveniente die pasche festum per seculum, offerente pontifice pro
condempnata pretium, ut expectaret vel baptismum, nec nulla
suasione hoc inpaetrasset vox subplicum, atque respondente*

Fol. 325 v°. *Chrodielde, || eo quod tale facinus nec scissent ne[c] iusserint,
adhuc Chrodielde[5] asserente ad intersignum suum, ne a
suis interficeretur, obtentum sit; unde certum est tractare,
quid ex hoc datur intelligi, quod additur crudelitate, ad
sepulcrum beate Radegundis fugientem servum monasterii
sui occiderent, et scelere criscente[6] nihil paetendo sanave-
rint; sed per se post intrantes monasterium coeperent[7], et
ad domnorum iussionem, ut seditiosos illos in publico repre-
sentarent, nolentes aquiescere[8]; et contra regum precepta
magis arma tenerent et se sagittis vel lanceis contra comitem
et plebem indignanter eregerent. Hinc dinuo[9] egresse ad
audientiam publicam, extrahunt crucem sanctam sacratis-
sima[m] occulte et ad iniuriam, indicenter[10], ad culpam, quod
postea restituere actę sunt in eclesia[11]. Quibus tot capitali-*

---

1. *Corr.* sollicitudine. — 2. *Corr.* fustibus. — 3. *Corr.* adfecerent. — 4. *Corr.*
fieret. — 5. *Corr.* Chrodihilde. — 6. *Corr.* crescente. — 7. *Corr.* coeperint. —
8. *Corr.* adquiescere. — 9. *Corr.* denuo. — 10. *Corr.* indecenter. — 11. *Corr.*
ecclesia.

bus agnitis facinoribus nec refrenatis, sed iugiter magis
auctis criminibus, dicentes nos eisdem, ut abbatissa 'pr[o][1]
culpa veniam petirent[2], *aut quod male dereptum fuerat*
emaendarent[3]; *et nolentes hoc facere, sed magis de eius*
5 *interfectione tractarent, quod publice sunt professae : rese-*
ratis a nobis et recensitis canonibus, visum est equissimum,
ut eas, usque quod dignam agerent penitentiam, a commo-
nionem[4] *privari et abbatissa suo loco permansura restitui.*
Hęc no[s][5] *pro vestra iussione, quod eclesiasticum*[6] *pertenuit*
10 *ordinem, circumspectis canonibus, absque personarum aliqua*
acceptione suggerimus peregisse. De cetero ‖ quod de rebus Fol. 326.
monasterii vel instrumentis cartarum domnorum regum
parentum vestrorum de loco subreptum est, ‖ que se habire[7] Col. 510.
professe sunt, sed nobis inoboedientes nullatenus erunt volun-
15 *tarie redditure, qualiter vestra vel anteriorum principum*
mercis aeterna permaneat, ad loci instauratione vestre pieta-
tis atque potestatis est auctoritate regia cogi reformare;
neque ipsas ad locum, quem tam impii ac profanissime dis-
truxerunt, ne peiora proveniant, vel redire concedere vel
20 *permittatis iterum adspirare; quatinus his in integrum, pres-*
tante Domino, restitutis, sub catholicis regibus totum atque-
ratur[8] *Deo, nihil perdat relegio*[9], *ut statutus conservatus*
tam patrem quam canonum nobis profitiat ad cultum; vobis
propagitur[10] *ad fructum. Christus vos dominus alat regat-*
25 *que, regnum tribuens prolixiori vitaque conferat beatam.*

XVII. Post hęc cum, emisso iuditio, a communione fuissent suspensę, abbatissa etiam in monasterio restituta, hęc
Childebertum regem petierunt, adicientes malum supra
malum, denomenantes[11] scilicet regi personas quasdam, que
30 non solum cum ipsa abbatissa adulteria exercerent, verum
etiam ad inimicam eius Fredegundem cotidie nuntia depor-
tarent. Quod audiens rex, misit que[12] eos vinctos adduce-

---

1. *Corr.* pro. — 2. *Corr.* peterent. — 3. *Corr.* emendarent. — 4. *Corr.*
communionem. — 5. *Corr.* nos. — 6. *Corr.* ecclesiasticum. — 7. *Corr.* habere.
— 8. *Corr.* atquiratur. — 9. *Corr.* religio. — 10. *Corr.* propagetur. — 11. *Corr.*
denominantes. — 12. *Corr.* qui.

rent. Sed cum discussi nihil criminis in eis inventum fuisset, abscedere iussi sunt.

XVIII. Ante hos vero dies, rex in oraturium[1] domus Mari‖ligensis ingrederetur, viderunt pueri eius hominem ignotum eminus adstantem, dixeruntque ad eum : « Quis es tu et unde venis, aut quod est opus tuum? Non enim a nobis agnusceris[2]. » Illo quoque respondente, quia : « De vobis sum, » dicto citius eiectus extra oratorium, interrogatur. Nec mora confitetur[3], dicens a Fredegunde regina se transmisum[4] ad interfitendum[5] regem, dixit : « Duodecem[6] viri sumus ab ea transmissi; sex hic venimus, alii vero saex Sessionas[7] remanserunt ad decipiendum filium regis. Et ego cum ‖ locum prestulans[8], ut regem Hildebertum in oratorio[9] percutere distinarem, timore perterritus, non deliberavi implire[10] quod volui. » Haec cum dixisset, confestim sepis datus supplitiis, deversus[11] nominat sotius[12]. Quibus per loca singula inquesitis[13], alios carceribus mancipant, alios manibus incisis relincunt[14], nonnullis nares auresque amputatis, ad ridiculum laxaverunt. Plerique tamen ex vinctus[15] subplitiorum genera metuentes, proprii[s] se[16] confodere mucronibus, nonnulli etiam inter subplitia defecerunt, [ut regis] ultio patraretur.

XVIIII. Sunnegisilus vero iterum turmentis[17] addicitur ac cotidiae virgis lorisque cæditur; et conputriscentibus vulneribus, cum primum, decurrente pupe, coepissent ipsa vulnera claudi, iterum renovabatur ad penam. In his tormentis non solum de morte ‖ Hilperici regis, verum aetiam diversa scelera se admississe confessus est. Inter quas confessionis[18] addedit aetiam, Egidium episcopum socium fuisse in illo Savingi[19], Ursionis, Bertefredi consilium ad interficiendum

1. *Corr.* oratorium. — 2. *Corr.* agnosceris. — 3. *Sic e corr.* — 4. *Corr.* transmissum. — 5. *Corr.* interfitiendum. — 6. *Corr.* Duodecim. — 7. *Corr.* Sessiones. — 8. *Corr.* prestolans. — 9. *Corr.* oratorio. — 10. *Corr.* implere. — 11. *Corr.* deversos. — 12. *Corr.* sotios. — 13. *Corr.* inquisitis. — 14. *Corr.* relinqunt. — 15. *Corr.* vinctos. — 16. *Corr.* propriisse. — 17. *Corr.* tormentis — 18. *Corr.* confessiones. — 19. *Sic, pro* Rauchingi.

Hildebertum regem. Nec mora, rapitur episcopus et ad
Metensem[1] urbem, cum esset valde ab aegrotatione lon-
ginqua defessus, adducitur; ibique sub custodia degens, rex
episcopus arcessire ad eius examinatione precepit, scilicet
5 ut in initio mensis octavi apud Viridunensem urbem adesse
deberent. Tunc ab aliis sacerdotibus increpitus, cur hominem absque audientia ab urbe rapi aet[2] in custodia retrudi
precipisset[3], permissit eum ab[4] urbem suam redire, dirigens
epistolas, ut supra diximus, ad omnis regni sui pontifices, ut
10 medio menso nono ad discutiendum in orbe[5] supradicta
adesse deberent. Erant enim pluviae validae atque inmense,
rigor intolerabilis[6], dissolute luto viamnis[7] litora excidentes; sed preceptione rigie[8] observare[9] nequiverunt.
Deni‖que convenientes, pertractae sunt usque Metinsim[10] Col. 512
15 urbem, ibique et prefactus Egidius adfuit. Tunc rex inimicum sibi regionisque proditorem esse pronuntians, Enno-
dium ex duce ad negutium[11] diregit[12] prosequendo, cuius
propositio prima hæc fuit : « Dic mihi, o episcope, quid
tibi visum fuit, ut, relicto rege, in cuius orbe[13] episcopati
20 honus fruebaris, Chilperiti regis amiticiis subderis qui semper inimicus domino nostro regi fuisse probatur, qui patrem
eius interfecit, ‖ matrem exilio condempnavit regnumque per- Fol. 327 v°.
vasit, et in his urbibus, quas, ut diximus, iniquo pervasionis
ordino[14] suo dominio subiugavit, tu ab eodem possessionum
25 fiscalium predia meruisti? » Ad hec ille respondit : « Quod
fuerem[15] amicus regem Chilperici negare non potero; non
tamen contra utilitatem regis Hildeberti[16] hec[17] amicitia
pullulavit[18]. Villas viro[19], quas memoras[20], per istius regis
chartas emerui. » Tunc proferens easdem in publico, negat
30 rex se hæc largitum fuisse; requisitusqui Otto, qui tunc
refrendarius fuerat, cuius ibi subscriptio medita[ta] tenebatur, adfuit; negat se subscribisse. Conficta enim erat

---

1. *Corr.* Mettensem. — 2. *Corr.* et. — 3. *Corr.* precepisset. — 4. *Sic, pro*
ad. — 5. urbe. — 6. *Corr.* intollerabilis. — 7. *Corr.* vie, amnis. — 8. *Corr.*
regie. — 9. *Sic, pro* obstetere. — 10. *Corr.* Mettensim. — 11. *Corr.* nego-
tium. — 12. *Corr.* diriget. — 13. *Corr.* urbe. — 14. *Corr.* ordine. — 15. *Corr.*
fuerim. — 16. *Corr.* Childeberti. — 17. *Corr.* hec. — 18. *Corr.* pollulavit. —
19. *Corr.* vero. — 20. *Sic e corr.*

manus eius in huius prœceptione scripta. In hac igitur causa
primum episcopus fallax reppertus est. Post hae [1] epistulae [2]
prolatę sunt, in quibus multa de inproperiis Brunichildis
taenebatur, quę ad Hilpirico scripte [3] fuerant, similiter et
Hilperiti [4] ad episcopum dilate, in quibus inter reliqua   5
habebatur insertum, quia : « Si radix cuiuslibit [5] rei incisa
non fuerit, culmis, qui terris est edius, non ariscit [6]. » Unde
prorsus manifestum est, ideo hec scripta, ut, superata Bru-
nihilde, filius eius obpremerętur. Negavit se episcopus has
epistulas [7] vel mississe suo nomine vel suscepisse a rescri-   10
ptum Hilperici [8]. Sed puer eius familiaris adfuit, qui hec
notarum titulis per thomus [9] chartarum conprehensa tene-
Fol. 328. bat, unde non ‖ dubium fuit resedentibus, haec ab eodem ‖
Col. 513. directa. Deinde prolate sunt pactionis [10] quasi ex nomine
Hildeberti ac Hilperici regis, in quibus tenebatur insertum,   15
ut, eiecto Gunthramno rege, hi [11] duo regis [12] inter se aęius
regnum urbisque dividerint [13], sed negavit hec rex cum suo
factum consilio, dicens, quia : « Tu commisisti patruos meos,
ut inter illos bellum civile consurgeret, unde factum est, ut
commotus exercitus Bituricas urbem, pagum Stampensem,   20
vel Mediolensem castrum atterrirent atque depopularent. In
quo bellum multi intcrimpti [14] sunt quorum, puto, animę
erunt Dei iuditio dac tuis manibus requirendę. » Hęc episcopus negarę [non potuit]. Scripta enim ista in regestum
Hilperiti [4] regis in unum scriniorum paręter sunt reperta ac   25
tunc ad eum pervenerunt, quando, interimpto [15] Hilperico,
thesauri eius de Calensi Parisiati orbis [16] villa ablati ad eun-
dem dilati sunt. Cumque de huiuscemodi causis altercatio
diutius traheretur, adfuit et abba Epifanius [basilicae sancti
Remegii, dicens, quod duo milia aureorum] spętiesque mul-   30
tas pro conservanda regis Hilperici amicitia accepissaet.
Adsteteruntque aetiam ęt ligati qui cum eodem ad memoratum regem fuerant, dicentes, quia : « Nobis relictis, solus

---

1. *Corr.* haec. — 2. *Corr.* epistolae. — 3. *Corr.* scriptę. — 4. *Corr.* Hilperici.
— 5. *Corr.* cuiuslibet. — 6. *Corr.* arescit. — 7. *Corr.* epistolas. — 8. *Corr.*
Chilperici. — 9. *Corr.* domos. — 10. *Corr.* pactiones. — 11. *Corr.* hii. — 12.
Corr. reges. — 13. *Corr.* dividerent. — 14. *Corr.* interempti. — 15. *Corr.*
interempto. — 16. *Corr.* urbis.

cum eodem diutius collocutus est; de quibus verbis nihil
intelleximus, nisi supradictae excidii persecutionem in
posterum ‖ cognuscentes[1]. » Hęc eo negante, abba, qui fuerat Fol. 328 v°.
semper in his consiliorum archanis particeps, locum homi-
nemque denominat, ubi et qui aurius, quos diximus, detul-
lisset; et qualiter de excidio regionis ac regis Gunthramni
conventi fuerat, ut iestum est, ex ordine denarravit. Que et
illę convictus deinceps est confessus. Hęc audientes episcopi
qui evocati fuerant, et in tantis malis sacerdotem Domini
contuentes fuisse satillitem, suspirantes de his triduani temporis spatium deprecantur tractandi, scilicet ut forsitan resi-
piscens Egidius ullum modum repperire possit, per quem
se ab his no‖xis[2], que æi obiciebantur, excussare valerit[3]. Col. 514.
Sed inluciscente dię tertia, convenientes in eclesia[4], inter-
rogant episcopo, si aliquid excusationis[5] haberit[6], edicerit[7].
At ille confusus ait : « Ad sententiam dandam super culpa-
bilem ne morimini[8], nam ego novi, me ob crimen maiesta-
tis reum essę mortis, qui semper contra utilitatem huius
regis matrisque eius alii[9], ac per meum consilium multa
fuisse gesta certamina, quibus nonnulla Gallearum loca
depopulata sunt. » Hęc episcopi audientes ac lamentantes
f[r]atres obproprium, obtenta vita, ipsum ab urdine[10] sacerdotali, lectis canonum sanctionibus, removerunt. Qui statim
ad Argentoratensem urbem, quam nunc Stradeburgum
vocant, deductus, exilio condemnatus est. In cuius locum
Romulfus, filius Lupi duces, ‖ iam presbiterii honore pre- Fol. 329.
ditus, episcopus subrogatus est, Æpifanio abbatis offitio,
qui basilicæ sancti Remegii preerat, remoto. Multa enim
auri argentique in huius episcopi regestum(us)[11] pondera
sunt reperta. Que autem de illa iniquitatis malitia[12] erant,
regalibus tesauris sunt inlate; que autem de tributis aut
reliqua ratione ecclesie inventa sunt, inil' relicta.

XX. In hoc sinodo Basina, Hilperici[13] regis filiam, quam

---

1. *Corr.* cognoscentes. — 2. *Corr.* noxiis. — 3. *Corr.* valeret. — 4. *Corr.*
ecclesia. — 5. *Corr.* excusationes. — 6. *Corr.* haberet. — 7. *Corr.* ediceret. —
8. *Corr.* moremini. — 9. *Sic, pro* abii. — 10. *Corr.* ordine. — 11. *Corr.* reges
tumulus. — 12. *Sic, pro* militia. — 13. *Corr.* Chilperici.

supra cum Chrodielde [1] a communione remotam diximus,
coram episcopis sola prostrata, veniam petiit, promittens se
cum caritate abbatissę monasterium ingredi ac de regulam
nihil transcindere [2]. Chrodieldis [3] autem obtestata est, quod
Leobovera abbatissa in hoc monasterium commorante, ibi- 5
dem numquam inerederectur [4]. Sed utrisque rex veniam
inpertire deprecatus est, et sic in communione receptae,
Pectavo regredi iussæ sunt, scilicet ut Basina in monasterio, ut prefacti [5] sumus, regrediretur [6]; Chrodieldis [7] vero in
villa, quę quondam Waldonis superius memorati fuerat, 10
sibi a rege concessa, resederet.

Col. 515. XXI [8]. Filii autem ipsius Waddonis || per Pectavum vagan-
tes, diversa committæbant scelera, homicidia, furta nonnulla.

Fol. 329 v°. Nam inruentes ante hoc tempus || super negutiatores [9], sub
noctis obscuritate eos gladio trucidant, abstuleruntque res 15
eorum; sed et alium tribunitie [10] potestatis virum circumventum doliis [11] interfecerunt, deripientes ræs eius. Quod cum-
Macco comes reprimere [12] nitirętur [13], hi [14] presentiam
expectunt [15] regis. Eunte autem comite, ut debitum fisco ser-
vitium solite deberet inferre, adfuerunt et hi [16] coram regi, 20
offerentes balteum magnum ex auro lapidibusque pretiosis
ornatum gladiumque mirabile, cuius capulum ex gemmis
Hispanis auroque dispositum erat. Cumque rex hęc scelera,
que audierat, ab his cognovisset manifestissimi [17] perpetrata,
vinti [18] eos catenis precepit ac turmentis [19] subdi. Qui dum 25
torquerentur, thesaurus [20] patris absconditus [21], quos de
rebus unde valde [22] superius memorati pater diripuerat,
revilare [23] ceperunt. Nec mora, directi viri ad querendum,
inmensam multitudinem auri argentique ac diversarum
specierum et auro gemmisque exornatarum repperirunt, 30

---

1. *Corr.* Chrodihilde. — 2. *Corr.* transcendere. — 3. *Corr.* Chrodchildis. —
4. *Corr.* inhereditaretur *pro* ingrederetur. — 5. *Corr.* prefati. — 6. *Corr.*
regrederetur. — 7. *Corr.* Chrodchildis. — 8. *Corr.* XX. — 9. *Corr.* negotiatores. — 10. *Corr.* trihunite. — 11. *Corr.* dolis. — 12. *Corr.* repremire. — 13.
Corr. niterętur. — 14. *Corr.* in. — 15. *Corr.* expetunt. — 16. *Corr.* hii. —
17. *Corr.* manifestissime. — 18. *Corr.* vinci. — 19. *Corr.* tormentis. — 20. *Corr.*
thesauros. — 21. *Corr.* abscondites. — 22. *Sic, pro* Gundovaldi. — 23. *Corr.*
revelare.

quod thesauris regalibus intulerunt. Post hec, seniore capite
plexo, iuniorem exilio damnaverunt.

 XXII[1]. Chuldericus vero Saxso[2] post d[i]versa scelera,
homicidia, seditiones multaque alia inproba, que gessit ad
5 Austiensem urbem, in qua possessio uxores[3] erat, abiit[4].
Cumque rex, auditas eius inprobitates, iussissit eum inter-
feci, quadam nocte || ita crapulatus est vino, ut ab eo suffo- Fol. 330.
catus, mortuos[5] in strato[6] suo repperiretur. Adserebant
enim illud superius scelus nominatum, quod sacerdotes
10 Domini in basilicam sancti Helari[7] per Chrodieldem[8] cæsi
sunt, hunc fuisse signiferum; ultusque est Deus, si ita est,
iniuria servorum. ||

 XXIII[9]. In hoc autem anno tantas terras nocturno tem- Col. 516.
pore splendor inluxit, ut mediam putares [diem]; sed et
15 globi similiter ignei pernocti tempore sæpius per celum
cucurrisse mundumque inluminasse visi sunt. Dubietas
pasce fuit ob hoc. quod in cyclum Victuri luna XV. pascham
scribsit fieri. Sed ne christiani, ut Iudei, sub ac[10] luna hec
solemnia celebrarent, addidit : *Latini autem luna XXII.*
20 Ob hoc multi in Galleis XV. luna celebraverunt; nos autem
XXII. Inquesimus[11] tamen studiosae, sed fontes Hispanie,
que divinitus implentur, in nostrum pascha repleti sunt.
Terre motus factus est magnus XVIII. kalendas mensis V., die
IIII., prima mane, cum lux redire cepisset. Eilypsim[12] pertu-
25 lit mense VIII. mediante, et ita lumen eius minuit, ut vix
quantum quinte lune cornue retinent, ad lucendum haberet.
Pluvie validae, tonitrua in autumno gravia, aque autem || Fol. 330
nimium invaluerunt. Vivariensim[13] Avennicamque urbem
graviter lues inguinaria devastavit.

30   XXIIII. Anno igitur XVII. Hildeberti[14], Gunthramni autem

---

1. *Corr.* XXI. — 2. *Corr* Saxo. — 3. *Corr.* uxoris. — 4. *Corr.* habiit. —
5. *Corr.* mortuus. — 6. *Corr.* stratu. — 7. *Corr.* Helarii. — 8. *Corr.* Chrodihil-
dem. — 9. *Corr.* XXII. — 10. *Corr.* hac. — 11. *Corr.* Inquisimus. — 12. *Sic,*
pro Sol eclypsim. — 13. *Corr.* Vivariensem. — 14. *Corr.* Childeberti.

XXX. regum, quidam episcopus de transmarinis partibus a[d]
Toronicam urbem advenit nomine Symon. Hic nobis ever-
sionem Antiohtie urbis enuntiavit, adserens se de Arminia
in Persiva [1] captivatum fuisse. Rex enim Persarum, inrupto
Arminiorum termino, predas egit eclesiasque igne succendit 5
et hunc sacerdotem cum populo suo, ut diximus, captivum
abduxit. Tunc etiam et basilica Sanctorum quadraginta
octo Martyrum, de quibus in libro Miraculorum memini,
qui in illa regione passi sunt, obpleta ligni congerie, pice
Col. 517. tergoribusque suellinis inmixtis, subpositis arden‖tibus 10
facibus, succendere nisi sunt; sed nequaquam ab igne
apparatum incendii conprehendi[t]; sicque videntis magna-
lia Dei, recesserunt ab ea. Audita autem quidam episcopus
istius memorati sacerdotes [2] abductionem, direxit pretium
per homines suos ad regem Persarum. Quod ille susceptum, 15
relaxavit a servitutis vincolum [3] episcopum istum. Ex is [4]
ergo regionibus discendens, Gallias est adgressus, ut aliquid
consolationis a devotis acceperet [5]; qui(d) nobis, ut prefati
Fol. 331. sumus superius, hec retulit. Homo erat in Antihoti [6] ‖ vald [7]
devotus in elimosinis, coniugem ac liberos habens, ne 20
umquam ei in omni vita sua dies preteriit, postquam quiddam proprium habere coepit, quod sine paupere aepulum
prelibasset. Hic una die, cum circuissit [8] urbem usque ad
vesperum et repperire non potuisset egenum, cum quo
cybum capere possit, egressus foris portam, cum nox 25
inueret [9], repperet [10] virum in veste alba cum dubus [11] aliis
stantem, quam aspiciens, quasi Loth ille antiqua memoratus
historiam [12] terrore suffusus, ait : « Et forsitan peregrinus
est dominus meus; dignitur [13] accedere ad domum servi sui,
et sumpto aebulo [14], quiescite in strato; manoe [15] autem pro- 30
ficiscimini viam, quam volueritis. » Cui illi [16], qui erat
senior, tenens sudarium i[n] [17] manu sua, ait : « Non poteras,

---

1. *Corr.* Persida. — 2. *Corr.* sacerdotis — 3. *Corr.* vinculum. — 4. *Corr.*
his. — 5. *Corr.* acciperet. — 6. *Corr.* Anthihotia. — 7. *Corr.* valde. —
8. *Corr.* circuisset. — 9. *Corr.* inrueret. — 10. *Corr.* repperit. — 11. *Corr.*
duobus. — 12. *Gen.* 19. — 13. *Corr.* dignitur. — 14. *Corr.* aepulo. — 15. *Corr.*
mane. — 16. *Corr.* ille. — 17. *Corr.* in.

o homo Dei, cum Simeni[1] vestro hanc urbem salvare
ne subverteretur? » Et elevans manum, excussit sudarium
quod tenebat super medietatem urbis; et statym conruerunt
omnia edifitia, vel quodcumque ibi structum fuit; ibique
5 obpressi sunt senis[2] cum infantibus, viri cum mulieribus,
atque uterque sexus interiit. Quod ille cernens, tam de persona viri quam de sonito ruinę hebes effectu[3], ruit in terram et factus est velut mortuos[4]. Elevansque iterum vir
ille manum cum sudarium quasi super aliam medietatem .
10 urbis, adprehensus est a duobus sotiis, qui cum eo erant,
atque obsecratus terribilibus sacramentis, ut indulgeret
medietatem urbis, ne rueret; mitigatusque a forure[5], sus-
tenuit manum suam, atque elevans hominem, || qui corruerat || Col. 518.
in terram, ait : « Vade a[d] domum tuum. Nec[6] etimeas! Fol. 331 v°.
15 Filii enim tui cum uxori et omni domo tua salvi sunt, nec
quisquam ex eis periit; costodivit[7] enim te oratio assidua
et elimosinæ, quas cotidie exercis[8] in pauperis[9]. » Et
hec dicens, discesserunt ab oculis eius nec ei apparuerunt
ultra. Ille autem regressus in urbe, repperit urbis medietatem
20 derutam[10] atque subversam cum hominibus pecoribusque,
ex quibus nonnulli a ruinis deinceps extracti sunt mortui,
pauci debilitate repperti sunt vivi. Verumtamen nec illa
cessata sunt, que vero huic ab ipso, ut ita dicam, angelo
Domini sunt effata. Nam veniens, omnem domum suam
25 incolomem repperit; tantum funera propinquorum, que in
aliis domibus effecta fuerant, lamentabant; protexitque
eum in medium iniquorum dextera Domini cum domo sua ;
salvatusque est a periculis mortis, hac velut memoratus
Loth quondam in Sodomis.

30 XXV. At in Galleis Masiliensim provintiam morbus sepe
nominatus invasit. Andecavos, Namneticus[11] atque Cenoma-
nicus[12] valida famis oppressit. Initia sunt enim hec dolorem[13],

---

1. *Corr.* Semeni, *pro* Simeoni. — 2. *Corr.* senes. — 3. *Corr.* effectus. —
4. *Corr.* mortuus. — 5. *Corr.* furore. — 6. *Sic, pro* Ne timeas. — 7. *Corr.*
custodivit. — 8. *Corr.* exerces. — 9. *Corr.* pauperes. — 10. *Corr.* dirutam. —
11. *Corr.* Namneticos. — 12. *Corr.* Cenomannicos. — 13. *Corr.* dolorum.

iuxta illud quod Dominus ait in Euangelio[1] : *Erunt pistilen-*
tię[2], fames et terre motus per loca; et exurgent[3] pseudochristi
et pseudoprophetę, et dabunt signa et prodigia in celo, ita ut
electus in errore mitant[4]; sicut presenti gestum est tempore.
Quidam enim ex Bitorico[5], ut ipse postmodum est professus, 5
dum saltus silvarum ingressus ligna cęderęt explendam operis cuiusdam necessitatem, muscarum eum circumdedit exa-
men, qua de causa per biennium amens est habitu[s]; unde ||
Fol. 332. intellegi datur, diabolici emmissionis fuisse nequitia. Post
hec, transactis urbibus propinquus, Arelatensim provintiam 10
adiit; ibique indutus pellibus, quasi relegiosus orabat. Ad
quem inludendum pars adversa divinandi ei tribuit facultatem. Ex hoc, ut in maiore proficeret scelere, commotus a(d)
loco, provintiam memoratam deserens, Gaballitane regio-
Col. 519. nes[6] terminum est ingressus, pro||ferens se magnum ac profi- 15
teri se non metuens Christum, adsumptam secum mulierem
quendam pro sorore, quam Maria vocitare fecit. Confluebat
ad eum multitudo populi, exibens[7] infirmus[8], quos contin-
gens sanitati reddebat. Conferebant ei aurum argentumque
ac vestimenta hi qui ad eum conveniebant. Quod ille, quo 20
fatilius[9] seduceret, pauperibus erogabat, prosternense[10]
solo, effundens orationem cum mulierem memoratam; et
surgens, se iterum a(d) circumstantibus adorare iobebat[11].
Predicæbat enim futura, et quibusdam morbus, quibusdam
damna provenire denuntiabat, paucis salutem futuram. Sed 25
hec omnia diabolicis artibus et pristigiis[12] nescio quibus
agebat. Seducta est autem multitudo per eum inmensa
populi, et non solum rustitiores, virum[13] etiam sacerdotes
eclesiasticę[14]. Sequebantur autem eum amplius trea milia
populi. Interea cepit quosdam spoliare ac predare, quos 30
Fol. 332 v°. in itinere repressit[15], spolia tamen non abentibus[16] || lar-
giebatur. Episcopis ac civibus moenas[17] mortis intendebat,

---

1. *Matth.* 24,7 *et Marc.* 13,22. — 2. *Corr.* pestilentię. — 3. *Corr.* exsurgent.
— 4. *Corr.* mittant. — 5. *Corr.* Biturico. — 6. *Corr.* regionis. — 7. *Corr.*
exhibens. — 8. *Corr.* infirmos. — 9. *Corr.* facilius. — 10. *Corr.* prosternens
se. — 11. *Corr.* iubebat. — 12. *Corr.* prestigiis. — 13. *Corr.* verum. —
14. *Corr.* ecclesiasticę. — 15. *Corr.* represset. — 16. *Corr.* habentibus. —
17. *Corr.* minas.

eo quod ab his adorare dispicitur. Ingressus autem Vellavę
urbis terminum, ad locum quem Anitium vocitant accedit
et ad basilicas propinquas cum omni exercitu restitit,
instruens ætiam[1], qualiter Aurilio[2], ibidem tunc consisten-
tem episcopo, bellum inferret, mitens et amantes[3] nuntios[4],
homines nudo corpore saltantes adque ludentes, qui adventum eius adnunciarent. Quod stupens episcopus, direxit ad
eum viros extrenuos[5], inquerentes[6] quid sibi vellent ista
que gereret[7]. Unus autem ex his, qui erat senior, cum se
inclinasset, quasi osculaturus genua eius ac discusurus viam
illius, iussit eum adprehensum expoliari. Nec mora, illi, .
evaginato gladio, in frustra cedit[8], ceciditque Cristus ille,
qui magis antecristus nominare || debet, et mortuus est; Col. 520.
dispersique sunt omnes, qui cum eo erant. Maria autem
subplitiis debita, omnia fantasmata eius ac prestigias publi-
cavit. Nam homines ille[9], quod ad se credendum diabolica
circumventione turbaverat, numquam ad sensum integrum
sunt reversi, sed hunc semper quasi Christum, Maria autem
illa partem dietatis[10] habere profitebant. Sed et per totas .
Gallias emerserunt plerique, qui per as prestigias adiun-
gentis[11] sibi mulierculas quasdam que debacchantes sanctos
eos confiterentur, magnus[12] se in popolis[13] preferebant;
ex quibus nos plerosque vidimus, quos obiurgantes revocare
ab errore nisi sumus. ||

XXVI. Regnimodis[14] Parisiacę urbis episcopus obiit. Fol. 333.
Cumque germanus eius Faramodus presbiter pro epis[co]pato
concurret, Eusebius quidam negotiator genere Sirus, datis
multis muneribus, in locum eius subrogatus est; hisque,
accepto episcopato, omnem scola[15] decessoris sui obiciens,
Syrus de genere suo eclesiasticę[16] domui ministros statuit.
Obiit et Sulpitius Bituricæ urbis pontifex, cathedramque
eius Eustasius Agustidunensis diaconus est sortitus.

---

1. *Corr.* aciem. — 2. *Corr.* Aurelio. — 3. *Sic, pro* etiam ante se. — 4. *Corr.*
nuntius. — 5. *Sic, pro* strenuos. — 6. *Corr.* inquirentes. — 7. *Corr.* gererent.
— 8. *Corr.* concidit. — 9. *Corr.* illi. — 10. *Sic, pro* deitatis. — 11. *Corr.*
adiungentes. — 12. *Corr.* magnos. — 13. *Corr.* populis. — 14. *Corr.* Regni-
modus. — 15. *Corr.* scolam. — 16. *Corr.* ecclesiasticę.

XXVII. Inter Tornacensis quoque Francos non mediocris disceptatio est orta, pro eo quod unius filius alterius filium, qui sororem eius in matrimonium acceperat, cum ira sepius obiurgabat, cur, coniuie[1] relicta, scortum adiret. Que iracondia[2], cum emendatio criminati non succedit, usque adeo elata est, ut enruens[3] puer super cognatum suum, eum cum suis interficeret, atque ipse ab is[4] cum quibus venerat ille prosterneretur, nec remaneret quispiam ex utrisque nisi unus tantum, cui percusor[5] defuit. Ex hoc parentes utriusque inter se sevientes, a Fredegunde regina plerumque

Col. 521. arguebant, ut, relicta inimiticia, concordis[6] fierent, ne pertinatia litis in maiore subveheretur scandalum. Sed cum eosdem verbis lenibus placere nequiret[7], utrumque bipinnę conpescuit. Invitatis etenim ad epulum multis, hos in unum tres fecit sedere subsellium ; cumque in eo prandium elongatum fuisset spatio, ut nox mundum obrueret, ablata mensa, sicut mox[8] Francorum est, illi in subsellia sua, sicut locuti[9] fuerant, resedebant. Putatoque[10] vino multo, in

Fol. 333 vᵒ. tanto crapulati sunt, ut pueri eorum madefacti ‖ per angulus domus, ubi quisque conruerat, obdormierit[11]. Tunc ordinati a mulieri viri cum tribus securibus, a tergo horum trium adsteterunt[12], illique conloquentibus, in unum, ut ita dicam, adsaltu puerorum manus libratae, hominibus perculsis, ab epulo est discessum. Nomina quoque virorum Charivaldus, Leodovaldus atque Valdenus. Quod cum parentibus perlatum fuisset, custodire archius Fredegunde ceperunt, dirigentes nuntius[13] ad Hildebertum regem, ut conprehensa interficerętur. Conmotus autem cum hec causa Campanensis populis, dum moras innectiret[14], hec[15] suorum ereppit[16] auxilium, ad locum alium properavit.

XXVIII[17]. Post hec legatus[18] at Gunthramnom regem mittit, dicens : « Proficiscatur dominus meus rex usque Parisius,

---

1. *Corr.* coniuge. — 2. *Corr.* iracundia. — 3. *Corr.* ·ruens. — 4. *Corr.* his. —5. *Corr.* percussor. — 6. *Corr.* concordes. — 7. *Corr.* nequiveret. — 8. *Corr.* mos. — 9. *Sic, pro* locali. — 10. *Corr.* Potatoque. — 11. *Corr.* obdormieret. 12. *Corr.* adstiterunt. — 13. *Corr.* nuntios. — 14. *Corr.* innecteret. — 15. *Corr.* hęc. — 16. *Corr.* erippit. — 17. *Corr.* XXVI. — 18. *Corr.* legatos.

et arcessitu[1] filio meo, nepote suo, iubeat eum baptismatis
gratia consecrare; ipsumque de sancto lavacro exceptum,
tamquam alumnum proprium habere dignitur[2]. » Hec[3]
audiens rex, commotis episcopis, id est Eterium[4] Lugdo-
nensim, Sidiarium Agustoduensim Flavumque Cavillonen-
sim, vel reliquis, quos [voluit], Parisius accedere iubet,
indecans[5] se postmodum secuturum. Fuerunt etiam ad hoc
placitum multi de regno eius tam domestici quam comites
ad prehenda[6] regalis expense necessaria. Rex autem, deliberatione acta, ut ad hec deberet accedere, pedum est dolore
proibitus[7]. Postquam autem con‖valuit, accessit Parisius; Col. 522.
exinde ad Rotoialinsim villam ipsius urbis properans, evo-
cato puero, iussit baptisterium prepa[ra]ri in vico Nemptu-
doro. Dum autem hec agerentur, legati Hildeberti regis accesserunt ‖ ad eum, dicentes : « Non enim sta[8] nuper nepote Fol. 334.
tuo Hildeberto pollicitus eras, ut cum inimicis eius amicitias
coulocaris. Sed in quantum cernimus, nihil de promisione
tua custodis, sed potius que promiseras pretermittis et
puerum istum in urbis Parisiacæ cathedram regem statues.
Iudicavit enim Deus, quia non reminisceris que ultro pollicitus es. » Hec his dicentibus, rex ait : « Promissionem,
quam in nepotem meum Hildebertum regem statutam habeo,
non enim obmitto. Nam illum non oportet scandalizare, si
consubrinum[9] eius, filium fratres mei, de sancto suspitiam[10]
lavacro, quia hanc petitionem nullus christianorum debet
abnuere. Eamque ego, ut Deus manifestissime novit, non
calliditate aliqua, sed in simplicitate puri corpis[11] agere
copio, quia offensam Divinitatis incurrere formido. Non est
enim humilitas genti nostre, si hic a me suspitiatur[12]. Si
enim domini proprius[13] famulo[14] de sacro fonte suscipiunt,
cur et mihi non liciat[15] propinquum parentem excipere ac
filium facere per baptismi gratiam spiritalem? Abscidete[16]
nunc et nuntiate domno vestro : « Pactionem, quam tecum

---

1. *Corr.* arcessito. — 2. *Corr.* dignetur. — 3. *Corr.* Hec. — 4. *Corr.* Ethe-
rium. — 5. *Corr.* indicans. — 6. *Corr.* adprehendenda. — 7. *Corr.* prohibitus.
— 8. *Corr.* ista. — 9. *Corr.* consobrinum. — 10. *Corr.* suscipiam. — 11. *Corr.*
corporis, *pro* cordis. — 12. *Corr.* suscipiatur. — 13. *Corr.* proprios. — 14.
Corr. famulos. — 15. *Corr.* liceat. — 16. *Corr.* Abscedete.

pepigi, custodire cupio inlibatam ; quam si tuæ conditionis
noxa non obmiserit, a me prorsus obmitti non queit. » Et
hec dicens, legatis discendentibus, rex accendens [1] ad lava-
crum sanctum, obtulit puerum ad baptizandum. Quem exci-
piens, Chlotharium vocitari voluit, dicens : « Criscat [2] puer   5
et huius sit nominis exsecutur [3] ac tale potentia polleat,
sicut ille quondam cuius nomen indeptus est. » Quod misterium celebratum, invitatum ad epulum parvolum multis

Fol. 334 v°.   muneribus oneravit. Similiter et rex ‖ ab eodem invitatus
plerisque donis refertus, abscessit et ad Cavilonensem urbem   10
redire statuit. ‖

Col. 523.   XXVIIII. Incipiunt de virtutibus vel de transitu Aredii
abbate, qui oc anno terras relinquens, vocante Domino,
migravit ad celum. Lemovicini urbis incola fuit, non medio-
cribus regiones sue ortus parentibus, sed valde ingenuis.   15
Hic Teodoberto regi traditus, aulitis palatinis adiungitur.
Erat enim tunc temporis apud urbem Trivericam vir eximię
sanctitatis Nicętius episcopus, non solum in predicatione
admirabilis fecundie, virum [4] etiam in operibus bonis ac
mirabilibus celeberrimus habebatur in plebe. Qui intuens   20
puerum in regis palatio, nestio quid in vultu eius cernens
divinum, precepit ei se(qui) sequi. At ille, relicto regis palatio, secutus est eum. Cumque ingressi in cellulam, de his
quæ ad Deum pertinent confabularentur, expetiit adulescens
a beato sacerdote se corrigi, ab eo et docere, ab eo inbui ac   25
in divinis voluminibus ab eodem exercire. Cumque in huius
studii flagranti. cum antestete [5] memorato degeret, tonsorato
iam capite, quadam die, psallentibus clericis in eclesia, discendit columba e camera, que leviter volitans circa [e]um,
redit [6] super caput eius, illud indicans, ut opinor, eum Spi-   30
ritus sancti gratia iam repletum. Quam cum ille non sine
pudore conaretur abegere [7], hec paullum [8] circumvolans, iterum super capud eius aut super scapulam resedebat; que

---

1. *Corr.* accedens. — 2. *Corr.* Crescat. — 3. *Corr.* exsequitur. — 4. *Corr.*
verum. — 5. *Corr.* antestite. — 3. *Corr.* resedit. — 7. *Corr.* abigere. — 8. *Corr.*
paululum.

non modo ibi, sed etiam cum in cellulam[1] episcopi ingrederetur, iugiter comitabatur cum eo. Quod per dies plurimus[2]
factum, non sine admirationem[3]

episcopus intendebat. Exinde vir Dei, Spiritu, ut diximus, sancto
5 repletus, ad patriam, genitore ac germano defunctis, regreditur,
consolaturus Pelagiam genitricem, quae nullum parentem praeter
hanc sobolem spectabat. Deinde cum ieiuniis atque orationibus
vacabat, deprecatur eam, ut omnis cura domus, id est sive
correctio familiae sive exercitio agrorum sive cultus vinearum,
10 ad eam aspiceret, ne huic viro aliquod accideret impedimentum,
quo ab oratione cessaret; unum sibi tantum privilegium vindi-
cans, ut ad ecclesias aedificandas ipse praeesset. Quid plura?
Construxit templa in Dei ho‖nore sanctorum, expediitque eorum Col. 524.
pignera, ac ex familia propria tonsuratos instituit monachos,
15 cenobiumque fundavit, in quo non modo Cassiani, verum
etiam Basilii vel reliquorum abbatum, qui monasterialem vitam
instituerunt, celebrantur regulae, beata muliere victum atque
vestitum singulis ministrante. Nec minus haec tamen impedita
hoc onere in Dei laudibus perstrepebat, sed assidue, etsi quiddam
20 operis exerceret, semper orationem Domino, tanquam odorem
incensi acceptabilis offerebat. Interea ad sanctum Aridium coeperunt infirmi confluere, quos, manus singulis cum crucis vexillo
imponens, sanitati reddebat. Quorum si singillatim nomina scribere velim, nec numerum percurrere valeo nec vocabula memo-
25 rare; unum tantum novi, quod quicumque ad eum aeger advenit
sospes abscessit. De maioribus quoque miraculis parva propo-
nimus. Iter quodam tempore cum genitrice dum ageret et sancti
Iuliani martyris ad basilicam properaret, venerunt vespere in
quodam loco. Erat autem locus ille aridus et absque fluentis
30 currentibus infecundus. Dixitque ad eum mater eius : « Fili,
aqua non habemus, et qualiter hic nocte praesenti quiescere
possumus? » At ille prostratus in oratione, diutissime preces
fudit ad Dominum; et erigens se, defixit virgam in terram, quam
manu gerebat, eamque cum bis aut tertio in gyro vertisset, ad se
35 laetus extraxit; moxque unda aquae secuta est tam valida, ut non
solum ipsis de praesenti, sed etiam pecoribus affatim deinceps
pocula ministraret. Nuperrimo autem tempore iter carpens, nim-
bos ad eum pluviae advenire coepit; quem ille cernens, paululum

---

1. *Corr.* cellolam. — 2. *Corr.* plurimos. — 3. *Cetera desunt in codice*
Bruxellensi, et ex edit. Monum. Germ. Hist. *deprompta sunt.*

super equum, quem sedebat, caput inclinans, manus extendit ad
Dominum. Consummata vero oratione, divisa est nubis in duabus
partibus, ac in circuitu eorum immanis descendit pluvia; super
eos tamen nulla stillicidia gutta descendit. Wistrimundi quoque
cognomento Tattonis civis Turonici dentes graviter inferebat 5
dolorem, ex quo etiam maxilla intumuerat. Quod cum beato viro‖

Col. 525. questus fuisset, manum super locum doloris imposuit, statimque
dolor fugatus est, nusquam deinceps ad iniuriam hominis excitatus est. Haec ipse qui passus est retulit. De his vero signis,
quae per virtutem sancti Iuliani martyris Martinique confessoris 10
beati in eius manibus Dominus operatus est, pleraque in libris
Miraculorum, sicut ipse effatus est, scripsimus. Post has vero et
multas alias virtutes, quas, Christo cooperante, complevit, advenit Turonus post festivitatem sancti Martini, ibique paululum
commoratus, dixit nobis se haud longaevo tempore adhuc in hoc 15
mundo retinere aut certe velocius dissolvi; et vale dicens,
abscessit, gratias agens Deo, quod, priusquam obiret, sepulchrum beati antistitis osculare promeruit. Cumque ad cellam
suam accessisset, testamento condito, ordinatis omnibus ac
sancto Martino Hilarioque antistitibus heredibus institutis, 20
aegrotare coepit ac dissenteriae morbo gravari. Sexta quoque
aegrotationis eius die mulier, quae ab spiritu immundo saepius
vexata a sancto emundari non poterat, ligatis per se a tergo manibus, clamare coepit ac dicere : « Currite cives, exsilite populi,
exite obviam martyribus confessoribusque, qui ad excessum beati 25
Aridii conveniunt. Ecce adest Iulianus a Brivate, Privatus ex
Mimate, Martinus a Turonus Martialisque ab urbe propria. Adest
Saturninus a Tolosa, Dionysius ab urbe Parisiaca, nonnulli et
alii, quos caelum retinet, quos vos ut confessores et Dei martyres
adoratis. » Haec cum in exordio noctis clamare coepisset, a 30
domino suo revincta est; sed nequaquam potuit continere. Quae
rumpens vincula, ad monasterium cum his vocibus properare
coepit; moxque beatus vir spiritum tradidit, non sine testimonio
veritatis, quod sit susceptus ab angelis. Mulierem quoque in
exequiis suis cum alia muliere nequitiori spiritu vexata, ut est 35
sepulchro tectus, a nequitia infesti daemonii emundavit. Et credo,

Col. 526. ob hoc Dei nutu easdem in corpore positus non po‖tuit emundare,
ut exequiae illius hac virtute glorificarentur. Post celebrato vero
funere mulier quaedam rictu patulo sine vocis officio ad eius
accessit tumulum, quod osculis delibato, elocutionis meruit reci- 40
pere beneficium.

XXX. Hoc anno mense secundo tam in Turonica quam in Namnetica gravis populum lues adtrivit, ita ut modico quisque aegrotus capitis dolore pulsatus, animam funderet. Sed factae rogationes cum grandi abstinentia et ieiunio, sociatis etiam elemosinis, averso divini furoris impetu mitigatum est. Apud Lemoficinam vero urbem ob dominici diei iniuriam, pro id quod in eo operam publicam exercerent, plerique igne caelesti consumpti sunt. Sanctus enim est hic dies, qui in principio lucem conditam primus vidit ac dominicae resurrectionis testis factus emicuit; ideoque omni fide a christianis observari debet, ne fiat in eo omne opus publicum. In Turonica vero nonnulli ab hoc igne, sed non die dominico, sunt adusti. Siccitas immensa fuit, quae omne pabulum herbarum averteret, unde factum est, ut gravis morbus in pecoribus ac iumentis invalescens, parum unde sumeretur origo relinqueret; sicut Abbacuc propheta vaticinatus est[1] : *Deficient ab esca oves, et non erunt in praesepibus boves.* Non modo enim in domesticis, verum etiam in ipsis ferarum immitium generibus haec lues crassata est. Nam per saltus silvarum multitudo cervorum vel reliquorum animantium prostrata per invia nacta est. Foenum ab infusione pluviarum et inundatione amnium periit, segetes exiguae, vineae vero profusae fuerant; quercorum fructus ostensi effectum non obtinuerunt.

XXXI. IN CHRISTI NOMINE INCIPIT DE EPISCOPIS TURONICIS. Licet in superioribus libris quaedam scripsisse visus sim, tamen propter ordinationem eorum et supputationem, quo tempore primum praedicator ad Turonicam accessit urbem, reciprocari placuit.

Primus Gatianus episcopus an||no imperii Decii primo a Romanae sedis papa transmissus est. In qua urbe multitudo paganorum in idolatriis dedita commorabatur, de quibus nonnullos praedicatione sua converti fecit ad Dominum. Sed interdum occulebat se ob inpugnationem potentum, eo quod saepius eum iniuriis et contumeliis, cum repperirent, adfecissent; ac per criptas et latibula cum paucis christianis, ut diximus, per eodem conversis, mysterium sollempnitatis die dominica clanculo caelebrabat. Erat autem valde religiosus et timens Deum; et, nisi fuisset talis, non utique domus, parentes et patriam ob dominici amoris diligentiam reliquisset. In hac urbe sub tali conditione

Col. 527.

---

1. *Hab.* 3, 17.

perpensius, ut ferunt, annos [quinquaginta] commoratus, obiit
in pace, et sepultus est in ipsius vici cimiterio, qui erat christianorum; et cessavit episcopatus triginta septem annis.

Secundus anno imperii Constantis primo Litorius ordinatur
episcopus. Fuit autem ex civibus Turonicis, et hic valde reli- 5
giosus. Hic aedificavit ecclesiam primam infra urbem Turonicam,
cum iam multi christiani essent; primaque ab eo ex domo cuiusdam senatoris basilica facta est. Huius tempore sanctus Martinus
in Galliis praedicare exorsus est. Sedit autem annis triginta
tribus et obiit in pace; sepultusque est in suprascripta basilica, 10
quae hodieque eius nomine vocitatur.

Tertius sanctus Martinus anno octavo Valentis et Valentiniani
episcopus ordinatur. Fuit autem de regione Pannoniae, civitate
Sabaria. Qui ob amorem Dei apud urbem Mediolanensem Italiae
Col. 528. primo monasterium || instituit; sed ab haereticis, eo quod sanctam 15
Trinitatem intrepidus praedicaret, virgis caesus atque expulsus
de Italia, in Galliis accessit. Multos paganorum converti fecit,
templa eorum statuasque confregit, fecitque multa signa in
populo, ita ut ante episcopatum duos suscitaret mortuos, post
episcopatum autem unum tantummodo suscitavit. Hic transtulit 20
corpus beati Gatiani sepelivitque eum iuxta sepulchrum sancti
Litorii in illa nominis sui praefata basilica. Hic prohibuit Maximum, ne gladium in Hispania ad interficiendos destinaret haere-
ticos, quibus sufficere statuit, quod a catholicorum ecclesiis erant
vel communione remoti. Consummato ergo praesentis vitae cursu, 25
obiit apud Condatensem vicum urbis suae anno octogesimo primo
aetatis. De quo vico navigio sublatus, Turonus est sepultus in
loco, quo nunc adoratur sepulchrum eius. De cuius vita tres a
Severo Sulpicio libros conscriptos legimus. Sed et praesenti
tempore multis se virtutibus declarat. In monasterio vero qui 30
nunc Maior dicitur basilicam in honore sanctorum apostolorum
Petri et Pauli aedificavit. In vicis quoque, id est Alingaviensi,
Solonacensi, Ambaciensi, Cisomagensi, Tornomagensi, Conda-
tensi, destructis delubris baptizatisque gentilibus, ecclesias
aedificavit. Sedit autem annos viginti sex, menses quattuor, dies 35
decem et septem, et cessavit episcopatus dies viginti.

Quartus Bricius ordinatur episcopus anno Archadii et Honorii
secundo, cum pariter regnarent. Fuit autem civis Turonicus, cui
Col. 529. trigesimo tertio || episcopatus anno crimen adulterii est impactum
a civibus Turonicis; expulsumque eum, Iustinianum episcopum 40
ordinaverunt. Bricius vero ad papam Urbis dirigit. Iustinianus

autem post eum abiens, apud urbem Vercellensem obiit. Turonici
iterum malignantes, Armentium statuerunt. Bricius vero septem
apud papam Urbis annis degens, idoneus inventus a crimine, ad
urbem suam redire iussus est. Hic aedificavit basilicam parvulam
5 super corpus beati Martini, in qua et ipse sepultus est. Cumque
portam ingrederetur, Armentius per aliam portam mortuus effe-
rebatur; quo sepulto, cathedram suam recepit. Hunc ferunt
instituisse ecclesias per vicos, id est Calatonno, Bricca, Rodo-
mago, Briotreide, Cainone; fueruntque omnes episcopatus eius
10 anni quadraginta septem. Obiitque, et sepultus est in basilicam,
quam super sanctum Martinum aedificavit.

Quintus Eustochius ordinatur [episcopus], vir sanctus et
timens Deum, ex genere senatorio. Hunc ferunt instituisse
ecclesias per vicos Brixis, Iciodoro, Lucas, Dolus. Aedificavit
15 etiam ecclesiam infra muros civitatis, in qua reliquias sanctorum
Gervasi et Protasi martyris condidit, quae a sancto Martino de
Italia sunt delatae, sicut sanctus Paulinus in epistola sua meminit.
Sedit autem annos septemdecim. Et sepultus est in basilica,
quam Bricius episcopus super sanctum Martinum struxerat. ‖
20 Sextus ordinatur Perpetuus, de genere et ipse, ut aiunt, sena- Col. 530.
torio et propinquus decessoris sui, dives valde et per multas
civitates habens possessiones. Hic, submota basilica, quam prius
Bricius episcopus aedificaverat super sanctum Martinum, aedificavit aliam ampliorem miro opere, in cuius absida beatum corpus
25 ipsius venerabilis sancti transtulit. Hic instituit ieiunia vigiliasque, qualiter per circulum anni observarentur, quod hodieque
apud nos tenetur scriptum, quorum ordo hic est.

De ieiuniis.

Post quinquagesimam quarta, sexta feria usque ad natale sancti
30 *Iohannis.*

De kalendis septembris usque kalendas octobris bina in septi-
mana ieiunia.

De kalendis octobris usque depositionem domni Martini bina in
septimana ieiunia.

35 *De depositione domni Martini usque natale Domini terna in*
septimana ieiunia.

De natale sancti Hilarii usque medio Februario bina in septi-
mana ieiunia.

De vigiliis.

Natale Domini in ecclesia.

Epiphania in ecclesia.

Natale sancti Iohannis ad basilicam domni Martini.

Col. 531.   *Natale sancti Petri episcopatus ad || ipsius basilicam.*   5

Sexto kalendas aprilis resurrectio Domini nostri Iesu Christi ad basilicam domni Martini.

Pascha in ecclesia.

Die Ascensionis in basilica domni Martini.

Die quinquagesimo in ecclesia.   10

Passio sancti Iohannis ad basilicam in baptisterio.

Natale sanctorum apostolorum Petri et Pauli ad ipsorum basilicam.

Natale sancti Martini ad eius basilicam.

Natale sancti Simphoriani ad basilicam domni Martini.   15

Natale sancti Litorii ad eius basilicam.

Item natale sancti Martini ad eius basilicam.

Natale sancti Bricii ad domni Martini basilicam.

Natale sancti Hilarii ad domni Martini basilicam.

Hic aedificavit basilicam sancti Petri, in qua cameram basilicae 20 prioris posuit, quae usque nostris temporibus perseverat. Basilicam quoque sancti Laurenti monte Laudiaco ipse construxit. Col. 532. Huius tempore aedificatae sunt || ecclesiae in vicis, id est Evina, Mediconno, Barrao, Balatedine, Vernao. Condiditque testamentum et deputavit per singulas civitates quod possedebat, in eis 25 ipsis scilicet ecclesiis, non modicam et Turonicae tribuens facultatem. Sedit autem annos triginta, et sepultus est in basilica sancti Martini.

Septimus vero Volusianus ordinatur episcopus, ex genere senatorio, vir sanctus et valde dives, propinquus et ipse Perpetui 30 episcopi decessoris sui. Huius tempore iam Chlodovechus regnabat in aliquibus urbibus in Galliis. Et ob hanc causam hic pontifex suspectus habitus a Gothis, quod se Francorum ditionibus subdere vellet, apud urbem Tholosam exilio condempnatus, in eo obiit. Huius tempore vicus Mantolomaus aedificatus est, et 35 basilica sancti Iohannis ad Maiorem monasterium. Sedit autem annos septem, menses duos.

Octavus Verus ordinatur episcopus. Et ipse pro memoratae

causae zelo suspectus habitus a Gothis, in exilio deductus vitam
finivit. Facultates suas ecclesiis et bene meritis dereliquit. Sedit
autem || annos undecim, dies octo.   Col. 533.

Nonus Licinius, civis Andecavus, qui ob amorem Dei in Orientem abiit sanctaque loca revisit. Exinde digressus, in possessione sua monasterium collocavit infra terminum Andecavum,
et postea abbatis officium monasterio, ubi sanctus Venantius
abba sepultus est, functus, ad episcopatum eligitur. Huius tempore Chlodovechus rex victor de caede Gothorum Turonus
rediit. Sedit autem annos duodecim, menses duos, dies viginti
quinque, et sepultus est in basilica sancti Martini.

Decimo loco Theodorus et Proculus, iubente beata Chrodielde
regina, subrogantur. eo quod de Burgundia iam episcopi ordinati ipsam secuti fuissent et ab hostilitate de urbibus suis expulsi
fuerant. Erant autem ambo senes valde; rexeruntque ecclesiam
Turonicam simul annis duobus, et sepulti sunt in basilica sancti
Martini.

Undecimus Diniflus episcopus, et ipse ex Burgundia veniens.
Qui per electionem praefatae reginae ad episcopatum accessit;
cui aliquid de fisci ditionibus est largita, deditque ei potestatem
faciendi de his rebus quae voluisset. Qui maxime ecclesiae suae
quod fuit melius dereliquit; largitus est etiam quiddam et bene
meritis. Sedit autem menses decem, et sepultus est in basilica
sancti Martini.

Duodecimus Ommatius de senatoribus civibusque Arvernis,
valde || dives in praediis. Qui, condito testamento, per ecclesias   Col. 534.
urbium in quibus possedebat facultates suas distribuit. Ipse
exaltavit ecclesiam infra muros urbis Turonicae sanctorum Gervasi et Protasi reliquiis consecratam, quae muro coniuncta est.
Hic coepit aedificare basilicam sanctae Mariae infra muros urbis,
quam imperfectam reliquit. Sedit annos quattuor, menses quinque; obiitque et sepultus est in basilica sancti Martini.

Tertius decimus Leo ex abbate basilicae sancti Martini ordinatur episcopus. Fuit autem faber lignarius, faciens etiam turres
olocriso tectas, ex quibus quaedam apud nos retinentur. In aliis
etiam operibus elegans fuit. Sedit autem menses sex, et sepultus
est in basilica sancti Martini.

Quartus decimus Francilio ex senatoribus ordinatur episcopus,
civis Pictavus, habens coniugem Claram nomine, sed filios non
habens. Fueruntque ambo divites valde in agris, quos maxime
sancti Martini basilicae contulerunt, reliqueruntque quaedam et

proximis suis. Sedit autem annos duos, menses sex; obiitque et
sepultus est in basilica sancti Martini.

Quintus decimus Iniuriosus, civis Turonicus, de inferioribus
quidem populi, ingenuus tamen. Huius tempore Chrodieldis
regina transiit. Hic peraedificavit ecclesiam sanctae Mariae infra 5
muros urbis Turonicae. Huius tempore et basilica sancti Ger-
Col. 535. mani aedificata est. Vici etiam Noviliacus et || Luciliacus fundati
sunt. Hic instituit tertiam et sextam in ecclesia dici, quod modo
in Dei nomine perseverat. Sedit autem annos sexdecim, menses
undecim, dies viginti sex; obiitque et sepultus est in basilica 10
sancti Martini.

Sextus decimus Baudinus ex referendario Chlotharii regis
ordinatur episcopus, habens et filios, multis elemosinis praedi-
tus. Aurum etiam, quod decessor eius reliquerat, amplius quam
viginti milia solidorum, pauperibus erogavit. Huius tempore 15
alter vicus Noviliacus aedificatus est. Hic instituit mensam cano-
nicorum. Sedit autem annos quinque, menses decem; obiitque
et sepultus est in basilica sancti Martini.

Septimus decimus Guntharius ex abbate monasterii Sancti
Venanti ordinatur episcopus, vir valde prudens, dum abbatis 20
fungeretur officium, et saepius legationes inter reges Francorum
faciens. Postquam autem episcopus ordinatus est, vino deditus,
paene stolidus apparuit. Quae res eum in tantum amentem faciebat, ut convivas, quos bene noverat, nequiret agnoscere; saepius
tamen eos conviciis agebat et improperiis. Sedit autem annos 25
duos, menses decem, dies viginti duos. Obiit autem, et sepultus
est in basilica sancti Martini. Cessavitque episcopatus anno uno.

Octavus decimus Eufronius presbiter ordinatur episcopus, ex
genere illo, quod superius senatores nuncupavimus, vir egregiae
sanctitatis, ab ineunte aetate clericus. Huius tempore civitas 30
Turonica cum omnibus ecclesiis magno incendio concremata est;
de quibus ipse postea duas reparavit, tertiam seniorem relin-
Col. 536. quens desertam. Postea vero basilica sancti Mar||tini et ipsa incen-
dio est adusta per Wiliacharium, cum ibi confugium pro Chramni
quondam circumventione fecisset; quam postea idem pontifex 35
texit stagno, opitulante rege Chlothario. Huius tempore basilica
sancti Vincenti aedificata est. Taurisiaco, Cerate et Orbaniaco vicis
ecclesiae aedificatae sunt. Sedit autem annos septemdecim, obiitque aetate septuagenaria, et sepultus est in basilica sancti Martini. Cessavitque episcopatus dies novemdecim. 40

Nonus decimus Gregorius ego indignus ecclesiam urbis Turo-

nicae, in qua beatus Martinus vel ceteri sacerdotes Domini ad
pontificatus officium consecrati sunt, ab incendio dissolutam diru-
tamque nanctus sum, quam reaedificatam in ampliori altiorique
fastigio septimo decimo ordinationis meae anno dedicavi; in qua,
5 sicut a longevis aevo presbiteris comperi, beatorum ibidem reliquiae Acaunensium ab antiquis fuerant collocatae. Ipsam etiam
capsulam in thesauro basilicae sancti Martini repperi, in qua
valde putredine erat pignus dissolutum, quod pro eorum fuerat
virtute delatum. Ac dum vigiliae in eorum honore celebraren-
10 tur, libuit animo haec iterum, praeluciscente cereo, visitare.
Quae dum a nobis attente rimantur, dicit aedis aedituus : « Est
hic, inquit, lapis opertorio tectus, in quo quid habeat, prorsus
ignoro, sed nec praecessores ministros huius custodiae scire
comperi. Deferam eum, et scrutamini diligenter, quid contineat
15 infra conclusum. » Quem delatum reseravi, fateor; et inveni in
eum capsulam argenteam, in qua non modo beatae legionis tes-
tium, verum etiam multorum sanctorum tam martyrum quam
confessorum reliquiae || tenebantur. Nancti etiam sumus et alios Col. 537.
lapides, ita ut hic erat, concavos, in quibus sanctorum aposto-
20 lorum cum reliquorum martyrum pignora tenebantur. Quod
munus ego divinitus indultum admirans et gratias agens, cele-
bratis vigiliis, dictis etiam missis, haec in ecclesia collocavi. In
cellula sancti Martini ecclesiae ipsi contigua sanctorum Cosmae
et Damiani martyrum reliquias posui. Basilicae sanctae parietes
25 adustos incendio repperi, quos in illo nitore vel pingi vel exor-
nari, ut prius fuerant, artificum nostrorum opere imperavi.
Baptisterium ad ipsam basilicam aedificare praecepi, in quo
sancti Ioannis cum Sergii martyris reliquias posui; et in illo
priore baptisterio sancti Benigni martyris pignora collocavi. In
30 multis vero locis infra Turonicum terminum ecclesias et oratoria
dedicavi sanctorumque reliquiis illustravi; quae memorare ex
ordine prolixum censui.

Decem libros Historiarum, septem Miraculorum, unum de
Vita Patrum scripsi; in Psalterii tractatu librum unum commen-
35 tatus sum; de Cursibus etiam ecclesiasticis unum librum condidi.
Quos libros licet stilo rusticiori conscripserim, tamen coniuro
omnes sacerdotes Domini, qui post me humilem ecclesiam Turonicam sunt recturi, per adventum domini nostri Iesu Christi ac
terribilem reis omnibus iudicii diem, si numquam confusi de
40 ipso iudicio discedentes cum diabolo condempnemini, ut numquam libros hos aboleri faciatis aut rescribi, quasi quaedam eli-

gentes et quaedam praetermittentes, sed ita omnia vobiscum
integra inlibataque permaneant, sicut a nobis relicta sunt. Quod
si te, sacerdos Dei, quicumque es, Martianus noster septem dis-
Col. 538. ci‖plinis erudiit, id est, si te in grammaticis docuit legere, in
dialecticis altercationum propositiones advertere, in rethoricis 5
genera metrorum agnoscere, in geometricis terrarum linearumque
mensuras colligere, in astrologiis cursus sidc..m contemplare,
in arithmeticis numerorum partes colligere, in armoniis sonorum
modulationes suavium accentuum carminibus concrepare; si in
his omnibus ita fueris exercitatus, ut tibi stilus noster sit rus- 10
ticus, nec sic quoque, deprecor, ut avellas quae scripsi. Sed si
tibi in his quiddam placuerit, salvo opere nostro, te scribere
versu non abnuo. Hos enim libros in anno vigesimo primo ordinationis nostrae perscripsimus; et licet in superioribus de episcopis scripserimus Turonicis, adnotantes annos eorum, non 15
tamen sequitur haec supputatio numerum chronicale, quia inter-
valla ordinationum integre non potuimus repperire. Est ergo
omnis summa annorum mundialium talis :

A principio usque ad diluvium anni MMCCXLII.

A diluvio usque ad transitum filiorum Israhel in mari Rubro 20
anni MCCCCIIII.

Ab hoc maris transitu usque ad resurrectionem dominicam
anni MDXXXVIII.

A resurrectione dominica usque ad transitum sancti Martini
anni CCCCXII. 25

A transitu sancti Martini usque ad memoratum superius
annum, id est ordinationis nostrae primum et vicesimum, qui fuit
Gregorii papae Romani quintus, Guntchramni regis trigesimus
primus, Childeberti iunioris decimus nonus, anni CXCVII.

Quorum omnis summa est anni MMMMMDCCXCII. 30

EXPLICIT IN CHRISTI NOMINE LIBER HISTORIARUM
DECIMUS.

INDEX ALPHABETICUS

A

B

C

(Chunimundus), rex Gepidorum, pater Rosamundae, I, 131.

Chunsina, uxor quinta. Chlothacharii I, I, 105.

Chuppa, comes stabuli Chilperici I. I, 184; II, 41, 159, 160.

Chus, fil. Cham, I, 7, 8. — *Cf*. Zoroaster.

Ciricus, Cirola. — *V.* Cyricus, Cyrola.

Cisces, rex Lydiae, I, 15.

Cisomagensis vicus, (?), *Ciran-la-Latte (Indre-et-Loire)*, II, 198.

Ciucilo, Ciuciolo, comes palatii Sigiberti I, I, 168.

Cl — . *V.* Chi — .

Clara, uxor Francilionis, episc. Turon., II, 201.

Claudius, imperator, 1, 17.

Claudius quidam, II, 26-29.

Clemens I, episc. Romanus, I, 18.

Clementis (Ecclesia S.) Rom., II, 154.

Clennus, flumen, *Clain*, II, 141.

Cleuphas, Cheuphas, pater sancti Symeonis, I, 19.

[Cleph], rex Langobard., I, 132.

Clo — . *V.* Chlo—.

Clysma civitas (*Colsum prope Suez ?*) I, 10.

Cocia, Coetia, Cothia silva, *la forêt de Cuise*, I, 118, 182.

Columna, vicus prope Aurelan, *Saint-Péravy-la-Colombe, vel Coulmiers (Loiret)*, 1, 79.

Colonia; Colonensis, Colosinensis, Agripina, Agrepina, Agrippinensis, Agripenensis urbs, I, 42, 44, 69, 214. — Episc. : Eberegiselus.

Colosinensis. — *V.* Ecolisna.

[Compendium], Conpendium, *Compiègne*, I, 118, 224.

Condatensis vicus, *Candes (Indre-et-Loire)*, I, 26; II, 83, 198. Basilica : S. Martini.

Confluentis castrum, *Coblentz*, II, 58.

Consonanis urbs, *St-Lizier (Ariège)*, II, 112.

Constans, imperator, I, 22; II, 198.

Constans, Constancius, fil. Constantini tyranni Rom., I, 45.

Constantina, Constancia urbs, *Coutances*, II, 76. — Constantini civitas, I, 167. — Episc. : Romacharius.

Constantina, Costancina ñi. Burgulini, monialis S. Crucis Pictavensis, II, 140.

Constantinopolis, Constantinopolitana urbs, I, 23, 64, 130, 131, 176, 213-215; II, 32, 36, 63, 177. — *Cf*. Romani imperatores.

Constantinus I, imperator Romanus, I, 22, 45, 60.

Constantinus iunior, imperator. I, 22.

Constantinus. — *V.* Tiberius Constantinus imperator.

Constantius imperator, I, 22.

Convenas; Convenica, Conveniensis urbs, *Comminges (Haute-Garonne)*. II, 34-36. — Civis : Chariulfus.

Corinthii, I, 15. — Rex : Oxion.

Cornilius, episc. Romanus, I, 21.

Cornutius vicus, *Corps-Nuds (Cornus?) (Ille-et-Vilaine)*, I, 175.

Cosmae (S.) et S. Damiani ecclesia Rom., II, 153.

Cosmae (S.) reliquiae, II, 203.

Cothia, Cocia, Coiia silva, *la forêt de Cuise*, I, 118, 182.

Crescens, quidam Nicensis, I, 205.

Crisantus, *V.* Chrysantus.

Crispini (S.) et S. Crispiniani basilica Suession., I, 179; II, 99.

Crispus fil. Constantini imperatoris, I, 22.

Crona. — *V.* Chrona.

Crononense, Chrononense monasterium, *Cournon (Puy-de-Dôme)*, I, 130.

Crucis (Monast. Sae) Pictav., I, 81, 184, 217, 218, 224; II, 91, 134-148, 173-181, 186. — Abbatissae : Agnes, Lerbovera; praeposita : Iustina; moniales : Basina, Constantina, Chrodechildis, Radegundis.

Cymulus *aut* Emerius, episc. Santonicus, I, 121.

Cyprianus (S.) episc. Carthag., I, 21.

[Cyrici], Cirici, S. Quirici monasterium Arvern., I, 53.

Cyrola, Cirola, Cirula, episc. Arianus, I, 33-36.

D

Dacco, Dacolenus, quidam Francus, fil. Dagerici, I, 172.

Dagaricus, I, 172.

[Dagobertus], fil. Chilperici, I, 178, 179.

Dagulfus, Daulfus, abbas, II, 64, 65.

Dalmatius, episc. Rutenensis, I, 151, 190, 227.

Damiani (Ecclesia S.). — *V.* SS. Cosmac et Damiani ecclesia.

Damiani (Reliquiae S.), II, 203.

Dan, fil. Iacob, I, 9.

Dani, 1, 77.

Daniel, Danihel, propheta, I, 13.

Darabennenses, Rabennenses, *Francs de Thérouanne*, I, 168.

David, rex Iudaeorum, I, 12, 13, 15, 30, 47, 75, 109, 117, 186, 188, 200; II, 168.

Deas castrum, *Dio (Hérault)*, I, 94.

Decimus Rusticus, praefectus, ex officiorum magister, 1, 45, 46.

Decius imperator, I, 19, 20 ; II, 197.

Deensis urbs, (*Cod.* Virdunensis), *Dé (Drôme)*, I, 134.

Deoteria, Deuteria, uxor 1. Biterren-is cuiusdam ; 2. Theodeberti I. regis Franc., I, 94, 95.

[Deotherius], Diotherius, episc. Vinciensis, II, 119.

Desideratus, episcopus Albigensis, II, 68.

Desideratus, episcopus Viridun asis, I, 99.

Desiderius, episc. Helosensis, II, 67.

Desiderius, diaconus Augustodunensis, II, 141.

Desiderius dux, I, 155, 183, 208, 220, 221 ; II, 11, 25, 26, 34, 43, 69, 87, 161-163.

Desiderius, civis Burdegalensis, II, 93, 94.

Dianae simulacrum, II, 60, 61.

Didimia, monialis Pictav., II, 179.

Dinamius. — *V.* Dynamius.

Dinifius, Dynifius, episc. Turon., I, 90; II, 201.

Diocletianus, Dioclicianus imperator, I, 22. — Diocliciani persecutio, I, 22, 138.

Diogenianus, episc. Albig., I, 50.

Dyonisii (S.), S. Dionisii basilica Parisius, I, 176, 177, 179.

Dyonisius (S.), Dionisius, episc. Paris., martyr, I, 20 ; II, 196 — S. Dyonysii tumulus, I, 176.

Diotherius, episc. Vinciensis, II, 119.

Disciola, puella monast. S. Crucis Pictav., I, 217, 218.

Dispargum castrum, « in termino Thoringorum », (?), I, 46.

Divio, Divionense castrum, Dijon, I, 54, 61, 93, 114, 126, 152. — Divionense territorium, I, 100. — Divionensis civis : Aprunculus, episc. Arvernus.

Divitia civitas, *Deutz (Prusse rhénane)*, I, 115.

Dodo, Dolo, fil. Severi, I, 173.

Dodo. — *V.* Gundegisilus episc. Burdegal., comes Santon.

Dolensis vicus, *Déols (Indre)*, 1, 51.

Dolus vicus, *Dolus (Indre-et-Loire)*, II, 199.

Domigiselus, Domegyselus, legatus Chilperici I, I, 211, 234.

Domighiselus, Domigisilus, civis Andegav. (*forte idem atque praecedens*), II, 64, 84.

Dominicus caecus, quidam, I, 204.

Domitianus, episc. Andegavensis, II, 135.

Domitianus, Domicianus, imperator, I, 18.

Domnola, filia Victurii episc. Redonensis, relicta Burgolini, uxor Nectarii, II, 77, 85.

Domnolus, episc. Cenomann, I, 206; II, 135.

E

F

G

H

Helius Adrianus. — *V.* Adrianus.

Heliuth, fil. Ioachim, I, 14.

[Helmechis], famulus Alboeni regis Langobardorum, I, 132.

Helosinses, *Eauze (Gers)*, II, 67. — Episc. : Desiderius, Laban.

Heraclius, Eraclius, episc. Ecolisn., presbyter Burdegalensis, legatus Childeberthi I, I, 120, 121, 180, 181.

Heraclius, tribunus Ioviniarum, I, 43.

Hereneus. — *V.* Irenaeus.

Hermenefredus, Hermenefledus, rex Thoring., I, 77, 78, 80-82.

Herminichildus, Iohannis (I, 182), filius Leuvichildi regis Gothorum, I, 129, 181, 182, 211, 217, 223, 227, 231; II, 69.

Herodes, rex Iudaeorum, I, 15, 17, 110. — Herodes appellatur Chilpericus I, I, 234.

Herodianus mos, I, 180.

Herpo, Erpo, dux, I, 159.

Hesdras, Esdras, propheta, I, 13.

[Hesychius], Etsicyus, Issichyus, episc. Gratianopolit., II, 142, 143.

Hieroboam, rex Iudaeorum, I, 13.

Hieronimus (S.), presbyter, I, 5, 22, 23, 30.

Hierosolyma, Hierusolima, Hierusalem, Helia urbs, I, 5, 9, 17, 19, 23, 30, 68, 155, 171. — Episc. : Symeon.

Hiesu Nave. — *V.* Iosue.

Hiezechihel, Ezechiel, propheta, I, 13; II, 151, 168.

Hilarii (S.) basilica Pictav., I, 67, 116, 172, 193; II, 140-142, 147, 174, 175, 180, 187. — Abbates : Pascentius, Porcarius.

Hilarius (S.), Helarius, Hylarius, Elarius, episc. Pictav., I, 22, 23, 75, 189; II, 9, 146, 196, 199, 200.

Hillidius, Illidius, episcopus Arvernus, I, 24.

Hippolytus (S.), martyr, I, 19.

Hireneus. — *V.* Irenaeus.

Hispani, Spani, I, 161, 212, 230; II, 91.

Hispania, Hispaniae, Ispania, Spania, Spaniae, I, 24, 31, 32, 45, 68, 76, 82, 96, 97, 108, 122, 129, 161, 177, 181, 182, 184, 188, 211, 212, 217, 223-224, 227, 230-232; II, 12, 69, 71, 74, 80, 81, 85, 87, 91, 94, 105, 118, 119, 122, 126, 198. — Hispan. reges, I, 230. *Cf.* Gothi. — Hispaniae fontes, II, 187. — Hispanae gemmae, II, 186. — Hispanus limes, I, 55.

Holophernes, Olifernes, II, 121.

Honericus, Honoricus, rex Wandal., I, 33, 36.

Honorius, imperator, I, 26, 41; II, 198. — Honoriani duces, I, 46.

Horosius. — *V.* Orosius.

Hortinsi (comitis Arverni) stirps, I, 128.

Hospicius (S.), Hospitius, reclausus Nicensis, I, 202-204.

Hulda, *Oust (qui in Vilaine fl. influit)*, II, 163.

Hyppolitus. — *V.* Hippolytus.

I

Iacob, fil. Isaac, I, 9, 10, 12, 75, 188, 200, 201. — *Cf.* Israhel.

Iacob, fil. Mathan, I, 14.

Iacob, fil. Machiavi, comitis Britann., I, 161.

Iacobus apostolus, frater Domini, I, 16, 18; II, 57.

Iacobus, episc. Nisebenus, I, 22.

Iafeth, fil. Noe, I, 7.

Ianuba, Ienuva; Ianubensis urbs, *Genève*, I, 125.

Iareth, I, 7.

Iciodorus, Iciodorensis vicus, *Yzeures (Indre-et-Loire)*, II, 199. — Isiododorensis, Siodunensis pagus, I, 208.

Idomei, I, 9.

Iechonias, fil. Iosiae, I, 14.

199. — Reges : Theodoricus, Amalasuntha, Theodadus. — Dux *vel* praefectus. : Narses.

Juda, Iudas, fil. Iacob, I, 9, 12, 201. — Iuda regnum, I, 13.

Iudas proditor; Scbarioticae maledictiones, I, 167.

Judas Hebraeus, post baptismum Quiriacus, I, 22.

ʳudaea, I, 15. — *Iudaei*. Iudei, I, 16, 18. 20, 110, 128, 154, 199, 210, 211 ; II, 22, 23, 49, 187. — Iudaei Arverni, I. 154, 155. — Iudaei : Armentarius, Priscus. — Iudaeus quidam medicus, I, 152. — Iudaeus conversus : Phater, I, 211.

Iudith, II. 121.

Iuliani (S.) basilica Antioch., I, 131.

Iuliani (S.) basilica Brivat., *Saint-Julien de Brioude*, I, 49, 52, 84, 90, 107, 111, 137; II, 195.

Iuliani (S.) mart. basilica Paris., I, 211; II, 95, 96.

Iulianus (S.), martyr Brivat., I, 84, 90; II, 161, 195, 196. — S. Iul. festivitas, II, 161 ; liber Virtutum, I, 84; liber Miraculorum, I, 90.

Iulianus, presbyter Randanensis, I, 126.

Iuliensis. — *V.* Vicus Iuliensis.

Iulius Caesar, imperator. — *V.* Caesar.

Iuno dea, I, 57.

Iustina praeposita S. Crucis Pictav., II, 175.

Iustinianus, episc. Turon., I, 31; II, 198, 199.

Iustinianus imperator, I, 99, 108, 109, 130.

Iustinianus, nepos Justini II, I, 175, 176.

Iustinus II, imperator, I, 130, 131, 135, 168, 169, 175.

Iustinus, philosophus, I, 19.

Iustus, archidiac. Arvern., I, 24.

Iuvencus, presbyter, poeta, I, 22.

L

Laban, episc. Helosensis, II, 67.

Laburdus urbs, *pays de Labour* (*Bayonne*), II, 112.

Lacidemonii, I, 15. — Rex : Festus.

Laedi, Lydi, I, 15. — Rex : Cisces.

Lambrus vicus, *Lambres* (*Nord*), I. 141.

Lampadius, diaconus Lingonensis, I, 151-152.

Langobardi, I, 106, 131, 132, 134, 135, 170, 202, 215, 230; II, 116, 120, 123, 156-158. — Reges : Alboenus (Cleph), Aptacharius, Paulus. — Duces : Amo, Rhodanus, Zaban. — Langobardus genere : Vulfilaicus, II, 59.

Lantechildis, filia Childerici I, I, 60.

Lapideus campus, *La Crau*, I, 134.

Latini, 15; II, 49, 187. — *Cf.* Roma. — Laticina, *pro* Latina vina, II, 28.

Latla monasterium (?) I, 138.

Laudiacus mons, Laudiacensis mons, Laudiacus vicus, *Montlouis* (*Indre-

et-Loire*), I. 31; II, 200.

Laurentii (Basilica S.) in monte Laudiaco, II, 200.

Laurentii (Basilica S.) Paris., I, 206, 215.

Laurenti et Germani (Basilica SS.) Licaniacensis, I, 52.

Laurentius (S.), archidiac. et martyr Romanus, I, 19, 204.

Lazarus, I, 186; II, 169, 170.

Leger, flumen. — *V.* Liger.

Legonus, episc. Arvernus, I, 24.

Lemane, Lemanis Arverna, Limane, *la Limagne*, I, 82, 177.

Lemovicas, Lemovecas, Limovicas; Lemovicina, Lemoficina urbs, *Limoges*, I, 155, 175, 213; II, 13, 72, 113, 194, 197. — Lemovicinus pagus, terminus, territorium, I, 114, 117, 138, 155 ; II, 11, 60. — Lemovicini, I, 20. — Episc. : Ferreolus, Martialis. — Lemovicinus (Attanensis) abbas : Aridius. — Comites : Nunnichius, Terentiolus.

Leo, episc. Turon.,abbas S. Martini
Turon., I, 90; II, 201.

Leo, civis Pictavensis, I, 113.

Leo, coquus Gregorii episc. Lingo-
naci, I, 87-90.

Leo —. *Cf.* Leu—.

Leonardus, ex domestico, II, 16.

Leonastis, archidiaconus Biturigensis, I, 152.

Leontius, episc. Burdegalensis, I,
120, 121.

Leuba matrona, socrus Bladastis
ducis, II, 70.

Leubastes martyrarius et abbas Turon., I, 109.

Leubovera, Leobovera, abbatissa
S. Crucis Pictav., II, 134, 140, 141,
143, 173-181, 186.

Leucadius, senator Biturigensis, I, 21.

Leuchadius, vinitor fiscalis Gracin.,
pater Leudastis, I, 190.

Leudastis, Leudastus, Leodastis
comes Turon., I, 157, 190-193, 221-
223.

Leudeghisilus, Leudoghisilus, Leo-
doghyselus, dux, II, 37, 38, 40-42,
66, 74.

Leudovaldus, Leoaldus, episc. Baio-
cass., II, 76, 104.

Leudovaldus episc.(Abrinc. aut Baio-
cass.) , I, 198.

Leudovaldus Francus, II, 192.

Leuva, Leva, rex Gothorum, I, 129;
II, 119.

Leuvichildus, Leuvichildis, Leviel-
dus, Levigildus, Leuvieldis, Leuvi-
gildus, rex Gothorum, I, 129, 181,
182, 185, 211, 217, 223, 224, 227,
230, 231; II, 69, 70, 74, 80, 81, 87,
91, 106, 119. — Uxores : 1. Theo-
dosia, 2. Goisuinta. — Filii : Herminichildus, Richaredus.

Levi, fil. Iacob, I, 9.

[Lexoviensis], Lexoensis, Lixoensis
urbs, *Lisieux*, I, 225, 226. — Episc :
Aetherius.

Licaniacensis vicus, *Saint-Germain
Lembron* (*Puy-de-Dôme*), I, 52.

Licerius, episc. Arelat., referendarius Guntchramni, II, 82, 119.

[Licinius], episc. Andegavensis, I,
201.

Licinius, episc. Turon., abbas S. Venantii Turon., civis Andegav., I,
68, 71, 76; II, 201.

Liger, Leger, fluv., I, 27, 46, 65, 138,
150, 157, 177, 185, 192; II, 64. —
Ligeris fluv. insula, I, 65.

Limane. — *V.* Lemane.

Liminius (S.), martyr Arvernus, I,
21.

Limovicas. — *V.* Lemovicas.

Lingonas, Lingonica urbs, *Langres*,
I, 54, 93, 151, 152. — Lingonica
ecclesia, I, 151. — Lingonici, I,
151, 152. — Episc. : Aprunculus,
S. Gregorius, Mondericus, Mummolus, Pappolus, Tetricus.

Litigius, Lytigius, Arvernus quidam,
I, 85.

Litorii (Basilica S.) Turon., II, 198,
200.

Lixoensis — *V.* Lexoensis urbs.

[Loccis], Lucas vicus, *Loches*, II,
199.

Longinus, espic. Pamariensis, I, 34,
35.

Loth, II, 188, 189.

Lovolautrum; Lovolautrense castrum, Involautrum, *Vollore-Mon-
tagne aut Vollore-Ville* (*Puy-de-
Dôme*, I, 84.

Lucas vicus. — *V.* Loccis.

Luciliacus vicus, *Luzillé* (*Indre-et-
Loire*), II, 202.

Lugdunum; Lugdunensis, Lugdu-
nensium urbs, *Lyon*, I, 15, 20, 46,
78, 126, 151, 152, 170, 177, 197. —
Episc. : I, 65. — Episc. : S. Pho-
tinus, Irenaeus, Patiens, Sacerdos, S. Nicetius, Priscus, Aetherius. — Lugdunense monasterium,
II, 162. — Lugdunensis vicus :
Octavus, II, 117.

Lugdunum Clavatum, *Laon*, I,
199.

Lupentius, abbas basilicae S. Privati Gabalitanae, I, 226.

Lupus, dux Campaniae, I, 136, 198,
199; II, 102, 103, 105, 185.

Lupus, civis Turonicus, I, 208, 209;
II, 8.

Lydi, Laedi, I, 15.

Lytigius, Litigius, Arvernus quidam,
I, 85.

M

Macco, Maco, comes Pictav., II, 141,
176, 179, 186.

Macedonii, Machedones, I, 15.

Macho villa, *Saint-Saturnin vel Ville
d'Isle (Vaucluse)*, I, 134.

Macliavus comes Britannorum, I,
106, 160, 161, 174. — Filii : Iacob,
Warocus.

Magatrudis. — *V*. Magnatrudis,

Magdalum, locus Palestinae, I, 12.

Magnacharius, Magnarius, pater
Marcatrudis, uxoris secunda Guntchramni, I, 120, 161, 170.

Magnatrudis, Magatrudis, uxor Bade-
gysili episc. Cenomann., II, 82, 160.

[Magnebodus], diaconus Andegavensis, I, 203, 204.

Magnericus, Magnerocus, episc. Tre-
ver., II, 57, 81, 100, 101.

Magnovaldus dux, II, 100.

Magnovaldus, Magnoaldus, II, 81.

Magnulfus, episc. Tolosanus, II, 25,
32.

Maioris monasterii cellula, *Mar-
moutier (Indre-et-Loire)*, II, 198,
200. — Basilicae : S. Ioannis, SS.
Petri et Pauli.

Mallulfus, episc. Silvanect., I, 235.

Mallulfus, episc. Viennensis, I, 64.

Manatense monast., *Menat (Puy-de-
Dôme)*, I, 155. — Abbas : S. Brachio.

Manicheus, I, 17.

Mannasses, fil. Ezechiae, I, 13.

Mantolomaus, Montalomagensis vicus, *Manthelan (Indre-et-Loire)*,
II, 44, 200.

Maracharius, episc. et comes Ecolisn.,
avunculus Nanthini comitis, I, 180.

Maratis, rex Sicyoniorum, I, 15.

Marcatrudis, fil. Magnacharii, uxor
2. Guntchramni, I, 120.

Marcellini et Petri (Ecclesia SS.)
Rom., II, 154.

Marcelli (Festivitas S.), II, 92.

Marcellus, episc. Ucecensis, fil. Feli-
cis senatoris Massil., I, 205.

Marcionitana haeresis, I, 19.

Marcomeris, dux vel regalis Francorum, I, 42, 44.

Marcovefa, Marcoveifa, Marchovefa,
uxor 4. Chariberti I, I, 120, 121,
190.

Marcus, evangelista, I, 18.

Marcus, referendarius Chilperici I, I,
175, 179, 217.

Maria (S.) mater Christi, I, 5, 14, 15;
II, 83, 146, 147.

Maria quaedam, II, 90, 191.

Mariae (Basilica S.) Pictav., II, 147.

Mariae (Basilica S.) Rom., II, 154.

Mariae (Basilica S.) Tolos., II, 12.

Mariae (Basilica S.) Turon., II, 83,
201, 202.

Mariae et Ioh.-Bapt. (Ecclesia SS.)
Turon., II, 83.

Marilegius villa, Mariligensis domus,
Marlenheim (Alsace), II, 134, 182.

Marileifus, primus medicorum Chilperici I, I, 157; II, 24.

Maroialensis eccl., *Mareuil (Loir-et-
Cher*, II, 13.

Maroialinsis villa, *Mareil (Sarthe)*,
II, 160.

Maroveus, Maruveus, episc. Pictav.,
II, 24, 123, 129, 135, 138-141, 147,
174, 175, 177.

Mars deus, I, 57.

Martha, Marta, soror Lazari, II, 169.

Martialis, Marcialis, episc. Lemovic.,
I, 20, 113; II, 196.

Martianus (*immo* Maiorianus) imperator, I, 49.

Martianus II, 204.

Martini (Domus ?) territorii Biturig.,
II, 42.

Martini (Basilica S.) Brivae-Curre-
tiae, II, 12.

N

O

P

Q

S

*

cus : Mummolinus. — Basilicae : SS. Crispini et Crispiniani, S. Medardi.

Sulpicius, Sulpitius, episc. Biturig., I, 227 ; II, 191.

Sulpicius Alexander, historiographus, I, 42-45.

Sulpicius Severus, historicus, I, 8, 30 ; II, 198.

Summana, Sumena, *Somme*, I, 46.

Sunnegysilus, Suntnegisilus, comes stabuli, II, 133, 134, 182.

Sunniulfus, abbas Randanensis, I, 127.

Sunno, dux vel regalis Franc., I, 42. 44.

Susanna, uxor Prisci, episc. Lugdun., I, 128.

Sy. — *V.* Si.

Sygona, fluv. — *V.* Sequana.

Symeon, Symon. — *V.* Simeon, Simon.

Symphoriani (S.), Simphoriani basilica Augustodun., I, 51 ; II, 73.

Symphoriani (S.) natale, II, 200.

Syri, II, 30, 49, 191. — Syri : Eufronius negotiator Burdeg., Eusebius, episc. Paris.

Syria, Siria, I, 131. — *Cf.* Aegyptus.

Syrus, magister militum, I, 44.

T

Tarabennenses. — *V.* Darabennenses.

Tatto. — *V.* Wistrimundus.

Tauredunum castrum, (*pays de Vaux*), I, 125.

Taurisiacus vicus, *Thure (Indre-et-Loire)*, II, 202.

Terenciolus, comes Lemovic., II, 72.

Ternodorense castrum, *Tonnerre*, I, 151. — Archipresbyter : Mondericus.

Tetradia, uxor 1. Eulalii comitis Arverni, 2. Desiderii ducis, II, 69, 87, 160-163.

Tetradius, episc. Biturig., I, 90.

Tetradius, Thetradius, consobrinus Cautini episc. Arverni, I, 126.

Tetricus (S.), Tetrecus, episc. Lingon., I, 114, 151, 152 ; II, 53.

Téud —. *V.* Theod —.

Tharacia. — *V.* Thracia.

Tharae, fil. Saruch, I, 8.

Thecla. — *V.* Melania matrona.

Theifali (?) *Tiffauges (Deux-Sèvres)*, I, 116, 153.

Theoda, Theuda, rex Gothorum, I, 97.

Theodadus, Theodatus, rex Ital., I, 98.

Theodegisilus, Theodegyselus, rex Goth., I, 97.

Theodoaldus, fil. Chlodomeris regis I, 80, 92.

Theodobaldus, Theodoaldus, Theodovaldus, Theudoaldus, Theudovaldus, rex Francorum, I, 95, 102, 107, 108, 112. — Uxor : Vuldetrada.

Theodoberthus I, Theodeberthus, Theodobertus, Theudobertus, rex Franc., I, 76, 77, 80, 81, 93-96, 98-102, 141, 142 ; II, 194.

Theodobertus II, fil. Childeberti II, rex Franc., II, 81, 98, 102, 112, 113, 123, 126, 132, 133.

Theodoberthus, fil. Chilperici I, I, 119, 123, 138-141, 150, 158, 168, 191.

Theodogildis, Theodegildis, Theudechildis, uxor 3. Chariberthi I, monialis Arelatensis, I, 120-122.

Theodomeris, Theudomeris, rex Franc., I, 46.

Theodoricus I, Theodericus, Theudoricus, Theudericus, fil. Chlodovechi, rex Francorum, I, 57, 68, 76 85, 87, 93, 94, 99-101, 119, 142.

Theodoricus II, fil. Childeberti II, rex Francorum, II, 92, 98, 102, 112, 113, 133.

[Theodoricus], fil. Chilperici I, I, 213, 217, 224.

Triverica. — *V.* Treverica urbs.

Troiani, I, 124.

Trophas, rex Argivorum, I, 15.

Trophimus, episc. Arelatensis, I, 20.

Trudulfus, Trufuldus, comes palatii, II, 103.

Tulbiacense oppidum, *Tolbiac vel Zülpich*, I, 67, 82.

Tungrus; Tungrorum oppidum, *Tongres*, I, 37, 38.

Turonus, Toronus, Thoronus; Toronica, Thoronica, Turonica urbs, I, 20, 26, 27, 31, 65, 68, 71, 90, 105, 106, 109, 113, 117, 118, 121, 135, 137, 138, 147, 150, 153, 155, 157, 159, 171, 172, 185, 190-193, 207, 208, 213, 215, 227; II, 13, 23, 27, 44, 80, 82, 93, 94, 96, 112, 124, 125, 127, 129, 134, 139, 140, 159, 167, 188, 196-204. — Toron. territorium, terminus, regio, I, 66, 138, 153, 155, 156, 176, 193, 208, 213, 221; II, 13, 19, 24, 46, 110, 165, 203. — Turonici, Turoni, Toronici, Thoroni, Turonicus populus, I, 26, 27, 31, 50, 113, 140, 164, 173, 220; II, 12-14, 26, 44-46, 69, 99, 109, 124, 125, 198, 199. —

Turon. ecclesia, I, 90, 157; II, 121, 199-204. — Turon. episc., II, 197-204. — Episc. : Catinus (Gatianus), Litorius, Martinus, Briccius, Iustinianus. Armentius, Eustochius, Perpetuus, Volusianus, Verus, Licinius, Dinifius, Ommatius, Leo, Theodorus, Proculus, Francilio, Iniurosius, Baudinus, Guntharius, Eufronius, Gregorius. — Clerus, I, 107. — Archidiac. : Plato. — Martyrarius et abbas : Leubastes. — Comites : Gaiso, Leodastis, Eunomius, Willacharius; senatores, cives : Ambrosius, Chramnesindus, Litorius, Lupus, Pelagius, Sicharius, Wistrimundus. — Turonica : Ingotrudis. — Basilicae, monasteria, oratoria : S. Germani, SS. Gervasii et Protasii, S. Litorii, Maius monasterium, S. Mariae, S. Mariae et Iohannis-Bapt., S. Martini, SS. Petri et Pauli, S. Venantii, S. Vincentii; Cellula : S. Martini. — Toronicus vicus : Caino, I, 161, 208.

Tuscia, I, 98.

Tycinum. — *V.* Ticinum.

U

Ucetica urbs, Ucecensis civitas, *Uzès*, I, 205; II, 64. — Episc. : Albinus, Ferreolus, Marcellus.

Ugernum, Arelatense castrum (*nunc dirutum; situm erat prope Beaucaire*), II, 74, 97.

Ultrogotho, Ultrogoto, Vulthrogotha, uxor Childeberthi I, I, 117, 185.

Urbanus (S.), martyr Antioch., I, 19.

Urbanus, filius Melaniae matronae, I, 23.

Urbia fluvium, *Orge*, I, 212; pons

Urbiensis, I, 212.

Urbicus, Orbicus, episc. Arvern., I, 24.

Urbicus, Urbecus, Urbitus, episc. Regiensis, II, 142, 143.

Ursicinus, episc. Cadurc., referendarius Ultrogothonis reginae, I, 185, 227; II, 65.

Ursio, I, 198,; II, 98-100, 102, 103, 182.

Ursus, civis Arvernus, I, 136, 137.

Ursus alius, I, 136.

V

V. — *Cf.* W.

Vabrense pagus, *pays de Woëvre* (*Meuse*), II, 102. — Vabrensis pa-

gus, II, 102. — Basilica : S. Martini.

Vafres, rex Aegypti, I, 15.

W

X

Z

ERRATA

Tome I, page xi, au lieu de *513*, lire *573*.
  —   — xxvi, au lieu de **1679**, lire **1699**.
  —   — 62, l. 37, au lieu de *vectibu sillius*, lire *vectibus illius*.
  —   — 65, l. 17, lire *Gothorum, cum videret*.
  —   — 69, l. 31-32, ou *praebo; si videtur acceptum convertimini*.
  —   — 94, l. 17, lire *Sygivaldi filium*.
  —   — 145, l. 28. Ajoutez un *point* après *Childerici*.

Tome II, page 63, note 4, au lieu de *Corr.*, lire *Cod.*
  —   — 125, l. 21, au lieu de *eum*, lire *cum*.
  —   — 126, l. 1, au lieu de *prosequentibusqu(e)*, lire *prosequentibusqu[e]*.
  —   — 162, l. 26, au lieu de *Urbis*, lire *urbis*.
  —   — 183, note 17, au lieu de *hec*, lire *hęc*.

Mâcon, Protat frères, imprimeurs.